中国经济与管理

2017

第 一 辑

《中国经济与管理》编委会

编委会成员（按姓氏笔画排序）

王　文　王洪震　任　平　李建军　余云辉

辛向阳　张骏泽　陈元奎　侯慧勤　贾梦玮

顾建光　韩璞庚　樊　波　颜廷君　戴　旭

2017
第一辑

中国经济与管理

颜廷君 顾建光 主编

中国书籍出版社
China Book Press

图书在版编目（CIP）数据

中国经济与管理 . 2017. 第一辑 / 颜廷君，顾建光主编 . —北京：中国书籍出版社，2017.6

ISBN 978-7-5068-6289-9

Ⅰ . ①中… Ⅱ . ①颜… ②顾… Ⅲ . ①中国经济—经济管理—文集
Ⅳ . ① F123-53

中国版本图书馆 CIP 数据核字（2017）第 164107 号

中国经济与管理 · 2017 · 第一辑
颜廷君　顾建光　主编

责任编辑	牛　超
责任印制	孙马飞　马　芝
出版发行	中国书籍出版社
地　　址	北京市丰台区三路居路 97 号（邮编：100073）
电　　话	（010）52257143（总编室）（010）52257140（发行部）
电子邮箱	eo@chinabp.com.cn
经　　销	全国新华书店
印　　刷	三河市华东印刷有限公司
开　　本	787 毫米 × 1092 毫米　1/16
字　　数	300 千字
印　　张	17.25
版　　次	2017 年 8 月第 1 版　2017 年 8 月第 1 次印刷
书　　号	ISBN 978-7-5068-6289-9
定　　价	68.00 元

版权所有　翻印必究

前 言

没有梦想的民族是没有希望的民族，中华民族从来没有停止过梦想！中国领先世界几千年，大唐盛世是世界的梦。近代中国落伍了，历经屈辱与坎坷，但复兴的梦想藏龙般虬伏在炎黄子孙生生不息的血脉中，像咆哮的黄河、浩荡的长江不舍昼夜。今天，我们喊出"中国梦"，这个声音让人振奋，也让人酸楚，它在中华民族的心中压抑了太久太久，它是宣泄，也是宣言！

中国梦，是国家富强、民族复兴之梦，是人民幸福、社会和谐之梦。实现中国梦需要走正确的道路，需要依仗国家的力量，更需要全体中国人的担当。空谈误国，实干兴邦，全国人民的智慧和汗水托起中国梦！

国家兴亡，匹夫有责。编辑出版《中国经济与管理》丛书是"匹夫"的圆梦之举。我们拥有的不是伯乐相马的眼光或某种资历，而是勇气和担当。这里，"经济"除了国民经济及经济基础的含义外，我们还赋予它经国济民这一内涵；我们把"管理"从制度化、规范化扩展到文化管理范畴。这样，"经济"、"管理"和"文化"三大板块漂移到一起，叠加、交融、崛起，以形成世界屋脊的形式横空出世。

《中国经济与管理》丛书内容包括经济生态、公共管理、新视野、实践前沿、文化生态、他山之石等。我们不画地为牢戴着脚镣跳舞，栏目设计本着大体则有、具体则无的原则。内容或原创，或选编，从宏观到微观。可以是有套路的"少林功夫",也可以是"一剑封喉"的独门绝技;可以是经国济世之大计,也可以是组织谋生之道;可以是社会价值坐标,也可以是人生哲学;可以是高手"华山论剑",也可以是草根"螺蛳壳里做道场"。我们崇尚探索、开拓、创新,立足于"建设",同时不回避时弊,只要有益于国家利益和发展大局,没有敏感的话题与禁区。

高僧只说家常话。表达方式上,我们不屑于虚张声势、故弄玄虚,摈弃陈词滥调、条条框框;追求举重若轻、深入浅出,追求花儿带露开放般的鲜活。

《中国经济与管理》丛书集思广益,汇聚、萃取当代"诸子百家"在经济、管理和文化领域的研究成果,实践经验,人生智慧,人文情怀,以"精确制导"的方式传播,为中国经济与管理的主体和"文化人"开阔视野、提高决策能力、管理水平以及文化素养服务,为实现中国梦增添正能量。

选书读书如同择偶,盲目或不慎耗费生命与精力。书籍浩如烟海,《中国经济与管理》中的作品(尽管有许多出自大家手笔)倘有一篇入你法眼,深感欣慰;有两篇心中窃喜;有三篇大喜过望,可引为知己;再多不敢奢求。

周其仁

北京大学国家发展研究院经济学教授、前任院长

目 录

前　言 …………………………………………………………… 001

经济生态

改革突围　创新突围 ……………………………… 周其仁　003
进一步增强和拓展经济增长新动能 ………………… 张军扩　020
创新与经济发展的动力转换 ………………………… 王一鸣　026
中国企业全球化的新趋势 …………………………… 龙永图　032
适应全球化新趋势推动开放转型 …………………… 迟福林　037
引导和推动经济全球化健康发展 …………………… 张　宇　042
走出改革困境需要三管齐下 ………………………… 汪玉凯　048
中国经济的近忧和远虑 ……………………………… 向松祚　053
世界三大博弈与中国开放新局 ……………………… 常修泽　063
中国经济转型，"双创"为何如此重要 ……………… 陈　宪　070
着力提升实体经济的供给质量 ……………………… 黄群慧　078

聚集供给侧结构性改革

抓紧抓好供给侧结构性改革 ………………………… 陈东琪　087
供给侧结构性改革的双重内涵与双重推进 ………… 卢　锋　093
供给侧结构性改革的落实与行动 …………………… 张　鹏等　100

文化领域供给侧改革须坚持"双效"统一……………………范　周　110

推进"能源革命"需要深化供给侧结构性改革…………………王亦楠　114

处理好深化供给侧结构性改革中的利益矛盾………………彭劲松　122

公共管理

社会价值投资的含义及其意义…………………………………陈　剑　129

科学认识和正确处理政府与市场关系…………………………何自力　138

四大观念决定互联网治理前途…………………………………郝叶力　144

全民共建共享的社会治理格局如何构建………………………刘雅静　148

我国特大城市新社会阶层调查……………………………张海东等　152

新视野

雄安新区：践行新发展理念的示范区…………………………张德勇　163

互联网＋与制造业融合的发展趋势……………………………周宏仁　167

"互联网＋"：发展分享经济的引擎…………………………张永军等　178

互联网金融治理新思维…………………………………………杨　东　185

以"互联网＋"推进医疗体制改革……………………………李勇坚　190

美中贸易战的学问与因果………………………………………巩胜利　195

文化生态

故乡的食物（节选）……………………………………………汪曾祺　211

真性情（外二篇）………………………………………………周国平　220

新文化生态（节选）……………………………………………颜廷君　227

他山之石

启迪创新：以色列的成功经验……………………………马腾·维勒奈　255

法国规范房地产市场的做法值得借鉴…………………………姚　蒙　264

经济生态

周其仁 北京大学国家发展研究院经济学教授、前任院长。曾获"孙冶方经济学奖"。著有《真实世界的经济学》、《货币的教训》、《产权与制度变迁》、《改革的逻辑》等。

改革突围 创新突围

周其仁

一、外需收缩，反全球化潮流抬头

中国经济增长从速度看，在2007、2008年达到峰值，此后虽然有波动，但是大势是下行。如果拿2007年增速最高峰跟2015、2016年相比，中国这么个全球第二大经济体，年增长率从14.2%下降为6.7%，已经减速一半还多。这是一个不小的变动。

经济总会有波动。但是高位下行，还是一个很大挑战。高位下行要面对巨大的惯性，突然减速，企业、市场、地方等方方面面的预期都需要急速调整，搞不好失速就失控。

那么，高位下行的态势究竟是怎么来的？美国2007年爆发金融危机，而2007年恰恰是中国改革开放以来经济高速增长的顶点。次年，2008年中国增长率降到9.8%，但还是达到1979年至2008年间的平均增长率。2009年中国成为全球第二大经济体，2010年成为全球最大出口国，2013年成为全球最大贸易国，2014年IMF以PPP（购买力平价）计算，中国成为全球最大经济体。

但是，看来还是挡不住中国增长率的大幅下跌。开始以为还可以用点什么办法把经济托一托，甚至可以重新把增速拉回去。但最后证明，在全球化进程中胜出的中国经济，终究还是没有可能偏离全球经济的基本走势。

首先要讨论，为什么中国经济从高速增长转向 6%~7% 这种速度的增长？我认为回答这个问题，不能只看中国自己，因为中国的高速增长是在开放中实现的，是全球化大格局的一个组成部分。

全球经济讲起来很复杂，一个办法就是先把它还原到一个非常简化的场景。假定存在两个经济体，一个比较富有，一个比较贫穷。所谓富有就是资本比较充裕，人均收入高。贫穷呢？那就是资本很少，但人口众多，人均收入低。

如果这两种经济体，被一道墙分隔开来，各过各的日子，有什么结果？那一定是穷得没资本，也因此没有提高生产率的手段，所以经济增长慢。富有的国家资本雄厚，可以转化为更高的生产力，所以这两个经济体在分隔的情况下，差距会持续拉大。

如果把这两个经济体打通，会发生什么？譬如讲富有的经济体有 10 万元资本，300 个工人，人均产出 100 元；贫穷经济体只有 10 元资本，但有 3000 个工人，人均产出 1 元。现在问，两者打通以后，上述这些参数会发生什么变化？

打通以后，这两个经济体加到一起算，资本总量就变成 10 万零 10 块钱，工人总量就变成 3300 人。于是，要素的相对比例发生了变化，其实是"竞争格局发生了变化"。

有哪些变化呢？大概有这么几条：

第一，富国资本，原来是 10 万对 300 人，现在加了 10 块钱，却同时又增加了 3000 工人，总共有 3300 人来抢这 10 万零 10 元的资本。很明显，资本的稀缺程度提高了。这是为什么全球化以后，华尔街可以赚到非常多的钱，金融极其耀眼，道理就是全球资本变得相对更稀缺。

第二，富国由于长期积累，有科学技术和大量专利，这些东西的稀缺性程度也大幅度提高了。因为原来只有 300 工人来利用，现在 3300 人都希望用较高技术来武装。

第三，富国经济原来的 300 工人，现在要参加全球 3300 工人之间的竞争，因为全球化导致参与竞争的工人人数大幅度增加。其中，富国的蓝领和下层白领压力最大，因为他们直接面临大量廉价劳力（人均收入1块钱！）的竞争冲击。然后，随着穷国劳动者学习能力的提高，富国国内更多劳动者面临较大竞争压力。

第四，富国国内收入分化加剧。战后发达国家长期趋于橄榄形的收入分配结构，重新趋于金字塔型。顶端是华尔街和硅谷科技精英，在全球化中稀缺程度急剧上升，要风得风、要雨得雨。但在人口底部，受开放穷国竞争的影响，越来越多蓝领、白领人口面临收入下调的巨大压力。

这部分"沉默的多数"，也从全球化中得到过某种好处。中国制造的物美价廉产品大量输美，降低了他们的生活成本，提高了他们的实际收入。问题是他们遭受的竞争压力更大。何况收入总是相对收入，相比华尔街和硅谷精英在全球化中挣了大钱，美国制造业工人和低端白领阶层不能不感到有巨大的失落感。

第五，穷国数目庞大的劳动力，在开放后有机会和来自发达国的技术、资本相结合。技术和资本都不是简单搬得来的，需要学习曲线提升。只要能够提升学习曲线，穷国的比较成本优势就得以发挥，收入水平随生产率提高而快速提高。

第六，穷国国内的收入差距也拉大，因为获得外来技术、资本的条件有别，更因为学习曲线提升的程度有别。

整体看，打通穷国富国之间的壁垒，全球平均收入水平因为全球化而加快增长。其中，学习曲线上升较快的穷国，平均收入上升得速度比富国更快。富国内部收入分化，其全球化得益部门越来越富，但受损部门的收入增长停滞甚至有所降低。此外，穷国的国内收入分化也抬头。

这幅世界版图，逻辑简单，但结果有点复杂。前两年一个法国人叫托马斯·皮凯蒂，写了一本《21世纪资本论》，关注的是全球化导致发达国家收入差别两极分化严重。他举证说，美国和西欧主要发达经济体，收入分配的基尼系数在二战结束后显著下降，但从1980年代开始，特别是1990年代以后，发达国家的基尼系数重新掉头向上，回到历史高点。皮凯蒂认为发达国家的资本所得太高，劳动所得过低，类似19世纪马克思写《资本论》的时代背景，即产业革命导致英国劳资矛盾加剧，出路只能是抑制资本（征收高额资本利得税），否则就是社会革命。

我看过作者履历，他一直在法国教书，仅有两三年时间到波士顿做访问学者，再也没有去过别的地方，尤其没有来过中国和印度。他是就发达国家谈发达国家，以为发达国就是世界经济的全部。但实际上，当今时代无论发达国家还是发展中国家，都处在全球化背景之中。从全球格局看，收入分配状况是在改善——发达国家的平均收入增长与发展中国家收入增长在靠近。皮凯蒂在他的书里列出了这张趋势图，但他自己对此似乎没有什么理解。

中国人就比较容易理解。邓小平提出"翻两番"的时候是 1980 年，那时中国人均 GDP 只有 200 美元。开放后，现在我们的人均 GDP 是七八千美元。美国 80 年代初人均 GDP 是 1 万多美元，现在也不过 5 万美元。以中美为例，"全球"收入分配平均说来当然有了极大改善。这是为什么全球化值得坚持的原因。

问题是单看发达国家，是另外一个故事。这位法国经济学家也不来看看中国农民、农民工开始能挣多少钱，现在能挣多少钱，他只看到发达国家普通老百姓收入，相对于他们本国资本、科技精英的收入，占比降低。

这也说明，全球化并没有做到——也不可能做到——让每一个人、每一个阶层、每一个经济板块都能够同等收益。总是有高有低、有得有失，所以也总有社会矛盾。中国自己也有这个问题，国内收入差距过大也是一个多年要解决、但尚未解决好的问题。在国内收入差中，靠近技术、靠近资本，或者学习曲线提升快的，收入增长快，反之则低。另外，由于转型远未到位，凭权力腐败寻租，也是一部分人收入畸高的来源。

所以全球看，各有一本难念的经。但是看整体，全球化还是极大地解放了人类生产力，也提高了全球国家间收入水平趋同的可能性。这是一个复杂的格局，尽管蕴含其中的经济逻辑很简单。

二、中国经济与开放息息相关

现在我们来讨论中国经济。在认知方法上，要避免皮凯蒂那类认识局限，只见树木，不见森林。中国经济是走向开放的经济，与全球化息息相关，所以不能脱离全球化进程，孤立地分析中国经济。

譬如为什么中国实现了几十年的高速增长？从经济学理论上讲，归根到底还是发挥了比较优势。比较优势是古典政治经济学家李嘉图的理论，之前人们习惯的是绝对优势理论。那是说，只要甲国生产某物比乙国更具优势，那乙国就不要再生产了。李嘉图说不一定，即便乙国生产什么都不如甲国，但也不意味乙国什么也不生产才是上策。在乙国样样落后的产业里，总有相对生产率比较高的，如果乙国集中生产自己还具有比较成本优势的产品，然后与甲国交换——后者也集中生产自己具有比较优势的产品，那么甲乙两国的总产出就将更大。

比较优势理论首先要"比较"，其前提就是开放市场、实行自由贸易。所以这个理论从诞生以来，经济学家们大概都比较拥护自由贸易理论，因为在学理上，开放的自由贸易导致更优经济增长。

不过世事日新，理论也随之变化。到2003—2004年的时候，美国诺贝尔经济学奖得主萨缪尔森，开始对比较优势理论提出某种怀疑。在一篇论文里，他提出一个动态比较优势的问题。比如美国原来造飞机有比较优势，中国造劳动密集型产品如袜子有比较优势。按照李嘉图，美国造飞机、中国造袜子，然后中美自由贸易，当然对两国经济最优。对此，萨米尔逊并无异议。

问题是，中国不会老满足于生产袜子。一个经济一直生产某种产品，无论成本还是收益，在边际上必有变化。

我们这里有一个流行口号，"产业升级"。就是不能满足于老生产毛利率很低的袜子，虽然早年是正确之举，但由于成本会变化，老造同样的袜子就利润为零。能不能制造一些别的呢？要产业升级。由于高速增长，我们这里还要求"加快升级"。事实上，中国制造业升级够厉害的。自行车做着做着就开始造摩托车，从零部件组装到整车，然后就琢磨造汽车，接着就要造飞机。为什么不想呢？中国也有条件，市场大，"以市场换技术"。买人家那么多飞机，谈判总有点筹码吧？买一批飞机，加一个条件，比如说飞机尾翼由中国来生产，可以不可以？可以。那再买一批，飞机翅膀放在中国生产，来不来？况且，中国人还会引进式地创新，在仿造中组合式创新、应用式创新。三来两去，中国开始自主制造商用飞机。

但是，美国怎么办？萨缪尔森就问了这么个问题。原来中国造自行车，现在升级造飞机。那原来靠造飞机与中国交换的美国，以后造什么？当然美国产业也可以升级，问题是两国的升级速度可能不一致。中国还是享有后发优势，造了自行车，看看走在前面的，那就再造飞机。美国再造什么？需要开创性、独创性的探索，没有先行者可参考。更重要的是，在全球化中成长起来的全球供应链，不管谁原创了什么，量产时不能不遵循各国在开放下的比较优势。还说苹果，那当然是乔布斯首创，但要供应全球，似乎还是放在中国生产更优。萨缪尔逊的判断是，如果一方（美国）的比较优势升级持续慢于另一方（中国、印度），那就可能受到"永久的损伤"。

逼来逼去，不一定是李嘉图得出的那个乐观结论。经济上找不到合作解，贸易摩擦、贸易战甚至国际政治军事紧张都可能会跟着来。反正不管怎么着，长期贸易失衡难以为继。对中国来说，就是要看到，过去以高额顺差来维系我们的高速增长，难以为继。

中国过去的经济总量小，有点贸易顺差不会有太明显的感觉。但当成了全球第二大经济体，还保持过高顺差，就一定引发全球格局的重大变化。其实，事情早有端倪。2008年的金融危机，谁能想到高歌猛进的全球化会在美国华尔街率先爆出问题？其中一个因素，是我们累计顺差创造的美元储备，不能放在中国，还得投到美国去。投什么呢？很大一块买他的国债。美国政府并没有财政盈余，打了伊拉克战争以后一直是赤字，但是全球化包括中国、印度、俄罗斯以及石油国，都赚到了大量美元去买美国国债。于是美国政府"不差钱"，慷慨地给低收入家庭提供房贷，甚至连首付也不用。但这些家庭实在没能力保住低息贷来的房子，最后房子还银行，而银行贷款已打包成为复杂的金融产品中，金融危机这把火就这么烧起来了。

所以全球化不可能只有正面收益，它带来的挑战会在想不到的地方发起冲击。金融危机以来，发达国外需下降，到我们这里就是出口从原来每年20%~30%的高增长，跌为负20%的下降。这个冲击波一来，中国经济遇到前所未有的挑战。

三、高位下行的挑战

所以，中国经济下行的第一位因素是全球外需收缩。中国的高速增长主要靠的就是出口驱动，高度依赖外需，那外需收缩，中国当然首当其冲。

国内也发生了很大变化，最显著的就是成本优势的变化。原来我们高歌猛进参与全球竞争，就是靠比较成本优势。开头我讲的简化模型，穷国人均产出不过1块，富国是100块，其实收入转回来就是生产成本——穷国人工比富国便宜99%。当然要是富国能生产的产品穷国完全不会做,那劳力再便宜也没戏。只要穷国也能做一些富国在做的产品,那前者在世界市场上就有很强的竞争力。这说明,穷国不开放,那就白穷多少年。开放才发现穷也是竞争力。无非穷就是工资低,而工资低就是成本低。同一个产品,成本低售价格就要的低,全世界哪有不喜欢物美价廉的买家?这讲破了没什么奥秘,比较优势即比较成本优势,前提是开放可以互相比较。

问题是,成本会变化。不开放时穷国人均1元,高速增长多少年,那就不可能还是1元了啊。所有劳动成本、土地、能源等要素价格,都随高速增长而高速变化。

中国的经验说,其中最重要的变化,还要数体制成本的变化。什么是体制成本?就是在生产以外、经济体系运行所要花费的成本。原创这个概念的,是当年很年轻的科斯,他在1937年就说,生产出来的产品要转手才最后进入消费,这转手过程并不免费,而要花费一个由他定义的"交易成本"。因为这个发现,1991年科斯得了诺贝尔经济学奖。跟进的认识,就是即便在禁止市场交易的地方,体制运行还是要花费成本。国内20世纪40年代,有一位张培刚先生,研究抗战时期的中国经济,如果沿海被占领,内地城市的粮食供应怎么办?当时中国沿海很多地方吃泰国大米,其实江西、湖南农民非常穷,粮食的生产成本极低,为什么宁波、杭州、上海不吃湖南米呢?张培刚通过调查得出的结论,跟科斯的发现一样,那就是江西、湖南尽管米的生产价格很低,但在运输过程中,地方割据重重乱收费,米价就被抬高了。他当时定义了一个"纯商业费用",认为只要改善商业组织就能节约纯商业费用。

这个认识对分析今天中国经济仍然很有帮助。中国经济之所以能够发展起来,严格推敲并不是仅仅因为穷所以人工成本很低。没开放前,我们的劳力成本高吗?更低。但那时候并没有中国高速增长的奇迹。所以,并不能说劳动力成本低就一定能够变成竞争力。要素变成竞争力首先需要变成产品,而要素要变成产品需要经过组织,需要在一个体系中运行。

中国奇迹的真正秘密,是把原来穷的封闭性变成开放性,并发动体制革新。如果不包产到户,农民就不可能解放出来。我到北京念大学的时候,总听到那么一句话,"十亿人口,八亿农民"。小平还说过,"八亿农民搞饭吃,饭还不够吃"。主要是当时体制不合适,又长久不让改,农民的生产积极性得不到充分发挥。不搞包产到户解决粮食问题,后来珠三角打工的那么多劳动力怎么来?粮食不够吃,又没有外汇进口粮食，不可能搞工业、搞城市。

中国是一轮改革解放一波生产力。农村劳力解放出来，又成为问题：怎么就业？国有企业哪里能招几亿农民啊？结果就逼出了一个民营经济。两条腿一起走，尤其是劳动密集型的民营企业得到长足发展。开始大家看不起民营，以为除了当补充，不可能有大戏。过去工业都是国家工业，靠苏联专家、中央部委指导才搞起来的，门槛很高。后来发现，民间包括农民，学习曲线也很了得。在开放的情况下，体制又对头，有个时间过程就把中国制造搞起来了。

制造产能形成了，市场在哪里？光国内市场还是不足，因为人均购买力还是低。从80年代沿海开放战略到2002年加入世贸，中国终于打开全球市场大门。开始觉得出口重要，但又怕中国企业自己互相杀价，肥水流入外人田。后来发现，在充分竞争下，更有助于中国企业打进全球市场，因为竞争才激发中国生产者、企业家的潜能，才知道全球市场究竟有多厚多深。

中国是一步步改革，一步步释放竞争优势。如果离开了改革开放，生产成本再低也不能形成竞争力。改革急剧降低了中国的体制成本，开放使中国大步迈入全球竞争。改革开放，把原本奇高无比的体制成本曲线，大幅度地降低了。

过去很多发展经济事就是不能干啊。当年，广东一个叫陈志雄的，发现广州人要吃新鲜鱼但市场没供应，他就包了个鱼塘，雇了几十人养鱼。那还引发一场大争论，从广东吵到北京，因为在过去观念中，雇工7个人以上就是资本家，他陈志雄都雇了二十几人了，还不是"走资本主义"？好在最后广东的省委书记，还有中央一批领导人不同意这样给人带帽子，好在十一届三中全会明确了一条思想路线，实践检验真理。这分明是把体制成本降了下来，才释放生产力的。体制成本下降，原来低廉的要素成本，就容易结合成一个个产品，再加上学习曲线的提升，一起成就了中国经济奇迹。

我讲了好几年"两个海平面"，一个是发达经济组成的高海平面，一个是中国和印度这些发展中经济组成的低海平面。这两个海平面原来互不连通，各过各的日子。一旦开放打通，资本技术就从高海平面往低海平面落。然后呢，低海平面的廉价要素通过体制改革有效得到组织，大量具有比较优势的产品出口。这就是中国故事。

四、抓住比较成本优势这个要害

新问题是什么？新问题是成本线永远在变动。经济学上成本曲线总是先降后升，到一个最低点以后又升上去了。所以，成本曲线重新上升是任何个人、家庭、企业、地方和国民经济，终究要面对的一个力量。就像个体生命最后要死，物理结构最后要解体一个道理。

具体看看中国经济的成本是怎么降下来又涨上去的。早年放权，"放水养鱼"先让经济活起来，这个中国的确做到了。但是，渐渐地，体制运行成本重新在高速增长当中向上而升。现在很多人讲中国成本优势消失，都先讲劳动力、工资变高了。有这个问题。但我查了1995年至2012年中国经济最高速增长这段时期的统计，发现期间我国名义GDP增长了8.6倍，全国工资总额增长8.8倍，但税收增长16.7倍，政府除税收以外的收入增长18.8倍，社保缴纳金增长28.7倍，而土地出让金则涨了64倍。这几项都是法定成本，也就是带有执行强制力的成本。当然，经济发展起来税收就会增长。但中国还没有做到税收法定，不少税收项目是行政部门直接决定，也不经过人大审核，容易收过头。

还有，早年开放、搞活，把原来不当的观念、不当的政策、不当的制度，根据实践检验逐步解开。不过，渐渐又加上一些不当管制。譬如这届政府推简政放权，取消多少项行政审批，仔细看就知道大部分不是计划时代留下来的，而是在经济高速增长时加进去的。高速增长时，左加右加似乎没关系，但遇到经济下行，那些不当管制还没撤销，要办事还得照那些框框来，经济运行的摩擦系数就偏高了。这个事情并不是哪个人故意作难，而是体制性问题。弄来弄去弄成一个自己跟自己过不去的局面。现在倒没有什么资本主义的大帽子，但是细细小小的绳索可不少，这个不行、那个要批，加到一起的摩擦系数就大了。

创新也面临体制成本。因为"新"，总带来观念上的不理解，还有就是原先在位的经济利益，所以有摩擦。比如网约车从兴起到合法化一波三折。我查过出租车的历史，1907年在纽约诞生，原先的出租马车通行"砍价"，有个挨宰的乘客气不过，发明"TAXI",就是"计程付费",明码标价,受市场欢迎后把砍价模式给淘汰了。

但一百多年的发展,也让出租车形成了一个固定的、由法律限制其他竞争者进入、行政管价又管量的僵化模式。这些年大都市乘客对出租车服务的批评很多,打车难。网约车把传统出租车模式冲了一冲,提供了一个利用移动互联技术改善出行难的机会。问题是天天喊创新,创新真来了,又怕现存秩序改动太大,"影响稳定"。

再看城市化。老外只要几年不来,一来看中国城市都很吃惊。但是吃惊当中问题也不少,比较普遍的一个是人口、资源都在流动,人往哪去有选择,但行政主导的城市化却高度画地为牢,谁管这个县就希望这个县成为"中心"。问题是行政级别够,人家也不一定选到你这块地方来。所以是两张皮。城市建设要说好确实很好,但是浪费也惊人,修了多少没人去的基础设施和楼房,耗了多少水泥钢铁,水泥钢铁又有多少的排放,最后又回到大人小孩的肺部。整体看,是不是有一些东西需要动一动,改一改呢?人们愿意去的地方就好好投,中心城市的投资其实还很不足。但人们不愿意待的地方,就还田、还林、还环境,青山绿水。行政等级一样的地方,城市化前景大不相同,要顺着这个逻辑来配置资源,不能按行政等级配置。

总之,体制成本在经济高速增长的同时,降而复升。

与此同时,全球的格局也在变化。中国开放取得的经验,也影响他国。无非通过开放把穷变成竞争力,为此改国内体制。这件事,中国可以做,印度、越南也可以做,东南亚国家都可以做,非洲也可以。

所以现在"两个海平面"就变成了一个"三明治",把中国夹在了中间:成本不是最低的,但同时手里还没有多少独到性竞争产品。其实,全球竞争如斯隆当年所说,要么成本领先,要么与众不同。

没错,30年改革开放创造了中国高速增长的成就,但从全球格局看,现在中国经济被夹在中间,下有印度、越南,成本更低,招商引资力度比当年中国还强。上面呢?还有一个天花板,美国、欧洲、日本,增速很低,但还是不断推出独到的产品。

这就是说,从全球大势看中国经济会发生一个阶段性变化。现在虚火很旺,炒炒这个炒炒那个,钱来得快,其实腐蚀企业家精神,无法动员更多的力量盯住产品与服务。怪不得哪个人,因为数钱数下来差别太大,炒一个房比经营实体经济多少年的收益还高。这是在外需收缩之下，第二个把中国往下拉的力量。

第三就是动态的比较成本，特别是其中的体制成本。减这个成本，光靠民间不行，因为是法定负担，谁减了还不是违法啊？这件事还是要靠党中央、国务院坚强领导，主动深化改革，否则体制成本很难降。类似减税、降社保缴付、改土地制度这件件事，涉及面广，牵一发动全身的，没有成体系的改革是拿不下来的。

最近福耀玻璃老总曹德旺说中国企业税率高，讲的是对的。我去年秋季在宾夕法尼亚州看过一家台州制造业公司开在美国的工厂，问下来能源比我们这里便宜，土地便宜，社保负担不高，税负也有招商优惠，人工绝对水平比这里高，但生产率也高。比较下来，主销美国的产品，在那里生产满合算的。

所有竞争第一招就是控制成本。企业要想站住脚，有独家撒手锏最好，但也得管住成本。至于竞争性强的产品，在"红海"里生存就靠成本控制。去年中央经济工作会议提出"降成本"，绝不是一桩小事。降成本应该由政府、企业共同努力，争取把比较成本优势尽可能延长一点，因为不可能一下子就具备独到性优势。

五、靠改革创新突出重围

在 2017 年，最重要的一条就是坚韧不拔地推进改革，通过改革突围。渐进改革的好处是震荡低，但渐进改革的难处是坚持渐进不容易。经验证明，体制成本降，经济就会很好地发展；体制成本卷土重来急速上升，国民经济会被拖累。

所以十八届三中全会确定的深化改革真的一项一项地往地上落，现在难度是什么？我列了三条：

第一，过去都是危机推动改革，过不下去了，不得不改，饭都吃不上了，包产到户搞不搞？邓小平就说，别争论，先解决吃饭问题再说。对外开放搞不搞？很多劳力逃去香港打工，习仲勋就提出能不能让香港资本到境内设厂，所以就有了特区。早期的改革是被逼出来的。

今天中国经济总量位居全球第二位，成就世界瞩目，即便下行仍然是一个很大经济体的中高速增长。这让人好像看不出有多大危险。所以，现在对改革少有切肤之痛，形成共识难度不小。

第二，过去靠开放促改革，但现在很多发达经济采取的政策很糟糕。传回国内，不少人说他们都这样干，我们改什么改？讨论网约车的时候，有人说法国禁止、美国哪个城市禁止，为什么我们不禁止！问题是，总要择善而从吧。现在开放似乎也推不动改革。为此需要新的学习逻辑，我们真要从自己的实际出发，来选择哪些该改，改到什么程度。

第三，改革会引起利益的相对变化，有人受益，就会有人受损。现在算改革的受益受损，跟20世纪80年代很不同。那时基本是增量改革，本来大家都吃不上饭，包产到户打了粮食多数人满意，顶多生产队长有点不高兴，过去他敲个钟发个号令很威风，包产到户后大家都不听他的了。但这点既得利益很小，因为生产队长也赶快种自家的地去了。但现在很多领域的改革触动的利益存量非常大。这就是为什么改到了深水区，难度大，不仅仅是目标看不清楚，而且是在深水区使不上劲。到了深水区，一拳出去打不出多大力量，远看姿势不错，可解决问题的力度不够。

改革深入后，是非黑白不再那么泾渭分明。真正要解决问题，寻找新的平衡点成为很大挑战。我去年秋季在纽约访问，正好赶上纽约城市规划立法100年，期间管制的变革，留下不少启示，也许对处理复杂利益平衡问题有帮助。

纽约1916年通过的第一部城市规划法案，从内容看，主要是"分区限高"。背景是从农业社会里来的土地权利，到了城市发展时不再适合。传统地权，下到地心上到天空都是所有者的。但城市是个密集社会，建筑高了会挡着别人。20世纪初的美国经济进入高增长快车道，公司赚了钱一定比着盖摩天大楼。1915年在下曼哈顿起了一座公平大厦，盖到39层，是当时全世界最高的楼，且体量巨大，其阴影足以笼罩7英亩街区，邻居和行人就不见天日了。受损方叫喊，住宅区、工业区、商业区盖楼有高度限制，超过了要"回缩（setback）"，就是大楼顶部向里收缩，便于阳光、空气下泻到街道上来。这个法案通过后，纽约出现一批知名大厦，如帝国大厦、克莱斯勒大厦等等，无一例外都冒个尖顶。

但新问题接踵而至。因为曼哈顿实在太吸引人，人口、资源和项目继续向这个本来不大的半岛集聚，"1916法案"限定的大厦高度就成为城市进一步发展的束缚。另外，建筑技术在进步，钢材、电梯、通风、玻璃等等其实允许盖更高的大厦，但此时过去的法规成为障碍。

到了50年代，终于开始破局。地处公园大道中城区，要盖一个希格玛大厦，设计师是德国战后著名建筑学派的大设计师密斯先生。他的理念是建筑功能主义，方方正正的才是一回事，绝不接受setback。可是高楼不内缩又违法，形成一个僵局。最后请来了菲丽丝·兰伯特，她不是建筑师，却在互不退让的密斯先生与纽约市政厅之间，找到了双方达成妥协的办法，那就是希格玛大厦不再顶部回缩，但从底部就在业主购得的土地上，让出很大一块做小广场，对市民完全开放，换来希格玛大厦可以盖得又高又方方正正！

这个经验启发了纽约市政当局，于1961年修订纽约城规法，正式引入"激励性管制"新理念。从此开发商可以公开与市政府"讲数"——让出多少地面空间给纽约公众，就可以换取增加多少摩天楼的容积率。再后来，"容积率转移"、"空中权交易"等等内涵市场逻辑的做法，都容入"有弹性管制"的框架，纽约不但进一步长高，且建筑形态更为多样，也更兼顾个性与公众利益的平衡。

这对我们的改革也富于启迪意义。政府完全不管，市场里彼此对立的利益可能打起来。可是管制一旦加上，也可能变得僵化。我们这里常常讨论政府与市场，似乎讲政府就讲不了市场机制，反过来也一样。但纽约的城规改革却从通常以为"不可能"的地方找到契合点。

这就引出今天要讲的第二个突围方向，即通过创新来突破僵局。过去经济学就有这方面的分析传统，熊彼特讲要突破周而复始的、平庸的经济增长，唯有靠创新，或引进新产品，或改变品质，或使用新生产工艺、开辟新市场、夺取原料和半成品的新来源，或创立新经济组织。只有不断创新，才能带来持续的经济增长。

要补充一点，创新重要、伟大，但创新并不是一定会发生的。否则哪来这么多过剩产能、僵尸企业、"鸡肋生意"、病危企业乃至停滞的经济？

创新要讲条件。其实这里有一个创新发生学的问题：创新最初总是一个"想法（idea）"，但什么条件下这个想法会变得强有力、会被打磨，会变成行为，成为一项发明，进而整合成一个产品，成气候为一个产业，那就值得好好研究。下面介绍一些我看到的经验。

前年去了以色列，很受刺激。以色列的国土面积比北京市还小，仅1.2万平方公里（实际控制约2万平方公里），人口只有800万。自然资源条件极差，说是"流淌着奶和蜂蜜的地方"，实际上一半国土是沙漠，1/3 的国土面积降雨量每年只有 50 毫米，根本不适合居住。但这个国家靠人力资本，靠科技创新。我们在以色列看到的每一颗植物，都利用了滴灌技术。那是以色列人发明的技术，结果就成了"欧洲菜果厨房"，出口蔬菜、瓜果，还出口淡水和海水淡化技术。以色列农业养活的人口，成立以来翻了上百倍，靠的就是创新。它拥有 7000 家初创公司，是除美国、中国之外在纳斯达克上市公司最多的国家，拥有比美国、欧洲还高的人均创投资本。这些公司密集分布在特拉维夫和海法，美国硅谷很多神乎其神的产品，最关键的技术有很多是在这里开发的。硅谷每家大公司都在特拉维夫设研发中心。以色列没有很大的国内市场，也难以大规模制造产品出口，所以就发展高精尖技术。他们的高科技部门贡献了以色列出口的 50%、就业的 10%，2014 年以色列人均产出 3.5 万美元。这么一个资源匮乏的国家能做到这样实在是让人惊叹。

以色列的科学技术又靠什么？靠重视教育。其实我们中国人也一直重视教育啊。但他们重教育的重点不同。犹太圣经里写着他们"是上帝找来跟上帝角力的人"，就是来和上帝较劲的，而不是光磕头、崇拜上帝的。犹太人孩子 5 岁就要学《旧约》和《塔木德》，但他们不是靠背诵圣贤之言就了事，他们鼓励孩子提问题，鼓励互相讨论、辩驳，鼓励打问号。犹太母亲看孩子放学回家，不会问"考得好不好"，但会问"今天在学校你问了问题吗？你问了一个好问题了吗？"这是他们生产力的源泉。

阿龙·切哈诺沃是以色列第一个获诺贝尔化学奖的人，他做了一次演讲，让我们很受教。他说小时候他妈妈就跟他讲，"走进一条河流，可以顺水走，也可以逆水走，你要永远逆水走。"顺水走好走，逆水走难走，他是一辈子逆着来的，哪个事干顺了就不干了，再找挑战难度最大的干。他当了美国的终身教授后又回到以色列，最后在以色列拿到了诺贝尔化学奖。《塔木德》里有句话，"难做的事容易做成"，也是挺符合经济学的原理的，难的事情别人不敢碰，竞争反倒没那么激烈，反而容易把事情做成。

2016 年 6 月份，我们几位老师和校友，一起去美国看硅谷和波士顿。这两个地方都是以大学为中心，大学的科学发现是核心，但他们形成一套允许把大学所有的发明专利授权给私人、包括教授和他的团队来利用，付一个专利费就可以去创业。

于是，科学发现与技术发明，科学与产业的经脉就打通了。无论是硅谷还是波士顿，地图上看围绕大学的都是密密麻麻几万家初创企业。我们这里的大学跟科创也有关系，主要提供毕业生，然后企业遇到技术问题找上门合作，加上政府部门的委托。但是大学研发与产业市场的连接方式还隔阂重重，没有那么紧紧地咬到一起。

美国面向大市场，这一条中国也一样。不过美国人想问题百无禁忌。这一点他们优势明显。我们去洛杉矶东一百来公里的一个沙漠小镇，看到几十个工程师、经理在那里坚持了11年，就为造出一个发动机，可以用于来回火星的飞船。且不论科学技术水平，有这种想法就让我们受冲击，人家就不认为，飞船、空间这类技术，天然就是国家的事。那么几十人，找到风险资本，就在沙漠中坚持做这件事。真是百无禁忌想，同时又脚踏实地干，把两者熔为一炉。

还有一个超高铁的例子。磁悬浮是让火车悬起来减少摩擦受阻，但空气的阻力还在。超高铁的想法更进一步，造一个大筒把里面空气抽掉，让列车在桶内真空环境里穿行。能不能成不知道，但敢想敢干打动人，靠风险筹资几千万就启动，一搞也是好几年，没有人认为那是国家才可以考虑的事情。

我们还看了一个给盲人设计的"电子冰棍"，帮助盲人"看见"世界。其实，盲人看不见世界只是眼睛这条信息通道出了问题，不能把感知的图像信息传到大脑，在那里成像。盲人只是眼睛坏了，但脑子成像功能还在，只要另外找一个通道把图像输入大脑，盲人就可以复明。就是根据这个原理，这家公司研究了十多年，现在第二代产品已上市。他们找到舌下的传输通道，所以设计出这么个"电子冰棍"，前面连上摄像机，信号从舌下传入大脑，就这样让盲人"看世界"。

考察路上带了一本书读，《技术的性质》。里面讲到，"技术就是针对现有目的而采用一个新的或不同的原理来解决问题"。这就把作为科学发现结果的"原理"，"针对现有目的"即真实世界里的真实需求，以及能运用原理的办法即技术，浑然一体打成了一片。

现在不光是硅谷和波士顿，还冒出一批小的所谓"脑带(brainbel)"，也就是与"锈带"对应的靠脑力发展的科创产业带或产业群。比如得克萨斯州首府奥斯汀，二十几年前我到过那里，城市最大雇主是政府，其次就是大学，没有其他产业。但现在，5.5万所科创公司围绕德州大学奥斯汀校区，与硅谷围绕斯坦福和伯克利的形态一样。

这里还得了一个"硅山"的美名。追索来历，20世纪60年代一位俄罗斯移民的后代叫乔治·考兹麦特斯基（George Kozmetsky），读书毕业在刚刚起步的硅谷创业，成功后卖掉自己的企业，根据切身经验认为把基础科研与市场产业打通是关键之举。他创办ICC，专门研究如何把科学、技术、产业、市场间的壁垒打通。

这些与中国的经验也一致。比如创新是一种高度集聚的现象，人才集聚，头脑碰撞，想法激荡，大家抱团鼓励探索、宽容失败，再加上金融、法律配套。我们虽然喊创新国家的口号，但仔细观察，创新并不会普遍发生。目前看，北边一个大中关村，南边就是深圳。

在深圳访问了一批公司，有点感悟。在腾讯研究院与他们交流，题目就是创新上下行。从原理发现、技术发明到产品产业，算下行；反过来从产业产品去找技术、探原理，算上行。创新总是上下行结合。深圳当年的出发点是主打上行，像大族激光高总说的，逆向创新。他本人既不是发明激光原理的科学家，开始也不拥有激光专利，他是从激光的市场应用入手，市场打开了，再倒上去升级技术，去找大学、研究所、科学家和院士的支持，成就了一个产业。绝大多数深圳公司走的这条路线，包括华为、腾讯都在内，只不过上行创新的主动性、自觉性在不同公司之间不一样，优秀公司上行冲动强烈，坚持走难走之路，累积下来，就成为科创强者。强了以后，有能力和实力再从原理向下行，像华为，很早对算法这样的基础研究下本钱，也积累大量应用专利，最后在持久的市场竞争力上见分晓。

这次来深圳还看到几家公司，从原理向下行。先有科学发现，再开发技术、做出产品。华大基因是先有论文的，柔宇科技、华讯方舟、光启理工也都是先有论文，大疆无人机的王滔也是先在毕业论文里写下"想法"，才做成产业的。这条下行路线，与硅谷、波士顿的创新类别很一致，风险大、但前景极其广阔，因为人类了不起的地方，恰恰就是发现与探索。

现在看，上下行要打通，大国创新才真正在世界舞台有立足之地。过去上行主打，受出发时初始条件的限制，也被证明是正确选择。但随着经济力的积累，这么多中国人、这么多聪明头脑，在发现新原理方面，总有机会做出与中国人口规模接近的贡献。当然从原理到产品，过去积累的逆向创新经验，就值得好好总结、好好借鉴。

说到这里我们对创新的领悟，是这么几个关键词：一是"浓度"，就是创新极不平衡，需要创新分子凑到一起才能成事。不满现状、敢做梦、有想法，这些特质在很多地方其实不受待见，要是浓度不够，周围的人笑也会把他笑死。所以要凑到一起互相鼓舞、互相欣赏、互相激发、互相打磨。深圳成为中国创新热土来之不易，不是哪哪说打造一个就容易打造出一个来的。

第二是"密度"，那就是把"浓度"投影到空间里看，深圳地方不大，南山区更小，但创新企业、人才和各种服务集聚的密度足够。看来这里有道理，千万别摊得太大而稀释了浓度。第三是"高频互动"，要把科学家、大学、研究所、政府、国防需求、地方发展、初创企业、风险资本等等，所有资源尽可能凑到一起，形成一种利于创新的氛围。那天我访问柔宇老总，他说他在斯坦福泡了几年，硅谷最了得的就是那里的氛围，不仅仅是增加你的知识，更重要是改变、影响你的人生态度。你讲一个不论多么不成熟的想法，别人第一句回应总是"听起来很有意思"，是鼓励的意思。我也访问腾讯开放平台上一个外地来深圳搞研发的企业家，问他为什么把研发中心设在这么贵的地方，他说，在原来那个地方什么也讲不通，一个念头提出来，周围人的反应就是"不行、不行、搞不成的"。所以，氛围是无价之宝。

中国在高速增长后面临比较成本优势的新挑战。改革突围、创新突围是躲不过去的事情。现在到处是黑天鹅，但在这个基本选项方面我倒认为没有什么不确定性。很确定，非常确定，就是改革才能延续中国的比较成本优势，创新才能在较高收入水平上生产更高附加价值，从而在全球舞台立足。

在这方面深圳有很多经验，值得好好学习。

张军扩 国务院发展研究中心副主任，研究员。著有《建立社会主义市场经济体制基本框架评价体系研究》（主编）、《面对增长之波》、《国有经济的战略性改组》（合著）等。

进一步增强和拓展经济增长新动能

张军扩

在改革中，需要处理好破与立、"堵后门"与"开前门"、约束和激励的关系，以鼓励真正干事创业的干部。

当前，中国经济一方面向好的因素在增多，企稳的迹象更加显著，而另一方面，经济增长的新动能还不够强大，企稳回升的基础还需要进一步巩固。

下一步的关键，是要在保持经济基本稳定的前提下，下大力气推进重点领域和关键环节的改革，进一步增强和拓展经济增长新动能，为经济持续稳定增长奠定更加坚实的基础。

中国经济企稳迹象更加显著

为什么说中国经济积极因素在增多、企稳的迹象更加显著呢？主要可从以下四个方面说明。

一是经济增长速度回落幅度在收窄，呈现企稳态势。比如，近年来中国GDP增速一直处于回落态势，2011年至2015年增速分别为9.5%、7.7%、7.7%、7.3%和6.9%，2015年四个季度GDP增速分别为7.0%、7.0%、6.9%、6.8%，而2016年前三季度增速均为6.7%。再比如，规模以上工业增速也趋于稳定，2016年一季度是 5.8%，二、三季度和 10 月份都是 6.1%。

二是需求状况在改善。在消费需求继续保持稳定增长的同时，2016 年 1~10 月全国固定资产投资增长 8.3%，连续两个月增速有所加快。特别是民间投资增速企稳回升，1~10 月累计民间投资增长 2.9%，比 1~9 月累计增幅高 0.4 个百分点，其中 9、10 月当月民间投资增幅达到 4.5% 和 5.9%，连续两个月显著加快。进出口降幅也有所收窄。10 月份，按人民币计算，出口下降 3.2%，降幅比上月收窄 2.4 个百分点；进口增长 3.2%，增速比上月加快 1.0 个百分点。

三是企业经营环境和效益状况在改善。一方面，工业品价格回升明显。虽然平均来看 1~10 月工业品出厂价格同比下降 2.5%，购进价格同比下降 3.8%，但动态来看，二者下降的幅度均呈持续收窄之势。其中，出厂价格 9 月份环比上涨 0.5%，同比上涨 0.1%，同比是自 2012 年 3 月份以来首次由负转正；10 月份环比上涨 0.7%，同比上涨 1.2%，与 9 月相比回升趋势明显。

另一方面，由于供给侧结构调整取得成效，企业综合成本下降。比如，9 月份工业企业每百元主营业务收入中的成本为 85.87 元，同比下降 0.11 元。在这两方面因素作用下，1~9 月规模以上工业企业利润同比增长 8.4%，其中三季度增幅为 12.6%。

四是企业预期也在改善。比如，2016 年 10 月份制造业 PMI 为 51.2%，比 9 月份大幅提高了 0.8 个百分点，连续 3 个月处于临界点之上。从分项指数看，10 月份生产指数为 53.3%，比上月上升 0.5 个百分点，连续 3 个月上升。新订单指数为 52.8%，比上月上升 1.9 个百分点，也连续多月处于扩张区间。

另外，根据国务院发展研究中心企业家调查系统的调查，企业家无论是对当前形势的判断还是对未来发展的信心，都更加积极和乐观。

经济企稳的基础仍不牢固

为什么说经济企稳的基础仍不牢固呢？主要是因为经济增长的新动能还不够强大，还没有能够对增长发挥主导作用。经济进入新常态，最大特点就是传统动能优势减弱，需要通过经济结构的转型升级培育新动能。可以说，增长新动能是否真正形成，是否在经济增长中发挥主导作用，是判断经济是否具有企稳基础的最主要因素。

当前经济增长积极因素增多，在向好的方向发展，无疑首先是党中央国务院大力推进供给侧结构调整取得成效、增长新动能有所增强的反映，这既包括新产业、新业态的不断涌现，也包括去产能、去库存、去杠杆等取得积极成效。同时，这也是党和政府坚持适度扩大总需求、积极实施需求管理的结果，包括针对"补短板"需要大幅度增加基础和公共设施投资、针对"去库存"需要实施相对有利的货币政策等。

但整体来看，新动能还不够强大，新旧动能接续的任务还没有真正完成，突出表现在两点。一是市场自主性回升的力量还相对较弱。比如，2016年1~10月，全国固定资产投资增长8.3%，其中主要依靠政府及财政资金的基础设施投资增长19.4%，而占全部投资60%以上的民间投资仅增长2.9%。二是实体经济特别是制造业的回升还不够强劲。还以固定资产投资为例，三大主体投资中基础设施投资增长19.4%，房地产投资增长6.6%，而工业投资仅增长3%，其中民间工业投资仅增长2.6%。显然，在这种情况下，经济企稳回升的基础还需要进一步夯实和筑牢。

现阶段，无论从发展需求还是供给条件看，中国经济仍然具有中高速增长潜力，这一点无论是在决策层还是学术界，都可以说是一个基本共识。但问题在于，历史经验和现实情况都充分说明，中高速增长的潜力并不会自动实现，并不是说高速增长阶段结束之后就会自动出现中高速增长。实际上，中高速增长潜力有可能变为现实，也有可能变不成现实。关键就看我们能否根据发展条件、发展环境的变化，及时推进各项改革，构建起与新阶段新环境相适应的体制机制，否则，中高速增长潜力的释放就会受阻，中高速增长就很难变为现实。

可以举几个例子来说明。比如，投资需求方面，现阶段中国城乡基础设施投资需求依然是很大的，比如农村道路硬化、垃圾污水处理、危房改造、农田水利设施建设、城市地下管网改造等等，而且支持这些领域建设的钢材、水泥等工业产能都是过剩的。但充分释放这些方面的投资需求潜力，涉及基础设施投融资制度、农村建设用地制度特别是宅基地制度以及乡村治理体制等方面的改革。如果这些改革能够有效推进，就不仅能够释放出巨大的需求潜力，也能够为这些投资需求筹集到比较充足和可持续的资金支持。但如果这些方面的改革不能深化，其潜力就很难实现。

再比如消费需求方面，中国居民每年有1万多亿人民币要花在国外购物上，而且这个数字还在逐年增长。问题主要出在我们的产品质量、安全标准等满足不了消费者的需求。而近年来不少实际案例说明，尽管导致中国产品质量档次提升缓慢的原因复杂多样，但其中最重要的一点，与中国政府监管有效性及市场秩序不良有关。在这种情况下，市场竞争往往起不到优胜劣汰的作用，而是"劣币驱逐良币"。如果我们在监管标准、监管执法有效性等方面的改革能够取得比较大的进展，产品质量安全标准有显著提升，也可以使这部分购买力回流。

再比如要素供给方面。中国经济进入新阶段，传统比较优势减弱，但这并不是意味着中国传统比较优势的完全消失。比如劳动力成本问题，虽然中国劳动力成本高于非洲、东南亚等发展中国家，但还是远远低于美国、欧洲等发达国家。而且近年来中国劳动力又呈现出高素质劳动力资源丰富和成本相对较低的优势。但由于中国其他方面成本比较高，使得中国劳动力资源的优势很难发挥。

最近我们在广东调研时，有一家企业负责人说，他们在美国投资的生产陶瓷的分厂，其产品综合成本比国内还低。低在什么地方呢？不是低在劳动力成本（中国同样的劳动力，成本只有美国的三分之一到四分之一），主要低在能源、资金、物流等方面，这些方面美国基本上都比中国低，而要降低这些方面的成本，最根本的也要靠改革。

还比如，现在鼓励创新发展，而许多创新成果的应用是需要改革来提供制度支持的，特别是需要改革来创造市场需求环境的。比如，通用航空、干细胞治疗等新型医疗技术的应用等，没有体制机制改革，创新很难得到市场的支持。我们在调研中了解到，反映制度供给不足的问题很多。

关键还在加快推进各项改革

进一步壮大和拓展经济发展新动能、夯实经济稳定增长基础的关键，是加快推进各项改革。

十八大以来，新一届领导集体改革决心之大、力度之大，是前所未有的。特别是党的十八届三中全会对改革进行了比较全面的部署，社会各界也给予了很高的期待。三中全会以来，各项改革全面推进，在不少领域都取得了比较明显的成效。尤其在简政放权、改进服务方面，进展比较明显。

但是，整体来看，改革的实际成效与党中央的要求，与人民群众的期待还有一定差距，其中一个比较突出的问题，就是改革的部署比较多，举措比较多，而落地情况、实际效果还不尽如人意。这里边既有改革进入深水区，难度加大的问题，也有在推进改革的具体途径、方式方法方面存在的问题。下一步深化改革，要着力处理好四个方面的重要关系。

一是在改革的内容上，要处理好供给侧改革与需求侧改革的关系。培育增长新动能要着力改善供给，这一点不难理解，也是当前社会上的一个普遍认识。但同时也应看到，充分挖掘和释放需求侧潜力，对于培育和拓展经济新动能也是十分重要的。因此，既要坚持供给侧结构性改革的主攻方向，也要大力推进能够充分释放需求潜力的改革，比如前面所说的农村宅基地改革、产品质量监管制度改革等。

二是在供给侧结构改革中，要处理好新产业与传统产业的关系。既要重视新产业新业态的发展，也要重视传统产业改造升级，这两个方面要同时着力，不可偏废。现在大家一说到新动能，往往首先想到的是"大众创新、万众创业"，想的是新技术、新产品、新业态，实际上，传统产业的转型升级也是新动能，而且是现阶段更大更重要的动能。

同时，要处理好政府与市场的关系。结构优化调整和升级的过程，是一个市场优胜劣汰的过程。什么技术路线可行，什么产业有前景，什么产能是过剩产能，什么企业是僵尸企业，等等，都不是能够通过行政办法简单认定的，而是一个政府作用与市场机制共同作用的过程。政府的经济功能主要应当是打破垄断，放松管制，创造公平竞争的市场环境，严格执行环保、质量、安全标准，管好就业，管好系统性风险，其他的事情则应当更多发挥市场机制的作用。

三是在改革推进方式上，要处理好顶层设计与基层探索的关系。现阶段强调顶层设计是必要的，同时也要鼓励基层大胆创、大胆试，否则可能使一些改革陷于争论而裹足不前。习近平总书记强调，中央通过的改革方案要落地生根，必须鼓励和允许不同地方进行差别化探索。在总体原则方向确定的前提下，要进一步鼓励地方、基层结合各自实际大胆试验、大胆创新。同时,要容忍改革者犯错误,容忍改革失败,为地方和基层大胆试验创造良好环境。

四是在改革动力机制设计上,要处理好激励和约束的关系。不论是稳增长还是调结构,都需要充分发挥广大干部的积极性。30多年来,中国经济的高增长在很大程度上得益于逐步形成的对各级干部很强的激励机制。现在看来,这个机制在促进经济高增长的同时,也带来了不少问题,对之必须进行改革,以适应新任务、新要求。但在改革中,需要处理好破与立、"堵后门"与"开前门"、约束和激励的关系,以鼓励真正干事创业的干部。习近平总书记多次提出"三个区分开来"的要求,要保护那些作风正派又敢作敢为、锐意进取的干部。只有这样,才能把大家的积极性真正调动起来,把改革推向深入。

王一鸣 国务院发展研究中心副主任，经济学博士。著有《建立比较完善的社会主义市场经济体制若干重大问题研究》、《中国区域经济政策研究》、《知识经济与中国经济发展》、《区域遥感经济信息空间集成系统应用研究》等。

创新与经济发展的动力转换

王一鸣

中国经济下行已经持续六年多时间，现在正处在筑底的过程中。如何发挥创新的引领作用，加快培育新技术、新产业、新业态、新模式，深入推进供给侧结构性改革，提高供给体系的质量和效率，打开经济增长的新空间，这是保持中高速增长、迈向中高端水平面临的重大课题。

创新是提高投资效率的根本途径

目前，中国经济运行发生积极变化，特别是工业品出厂价格在经历54个月负增长后已转为正增长，企业利润在年初由负转正后保持稳定增长，特别是在产能过剩矛盾十分突出的重化工业部门，包括煤炭、原油、铁矿、水泥、钢铁、有色金属等行业价格明显回暖，企业利润由负转正，这与供给侧结构性改革是分不开的。供给侧改革持续发力，有效引导和改善市场预期，推动经济运行发生多方面积极变化。

与此同时，经济企稳短期内还难以摆脱对投资的依赖。从需求层面看，投资依然扮演了很重要的角色，特别是房地产和基础设施投资，对经济增长发挥了重要支撑作用。前三季度，房地产和基础设施投资占全社会投资比重超过48%，为2010年以来同期最高点。现在市场也在讨论，如果明年房地产投资放缓，经济还能否保持持续增长,这是一个非常重要的问题。

从过去几年来看,投资效率是逐步下降的。2015年我国增量资本产出比(ICOR),也就是每新增一元GDP所需投资达到6.7元,比2010年4.2元提高近60%,这也就意味着投资的边际效率在逐步下降。继续依靠投资和生产要素的高强度投入,推动经济增长的空间在逐步收窄。与此同时,投资效率下降对应的问题就是,要保持稳定的收益,就必须提高杠杆率。过去几年,我们的债务杠杆在持续攀升。按照国际清算银行的数据测算,2010年至2015年,我国非金融部门负债总规模年均增长16.6%,比同期名义GDP年均增速快约6个百分点,是国际清算银行报告所列43个经济体中增长最快的。

如何摆脱这种局面,最关键的就要提高投资效率。创新是提高投资效率的根本途径。供给侧改革,从短期看,主要是以存量调整为主,即通过"三去一降一补",把存量沉淀的生产要素解放出来;从中长期来看,则要注重培育新的增量,通过发展新技术、新产业、新业态、新模式,提高全要素生产率,提高潜在增长水平,最根本的还是要依靠创新。

习近平总书记指出,推进供给侧结构性改革,必须树立创新发展理念,推动新技术、新产业、新业态蓬勃发展,为经济持续健康发展提供源源不断的内生动力。随着新动力加快成长,对旧动力的替代作用逐步增强,创新在供给侧结构性改革中的位置和重要性会进一步凸显出来。

供给侧改革的长期目标就是要提高全要素生产率,在推进"去降补"和存量资产调整的基础上,还要加大力度培育新的增量,提升全要素生产率,重塑经济增长的内生动力。从国际经验看,20世纪90年代末美国经济摆脱困境,虽然供给学派的政策主张发挥了一定作用,但帮助美国经济走出"滞胀"泥潭的还是以信息技术为核心的"新经济"。信息技术产品的摩尔定律,推动技术突飞猛进和广泛的产业变革,在很大程度上改写了失业与通货膨胀相互替代的菲利普斯曲线,推动增长率和生产率双增、通胀率和失业率双降。

新一轮科技革命和产业变革蓄势待发

当前,从全球范围来看,尽管科技革命还没有形成,主要经济体的劳动生产率在下降,但是新技术正在加快孕育,如工业领域的"工业4.0",商贸领域的电商、跨境电商,金融领域的互联网金融,教育领域的慕课(MOOCS)和研发领域的网上研发平台等,技术融合趋势加快,制造业范式发生新变化,产业发展孕育新形态,谁能在科技创新方面占据优势,谁就能够掌握发展的主动权。

前沿技术正在发生变化。2015年世界经济论坛十大新兴技术榜单包括:燃料电池汽车、新一代机器人、可循环利用的热固性塑料、精准基因工程技术、积材制造、自然人工智能、分布式制造、能够感知和避让的无人机、神经形态技术和数字基因组,这也表明了技术变革对生产力发展带来的巨大影响。

从全球来看,创新在五个领域最为活跃。一是信息技术进入新一波创新浪潮。以物联网、大数据、云计算、移动互联网等新一代信息技术,推动信息产业发展升级换代。例如,物联网技术正以日新月异的速度发展。据统计,自2010年以来传感器销售额每年增长70%,射频识别(RFID)标签和传感器价格大幅下降。这个技术群正在改变传统的生产方式和生活方式,也带来生产率的极大提升。

二是新能源技术取得重大突破。发电效率不断提升,而成本却在大幅下降,正在悄然改变能源使用方式。20世纪90年代以来,太阳能成本从1990年的每瓦8美元降到2012年80美分以下,风电成本已接近煤炭和天然气发电成本。预计到2025年,太阳能的平准化电力成本将继续下降60%~65%,风电将下降25%~30%。新能源占全球能源消费的比重已达到14%左右。

三是生物技术进入产业化阶段。基因测序技术正以比"摩尔定律"更快的速度发展,目前用1000美元的测序机器,几个小时就能完成一个人的基因测序,而第一个人类基因测序由一个科学家团队花了近30亿美元、耗时13年才于2003年完成。2012年,全球生物技术药物销售额达到1690亿美元,占全球药品工业销售额18%,预计2020年将超过三分之一。

四是新材料技术取得重大突破。例如,从2004年首次人工生产出石墨烯,到2011年IBM已经制造基于石墨烯的集成电路。预计到2025年左右,石墨烯将成为继硅材料后的新一代信息基础材料。它可能在工业生产领域广泛渗透,包括从芯片到其他各个领域的材料应用,将会对材料技术带来革命性的变革。

五是智能制造和机器人技术广泛应用。目前,智能工业机器人的价格平均为每台10~15万美元,预计到2025年将下降50%,并广泛应用于工业制造、康复医疗、国防军工等领域。中国是全球规模最大的机器人市场,近年来机器人产业迅猛发展,推动智能制造技术的深刻变革。

经济技术开发区在创新发展中具有特殊使命

经过30多年发展,国家级经济技术开发区作为先进制造业聚集区和区域经济增长极,成为我国经济发展的强大引擎、对外开放的重要载体和体制机制改革的试验区,在创新发展中承担特殊使命。

当前,国家级经济技术开发区正处在转型发展的关键期。2014年,国务院办公厅印发《关于促进国家级经济技术开发区转型升级创新发展的若干意见》,强调国家级经济技术开发区"要成为带动地区经济发展和实施区域发展战略的重要载体,成为构建开发型经济新体制和培育吸引外资新优势的排头兵,成为科技创新驱动和绿色集约发展的示范区",这是在新的发展阶段,赋予国家级经济技术开发区的新使命。

过去,经济技术开发区主要采取以"铺摊子"为主的发展模式,外向型产业集聚发展,形成了庞大的产业规模。面对制造业全球性产能过剩,需要转向"上台阶"为主的发展模式,关键是产业升级和创新要上台阶,而产业升级与创新是融为一体的。

从发展趋势看,传统制造业大规模扩张阶段将要结束。例如,汽车制造业,从日本和韩国经验看,在高速增长进入中速增长阶段后,随着汽车保有量增速大幅下降,汽车市场扩张速度明显放慢。我国目前的汽车保有量大约是1.63亿辆,相比较过去,汽车市场高增长阶段也将要结束,市场空间也会逐步收缩。尽管今年的汽车销售量还比较旺盛，但这与车购税优惠是有关联的。

未来，将进入以提升产业价值链和产品附加值为主体模式的发展阶段。而进入这个阶段，最大的瓶颈不是电力、交通，而是研发和创新能力。过去，高度依赖加工组装、缺乏技术创新和品牌的产业体系，已经越来越不适应市场竞争格局的变化，不加快提升研发能力，部分已有的技术路线和生产能力将面临被淘汰的风险。

经济技术开发区如何适应市场竞争格局的变化

过去，经济技术开发区的发展主要得益于优惠政策和要素驱动，随着体制的完善和要素成本的增加，不可能再走要素驱动的路子，必须依靠科技创新、体制创新和机制创新。

更加注重发挥企业家才能。创新是科技成果的产业化、商业化、市场化过程，创新的主体是企业家，企业家最核心的功能是创新。我国在信息通信、互联网、数字经济领域，产生了华为、阿里巴巴、腾讯等引领型企业，形成了创新驱动发展的新模式，与任正非、马云、马化腾等一批创新型企业家崛起是分不开的。政府的职责主要是，加大基础研究投入，建设科研基础设施，加强知识产权保护，制定产业标准和商业规则，维护市场秩序，减轻企业家创新风险，从而为创新提供良好的外部环境。

推进市场导向的科技创新。创新以需求为导向才有生命力。创新需要市场充分竞争，需要千千万万的市场主体在试错中找到方向。要通过竞争引导资金、人才、技术等创新要素向优势企业集聚。同时完善科研院所和高校的技术成果向企业转移机制，加大对创新企业的扶持力度。

把科技创新与产业转型升级结合起来。着力突破研发、设计、标准、品牌、供应链管理等关键环节，力求掌握核心技术，增加高附加值环节的比重，提高产品的知识、技术和人力资本含量，提升传统优势产业竞争力，布局建设一批战略性新兴产业基地。

强化科技创新的人才基础。创新的根本在人才，尊重创新人才是创新活动的根本准则。进入转型升级阶段，人才相对于其他生产要素的重要性日益凸显。只有尊重和用好创新人才,才能激发和释放创新活力和潜力。要积极探索创新型人才培养和成长机制,完善人才评价、流动和配置机制,使各类人才的创新智慧和潜能竞相迸发。

建立一批新型研发机构。随着产业分工深化,要鼓励研发、设计等部门从制造业企业逐步分离出来,成为独立的市场主体。同时,在物联网、大数据、云计算、新能源汽车等新兴领域,按照国际标准,组建一批新型研发机构,取得一批原创性科研成果,打造新技术供给的"生力军",以增量改革带动传统体制科研机构的存量改革,构建更加高效的科研体系。

充分利用国际的科技资源。随着经济全球化的深入发展,科技资源特别是科技人才的全球化趋势在不断增强。要放松管制,简化程序,搭建平台,引进国际一流创新团队和创新人才。激励企业到国际市场参与竞争,在海外建立研发中心,以充分有效地利用国外科技资源。

北京亦庄开发区具有创新资源的独特优势,在转型发展中需要重点把握以下几个方面。

第一,突出重点战略领域。加快建设"中国制造2025示范区"和"科技与文化融合发展示范区"。培育科技型文化产业,重点发展传媒影视、设计服务、文化产品交易、会展休闲版块。发展新能源汽车产业,通过建设车联网示范区,延伸智能汽车产业链。巩固集成电路产业优势。大力发展互联网产业,重点是大数据、云服务、物联网。优先发展智能装备产业。加快提升生物医药产业。

第二,培养一批有国际竞争力的创新型领军企业。强化企业创新主体地位和主导作用,支持科技型中小企业发展。鼓励企业开展基础性前沿性创新研究,重视颠覆性技术创新。依托企业、高校、科研院所建设一批国家技术创新中心,加快突破新一代信息通信、智能制造、新能源汽车、生物医药等领域核心技术。

第三,推动"大众创业,万众创新"。充分借鉴硅谷经验,完善科技创新服务体系,营造崇尚创新、宽容失败的文化,吸引集聚一批具有国际竞争力的领军人才、核心技术、高端企业,提升自主创新能力。

第四,构建有利于创新发展的体制生态。营造激励创新的公平竞争环境,实行严格的知识产权保护制度,强化金融支持创新的功能,完善成果转化激励机制,创新培养和吸引人才的机制。

龙永图 原国家外经贸部副部长，原博鳌亚洲论坛理事、秘书长。现任全球CEO发展大会联合主席、中国与全球化智库（CCG）主席。

中国企业全球化的新趋势

龙永图

2015年中国对外非金融类直接投资创下1456.7亿美元的历史新高，同比增长达18.3%。截止到2015年末，中国对外直接投资存量首次突破万亿美元大关。2016年上半年则涌现出几桩重磅交易——包括海航集团旗下天津天海60亿美元收购美国英迈，美的集团拟40多亿欧元控股德国工业机器人企业库卡，以及中国化工430亿美元收购瑞士先正达获得批准。在过去十年间，我们看到中国对外直接投资规模扩大了近10倍，赴海外投资主体、投资领域和投资目的地愈发多元化，种种迹象表明中国企业在全球化发展进程中迈入了一个新阶段。

"全球化"是企业或其他组织提升国际影响或开始在全球范围运作的过程，也是因为世界观、产品、概念及其他文化元素的交换，所带来国际性整合的过程。18世纪中期的英国工业革命以来，新式交通工具的发明，通信技术突飞猛进的发展，教育水平的普遍提高，国际贸易的便利化，各个领域国际协定的签署……使全球化从涓涓细流成为不可阻挡的滚滚洪流。

西方学界普遍认为1492年哥伦布的"地理大发现"是全球化的起源，然而，如果把目光投向更深远的历史记载，不难发现，中国曾是全球化的主要参与者与推动者——早在西汉时期，张骞通西域，开辟了通往欧洲的"丝绸之路"；唐朝的都城长安，是一座国际化的大都市，鼎盛时期城中150万人中三分之一是外国人口；唐宋之后"海上丝绸之路"逐渐兴起，不但联通了中国与60多个国家的直接商贸往来，还在沿线多个国家及欧洲各地掀起了"中国热"。在明清封建时代末期漫长的闭关锁国之后，新中国成立了，借着改革开放的东风，中国再次回到全球化的舞台。1979年8月，国务院颁布的15项经济改革措施中，明确规定允许出国办企业。1979年11月，京和股份有限公司成立，这是改革开放后我国在海外开办的第一家合资经营公司。

全球化大势，顺之者昌，逆之者衰。中国是全球化的重要受益者：改革开放政策允许外资"走进来"，通过"三来一补"发展了大量劳动密集型加工业。2001年加入世界贸易组织是我国更深入地融入经济全球化进程的必然选择，开启了对外开放的新时代：全球化下的大多数中国企业不仅没有被冲垮，反而越来越多地走出国门，走向国际市场。入世后的中国经济发展也引人瞩目：2010年跃升为世界第二大经济体，2013年成为第一大贸易国，2015年人均GDP增长近7倍。

但是我们也看到，在2008年的全球金融海啸之后，全球化进程有所减慢。据世界贸易组织统计，2014年全球贸易总量较上一年仅增加2.8%，是四十年来首次低于全球GDP增速。G20国家出台的贸易保护主义措施从2010年末的381项增加到2015年末的1441项。2016年6月英国去留欧洲公投中，支持脱离的投票者以过半数的优势胜出；同年美国大选中，共和党、民主党候选人更是反对被认为是促进亚太地区贸易自由化的跨太平洋伙伴关系协定（TPP）。

笔者认为，这些看似令人担忧的事件主要是伴随经济周期波动的暂时现象，并不代表全球化的长期趋势。全球化有三个重要的组成要素，第一是科学技术的迅猛发展，这是全球化的动力；第二是跨国公司的全球投资和贸易，这是全球化得以实现的载体；第三是全球范围内的产业结构调整和产业转移，这是全球化的实质和目的。三大要素的基础并没有动摇，因此全球化的过程还将持续下去。

企业是经济全球化最有活力的主体，中国企业目前正处在西方跨国企业曾经走过的全球化历程中。关于中国企业全球化，时不时能听到批评的声音，例如自主创新能力不强，核心技术受制于人，利润率偏低等。作为中国企业"走出去"的见证者和孜孜不倦的倡导者，我认为中国企业全球化发展初期，虽有种种不足，但大势不可阻挡，并将呈现出以下趋势。

第一，中国企业"走出去"规模还会快速增长，预计到"十三五"末期，我国年对外直接投资额还会在现有基础上实现翻番,达到2500亿~3000亿美元,"十三五"期间累计对外直接投资达1.1万亿美元。过去十年,中国非金融类对外直接投资已从2005年的122.6亿美元增至2015年的1214.2亿美元,扩大了近10倍。2016年1~9月,中国对外直接投资额达到1342.2亿美元,比去年同期增长了53.7%。

支撑这一高速增长的因素包括三个方面:首先,当前商业环境要求中国企业具备全球视野,"走出去"在全球范围内进行资源配置和市场开拓;其次,国家相关部门持续推进境外投资便利化,实行备案为主的管理模式,积极搭建对外投资平台,加大投融资支持力度,加强对企业开展对外投资合作的国别环境指导;再者,"一带一路"建设为中国企业"走出去"打造了新的载体,配合企业产能转移的需求,在帮助沿线欠发达国家跨越经济发展鸿沟的同时,实现了生产要素成本的降低。

第二,中国企业全球化发展将推动我国产业转型升级,从"制造大国"向"制造强国"发展。加入世界贸易组织以来,我国在提升出口商品技术含量和附加值方面下了很大功夫。2001年—2016年十五年间,在我国货物出口贸易额中,高技术产品的占比从17.5%提高到约30%,其中技术含量较高的机电产品所占比重则由44.6%提高到近60%。

2016年5月,美的向德国机器人公司库卡(Kuka)发出收购要约,计划通过库卡在工业机器人和自动化生产领域的技术优势,提升生产效率并推动制造升级。类似的,2013年万向集团收购美国电池生产商A123,获得了锂电池生产的核心技术,推动其在新能源领域的发展。这些例子说明,中国企业正在通过全球化发展获取高端制造业的专利和核心技术,将有利于推动我国向"制造强国"迈进。

第三,中国企业全球化布局将愈发多元化,稳步地向成为"全球企业"迈进。在过去一二十年的"走出去"探索中,中国企业通常追随市场、资金和资源,前往一些较"热门"的投资目的地,当前它们当中的先行者已经完成了对成熟目的地的布局,正进入相对陌生的前沿市场,呈现出全球布局越发多元化的景象。

例如,华为在1997年走出国门,目前已在160多个国家设立分公司或代表处,并在世界各地构建了16个研究所,28个创新中心,45个产品服务中心;雇佣的15万名员工中有4万多人为外籍,超过一半的销售收入来自海外市场,已经成为一家名副其实的"全球企业"。又如,海航集团旗下已囊括分布在5个大洲14个国家的30多家境外企业，截至2015年集团15%的资产、24%的收入来自其海外公司。未来，中国还将有更多的这类全球性公司的诞生。

第四，中国企业将通过全球化发展向价值链上游迈进，整合技术与品牌优势，获取更高的附加值。宏碁集团创始人施振荣先生曾提出著名的"微笑曲线"理论——由技术、制造、品牌等环节组成的微笑曲线表示全球价值链的分工，其中曲线两端的"专利、技术"及"品牌、服务"环节往往包含了较高的附加值，而位于曲线中段的"组装、制造"环节则附加值较低。在上一次全球产业分工转移中，我国很多企业正是凭借劳动力、土地等生产要素的成本优势，成功进入全球价值链中的制造环节。但近年来，我国企业在制造环节的传统优势正逐渐减弱，劳动生产率增速放缓而工资水平快速提高压缩了企业的利润空间。许多中国企业选择通过"走出去"实现"引进来"，提升技术与品牌，向"微笑曲线"两端转移，以获取更高附加值。

2012年三一重工对德国普茨迈斯特（Putzmeister）的收购，将核心技术和品牌收入囊中，一举改变全球行业竞争格局。2008年—2013年，深圳迈瑞公司完成了对美国Datascope公司监护业务、ZONARE集团的并购，获得了监护仪、医学影像领域两大著名品牌与相关知识产权，加快了在高端市场产品的研发，服务于国内和国际市场。

第五，中国企业"走出去"的本土化经营水平将持续改进，企业社会责任承担将做得越来越好。早期"走出去"过程中，许多中国企业忽视了投资目的地的文化差异、经营环境等本地化因素，付出了昂贵的学费。例如上汽集团2004年入主韩国双龙汽车后，始终无法消除与工会隔阂，终因劳资矛盾激化而宣告失败。这些教训对后来者很有价值，现在我们看到越来越多的中国企业在海外并购或绿地投资中提高了对本土化经营和企业社会责任的重视。

联想集团、万达集团、福耀集团在并购海外企业后，均采取了本土化的人力资源策略。其中福耀集团在2014年收购美国芒山工厂之后，基于尊重美国制造业工会文化考虑，保留了工厂工会，尽管并购协议允许关闭工会。2015年，福耀投资美国俄亥俄州代顿地区后，向当地大学捐赠700万美元支持研究，这就不难理解为何当地政府要将一条公路命名为"福耀大道"。东莞的华坚集团在进入埃塞俄比亚伊始便以东道国的本土企业定位，2012年建厂之初就确定了依靠本地人才发展的计划——工厂开工之前派出 200 多名埃塞大学生前往东莞工厂培训，如今工厂规模已扩大到 5000 多名雇员，但只有 140 多人是中国籍雇员。这样做不仅创造了大量就业机会，也带动当地制造业的提高，受到东道国政府和当地人的肯定与欢迎。

总体而言，笔者对中国企业全球化发展持乐观态度，但从"走出去"到"走进去"、"走上去"将是一个艰苦漫长的过程，然而全球化的大势不会逆转。对于众多期待跨出国门的企业来说，了解不同领域、不同行业企业在海外投资、经营以及与利益相关者互动的经验十分重要。希望中国与全球化智库（CCG）在研究分析大量中国企业国际化案例的基础上编撰的这本《中国企业全球化报告（2016）》，能对"走出去"和拟"走出去"的中国企业提供一些参考与帮助。

迟福林　中国（海南）改革发展研究院院长，研究员，博士生导师，享受国务院特殊津贴专家。中国经济体制改革研究会副会长，海南省社会科学界联合会主席。曾获全国"五个一工程"奖、孙冶方经济科学论文奖。著有《论转型时期的经济改革》《深化产权制度改革》、《中国改革进入新阶段》、《痴心热土——20年的梦想与追求》、《第二次改革——中国未来30年的强国之路》等。

适应全球化新趋势推动开放转型

迟福林

近期来，围绕经济全球化有很多讨论，支持者有之，质疑者亦有之。总体而言，经济全球化符合经济规律，符合各方利益。对于我国来说，要发展壮大，必须主动顺应经济全球化潮流，坚持对外开放。需要重视的是，新一轮科技和产业革命正孕育兴起，国际分工体系加速演变，全球价值链深度重塑，这些都给经济全球化赋予新的内涵。加快我国发展，就要适应全球化新趋势，积极推动贸易和投资自由化便利化，不断创造更全面、更深入、更多元的对外开放格局。

2017年是经济全球化转折年。发达国家贸易保护主义、孤立主义等倾向加剧，"逆全球化"思潮暗流涌动，严重冲击国际经济政治秩序，使经济全球化的不确定性上升。与此同时，我国坚定推进自由贸易进程，坚持在扩大开放中谋求与世界各国共同发展。习近平主席在世界经济论坛2017年年会开幕式上的主旨演讲中鲜明指出，我们要坚定不移发展全球自由贸易和投资，在开放中推动贸易和投资自由化便利化，旗帜鲜明反对保护主义。由此，国际社会对中国成为经济全球化的推动者、引领者抱有高度期待。我国适应全球化新趋势推动开放转型，既是引领经济全球化进程的重大举措，又是推进自身经济转型与结构性改革的务实行动。

适应经济全球化新变局，重在推动贸易和投资自由化便利化

当前，经济全球化到了一个新的十字路口，面临的不确定性明显增大，并有可能步入一个与以往"和平与发展"迥异的时代。在这个特定背景下，需要客观判断我国扩大开放面临的机遇与挑战以及战略角色的转变。

其一，经济全球化新变局下自由贸易的大趋势难以逆转。首先，全球自由贸易正遭遇严峻考验。其次，经济全球化新动力正在孕育形成。比如，全球贸易中服务贸易占比持续提高，服务贸易成为自由贸易的重点和焦点。2015年，服务贸易占全球贸易比重达到23%左右。此外，新技术革命和信息革命大大降低了经济全球化成本。总的看，短期内自由贸易将经历一个重大调整，中长期内自由贸易的大趋势难以改变。

其二，我国经济转型与结构性改革是应对经济全球化的"王牌"。当前，经济全球化面临着全球需求不足的突出矛盾。我国正在发生的产业结构变革、消费结构变革、城镇化结构变革，蕴藏着巨大的增长潜力；正在推进的经济转型与结构性改革将释放巨大的经济增长潜力，并形成新的经济增长动能。以消费为例，"十三五"时期我国消费规模将不断扩大，消费结构不断升级。预计到2020年，消费需求规模将达到50万亿元左右，城镇居民服务型消费需求占比有可能达到50%。依托巨大的内需市场，未来5年，中国对世界经济增长的贡献率将可能保持在25%至30%左右。也就是说，13亿人的消费大市场尤其是服务型消费大市场是促进世界经济增长的重要因素，是我国引领经济全球化的突出优势。

其三，适应全球化新趋势促进开放转型，推动贸易和投资自由化便利化，将使我国赢得国内转型与国际竞争的主动。在经济全球化与国内经济转型历史交汇的大背景下，推动贸易和投资自由化便利化，形成自由贸易的制度安排，将牵动影响转型改革全局。2020年是经济转型升级的历史"窗口期"，适应产业结构变革、消费结构变革和城镇化结构变革的大趋势，要着力提升开放水平，形成新的竞争优势和发展动能。比如，从以货物贸易为主转向以服务贸易为重点，使2020年服务贸

易占我国对外贸易比重有可能达到20%以上，占全球服务贸易的比重有可能达到10%以上；从以工业为主的市场开放转向以服务业市场为主的双向市场开放，在开放转型中释放大我国服务贸易的巨大潜力，厚植经济转型与结构性改革的新动力。以自由贸易为主线的开放转型，不仅将对我国经济转型与改革发展带来强大动力，而且将对经济全球化产生重大影响。

推进"一带一路"与自由贸易战略深度融合

在经济全球化新变局的大背景下，"一带一路"在推进全球自由贸易进程中将扮演更为重要的战略角色。未来几年，在推进"一带一路"基础设施互联互通与产能合作的同时，需要加快构建多种形式的自贸区网络，加快形成"一带一路"自由贸易制度安排。

第一，以"一带一路"引领开放、包容、共享、均衡的经济全球化。推进"一带一路"建设，是党中央、国务院根据全球形势变化和我国发展面临的新形势、新任务，统筹国内国际两个大局作出的重大战略决策。在经济全球化新的背景下，"一带一路"承载着新使命，成为经济全球化的重要主角。世界银行数据显示，2010年至2013年，"一带一路"沿线国家和地区对外贸易、外资净流入年均增速分别达到13.9%和6.2%，比全球平均水平高出4.6和3.4个百分点。国际货币基金组织预测，到2020年，"一带一路"沿线国家和地区货物贸易总额将达到19.6万亿美元，占全球货物贸易总额的38.9%。从现实看，"一带一路"沿线部分国家和地区基础设施较为落后，重货物贸易而轻服务贸易，贸易自由化程度比较低。这就需要采取循序渐进的方式，通过框架协议、双边投资协定等多种形式，与"一带一路"沿线国家和地区共建形式多样的双边、多边自贸区，推进全球自由贸易进程。

第二，加快推进"一带一路"双边、多边自贸区建设。目前,我国已与"一带一路"沿线40多个国家和国际组织签署合作协议，"一带一路"的"朋友圈"正在不断扩大。未来，我们还要务实推进"一带一路"与自由贸易区网络的融合联动，以点连线、以线带面，重点突破，成熟一个推进一个。

第三，积极与"一带一路"沿线国家和地区共建跨境经济合作区。比如，在主要港口和口岸建立边境经济合作区；沿"六大经济走廊"建立境外经贸合作区；在主要节点建立一批跨境经济合作区；争取将基本具备条件的跨境经济合作区提升为双边自由贸易区。由此，形成"一带一路"多种形式的经济合作圈，务实推进"一带一路"自由贸易区网络建设。

加快推进以服务贸易为重点的开放转型

在经济全球化新变局下，我国实行自由贸易战略，重点在服务贸易，难点在国内；国内的难点在服务业市场开放；服务业市场开放的难点在理念、在政策体制。2015年，我国服务贸易占比低于全球平均水平8个百分点左右，比发达国家低10个百分点以上。重要原因在于，我国服务业市场开放较为滞后。为此，要加快服务贸易与服务业市场开放的融合，以形成开放转型的重要推动力。

一是加快服务业市场开放，推进服务贸易发展。服务业市场开放是服务贸易发展的一个重要基础。当前，我国服务业领域行政垄断和市场垄断的特点仍然比较突出，社会资本等进入面临诸多政策体制障碍。当务之急是加快出台服务业市场开放的改革行动方案，稳定、增强社会资本预期。以服务业市场开放为重点深化结构性改革，能够形成转型增长的新动力：可以拓宽社会资本投资空间，有效激发市场活力，扩大服务型消费的有效供给；可以有效对接国际国内市场，拉动外来投资，做强服务业这个经济增长的"第一引擎"；可以促进"一带一路"自由贸易区网络建设，推动双边、多边投资贸易谈判进程。

二是以服务贸易为重点加快国内自贸区转型。近年来，国内自贸区以负面清单为重点的改革取得重要进展。然而，目前国内自贸区现存的负面清单仍有122项，其中有80余项针对服务贸易领域。这一情况需要适应经济全球化的新趋势尽快改变。适应经济全球化新变局，要把服务贸易开放先行先试作为国内自贸区建设的重要目标。当前，重点是现有的自贸区要适应新形势的需要，在服务贸易发展和服务业市场开放上发挥更重要的作用。建议尽快研究推出相关的行动方案，推进自贸区以服务贸易为重点的开放转型进程。与此同时，还要大幅缩减负面清单。

三是支持具备条件的地区实施产业项下的自由贸易政策。从不同区域的特定优势出发，支持具备条件的地区率先实行旅游、健康、医疗、文化、职业教育等产业项下的自由贸易政策，走出一条开放转型的新路子。比如，海南可以探索健康、旅游项下的自由贸易。如果产业项下的自由贸易政策能尽快在一些地区落地，其影响和带动效应是相当可观的。

四是推进粤港澳服务贸易一体化。加快推进粤港澳服务贸易一体化，意义重大。当前，重要的是在管住货物贸易的同时全面放开人文交流，尤其是鼓励并支持粤港澳三地青年积极开展多种形式的沟通、对话、交流。

张　宇　中国人民大学经济学院院长、教授。研究领域为马克思主义政治经济学、社会主义经济理论和中国经济改革与发展。著有《过渡之路：中国渐进式改革的政治经济学分析》、《市场社会主义反思》、《过渡政治经济学导论》、《论马克思主义的分析范式》、《中国的转型模式：反思与创新》等。

引导和推动经济全球化健康发展

张　宇

当前，世界经济和政治形势复杂多变，经济全球化进程走到了十字路口。如何科学认识和正确对待经济全球化，成为一个重大而紧迫的理论和实践问题。对此，我们要运用马克思主义理论做出科学的分析说明，提出正确的应对方略。

经济全球化是生产力发展的客观要求

马克思主义认为，生产力是人类社会发展的根本动力，经济全球化是生产力发展的必然结果和客观要求。

一方面，生产力的发展提高了人类活动能力，使人类活动突破了国家和地域的限制，促进了生产的国际化；带来了交通、通讯、信息技术的不断改进，拉近了人类交往的空间距离，提高了交往的效率；形成了全球性生产网络，推动资源在全球流动和优化配置；加速了科学的普及、知识的传播、技术的扩散、人员的流动，增加了人类共同的物质财富和精神财富。这些都为经济全球化发展创造了物质条件。

另一方面，生产力的发展促进了国际分工和国际交换的扩展和深化，使各个国家在经济上的相互联系和相互依赖日益加深、相互关系不断变化；推动不同国家的经济制度发生碰撞、竞争、渗透和融合，形成统一的世界经济体系；生产力的全球化要求建立与之相适应的全球性经济组织、经济规则和治理体系。这些都为经济全球化发展创造了社会条件。

在人类历史上，生产力的每一次革命，都推动了经济全球化的巨大发展。以蒸汽机和纺织机的发明与使用为核心的第一次工业革命，开辟了世界市场，开启了经济全球化进程。以电力和电动机的发明与使用为标志、以重化工业的兴起为核心的第二次工业革命，确立了资本主义对全球的统治，形成了现代世界体系。以电子计算机的发明与使用为主要标志、以信息技术革命为核心的第三次工业革命，推动形成了20世纪80年代后新一轮经济全球化浪潮。当前，新一轮科技革命和产业变革正在孕育兴起，国际分工体系和世界经济格局正在发生深刻变化，这些都在赋予经济全球化新的内涵。

历史证明，开放带来进步、封闭导致落后，没有经济全球化就没有现代化。这是经济社会发展的客观规律。经济全球化进程虽然有曲折和反复，但作为历史发展的大趋势，是任何力量都难以改变的。

资本主义主导的经济全球化的矛盾和弊端

社会经济过程是生产力与生产关系的统一。从生产关系的角度看，迄今为止的经济全球化总体上属于资本主义主导下的经济全球化，主要体现了资本主义生产关系的要求。在《共产党宣言》等文献中，马克思、恩格斯深刻阐述了资本主义在推动经济全球化中的历史作用："资产阶级，由于开拓了世界市场，使一切国家的生产与消费都成为世界性的了。""资产阶级社会的真实任务是建立世界市场（至少是一个轮廓）和以这种市场为基础的生产。""它迫使它们在自己那里推行所谓的文明，即变成资产者。一句话，它按照自己的面貌为自己创造出一个世界。"

资产阶级曾经在历史上起过革命性作用，创造世界市场、推动经济全球化就是其突出的成就。正是基于这一事实，马克思、恩格斯曾经高度赞扬资本主义充当了历史的不自觉的工具，负有为新世界创造物质基础的使命。同时必须看到，资本主义主导的经济全球化是以资本主义私有制为基础、以资本获取最大限度利润为动力的，奉行弱肉强食的丛林法则，包含着深刻矛盾和严重弊端。

第一，不平等。工业革命之后，西方国家率先进入资本主义社会，实现了现代化，确立了资本主义世界体系及其在这一体系中的支配地位，并通过暴力掠夺、殖民征服，凭借经济科技优势，从中获得巨大利益。广大发展中国家则被卷入资本主义世界体系，并在这一体系中处于被支配地位，长期锁定于不发达状态。19世纪末20世纪初，欧美发达资本主义国家进入帝国主义阶段。列宁深刻指出，"资本主义已成为极少数'先进'国对世界上绝大多数居民实行殖民压迫和金融扼杀的世界体系。"第二次世界大战结束后，虽然殖民体系瓦解了，但资本主义世界体系的不平等性质并没有改变。资本主义积累的一般规律即一极是财富的积累、一极是贫困的积累，在世界范围内不断重演，并且愈演愈烈。

第二，不平衡。这主要表现为：一是脱离了黄金和实物支持的美元成为世界货币，形成以美元霸权为核心的世界金融体系，货币创造与商品生产、虚拟经济与实体经济严重脱节，导致国际贸易和全球资本流动严重失衡，全球金融危机频繁发生。二是在商品和资本全球化日益发展的同时，劳动力的全球流动却受到严格管制，处于被分割状态，导致各国之间的收入差距持续扩大。三是发达国家一味要求发展中国家全面开放市场，自己却大都信奉国家利己主义，并根据需要在不同时期和不同领域交替使用自由贸易政策和保护主义政策。

第三，不可持续。生产社会化和生产资料私人所有制的矛盾是资本主义的基本矛盾。随着经济全球化的发展，资本主义基本矛盾也在更大范围和更高程度上发展起来，表现为全球范围的阶级对立、贫富分化、失业、生产过剩、生态灾难和金融动荡，并通过世界性的经济危机集中爆发出来，妨碍世界经济健康发展。在一个国家内部，资本主义基本矛盾虽然难以根除，但可以通过国家调节在一定程度上得到缓解。而在经济全球化条件下，由于不存在类似主权国家的权威机构，缓和资本主义基本矛盾、解决全球性危机是比较困难的。不仅如此，发达国家往往凭借自己的优势地位，采取以邻为壑的政策，甚至不惜发动战争以转嫁矛盾和危机，使经济全球化进程经常被经济民族主义或各种反全球化运动所阻断或逆转。

如何克服资本主义主导的经济全球化的深刻矛盾和严重弊端，引导和推动经济全球化健康发展，是人类社会发展进步面临的重大课题。

探索新型经济全球化道路

多少年来，为了克服资本主义主导的经济全球化的弊端，人类社会进行了不懈探索和努力。在国家层面，通过实行国有化、福利化等措施，改良资本主义制度，缓和资本主义基本矛盾，以适应生产社会化的要求。在国际层面，通过创建各种国际经济组织、推进广泛的国际经济合作和构建全球经济治理体系，适应经济全球化的要求。这些探索和努力取得了积极成果，推动了世界经济发展，但并不能从根本上解决资本主义主导的经济全球化的矛盾和弊端。20世纪80年代后，在新自由主义的推动下，资本主义基本矛盾在全球范围更加突出和尖锐地表现出来：在物质财富不断积累、科技进步日新月异的同时，世界范围的贫富两极分化加剧，发展不平衡问题突出，经济运行大幅波动，金融危机频发，生态环境恶化，世界经济发展不确定性上升。事实证明，资本主义主导的经济全球化难以引领人类社会前进的方向。

经济全球化的前途在哪里？马克思主义通过对人类社会发展规律的考察，勾画了未来社会的美好蓝图。马克思主义认为，人类社会从资本主义向共产主义的过渡和各个民族的历史向世界历史的转变，是历史发展的必然趋势和人类解放的必然要求，二者相互促进、互为条件。一方面，只有在经济全球化条件下，单个人才能摆脱种种民族和地域的局限而获得全面发展的能力，为最终实现共产主义创造条件；另一方面，只有在未来共产主义社会，才能消灭阶级剥削、国际剥削和国家之间的对立，建立自由人联合体。

因此，马克思主义不是经济全球化的反对者，而是经济全球化的支持者。马克思主义既反对帝国主义和霸权主义，也反对狭隘的民族主义和闭关自守，致力于探索超越资本主义局限的新型经济全球化道路，以消除各国人民之间的分隔和对立，推动各个国家各个民族的合作交流，实现人类的解放和人的自由全面发展。毫无疑问，实现这一远大目标绝非易事，不可能一蹴而就。现实世界中，社会主义与资本主义将长期共存，我国将长期面对发达资本主义国家在经济科技等方面占优势的压力。在此条件下，社会主义和一切进步力量的奋斗目标，是改变旧的不公正不合理的国际经济秩序，引导经济全球化朝着符合世界人民共同利益的方向发展，直到资本主义被社会主义和共产主义所取代。

中国共产党信仰马克思主义，坚持把中华民族的解放与人类的解放、中国的发展与世界的发展紧密相连。在新民主主义革命时期，联合世界上被压迫民族，为推动国家独立和民族解放、推翻帝国主义的殖民统治做出了贡献。在社会主义建设时期，倡导互相尊重主权和领土完整、互不侵犯、互不干涉内政、平等互利、和平共处五项原则，为建立公正合理的新型国际关系做出了贡献。在改革开放新时期，坚持对外开放基本国策，积极参与经济全球化，奉行互利共赢的开放战略，不断提升发展的内外联动性，在实现自身发展的同时更多惠及其他国家和人民，为促进经济全球化发展和世界经济增长做出了贡献，在探索新型经济全球化道路上迈出了坚实步伐。

为引导经济全球化健康发展贡献中国智慧

2008年国际金融危机之后，资本主义主导的经济全球化的矛盾和弊端集中爆发，经济全球化遇到波折，保护主义有所抬头，"逆全球化"思潮暗流涌动，经济全球化何去何从成为国际社会关注的焦点。在此关键时刻，习近平主席多次发表重要讲话，系统阐述中国对经济全球化的认识，回应了国际社会对经济全球化的关切，反映了中国共产党和中国人民对人类命运和世界发展的深刻思考，为引导经济全球化健康发展提供了中国方案、贡献了中国智慧。

坚持经济全球化的方向不动摇。经济全球化是社会生产力发展的客观要求和科技进步的必然结果，是历史大势，推动了贸易大繁荣、投资大便利、人员大流动、技术大发展。把困扰世界的问题简单归咎于经济全球化，既不符合事实，也无助于问题解决。因此，必须坚定不移推进经济全球化进程，旗帜鲜明反对保护主义，促进商品、服务和生产要素在全球范围更加自由便捷地流动。

积极引导经济全球化的走向。应当看到，经济全球化是一把"双刃剑"，存在增长和分配、资本和劳动、效率和公平等矛盾。当世界经济处于下行期的时候，这些矛盾就会更加突出，凸显经济全球化存在的问题和弊端。新形势下，必须积极引导经济全球化的走向，努力消除经济全球化的负面影响，着力解决公平公正问题，推动经济全球化朝着普惠共赢的方向发展。

建立以合作共赢为核心的新型国际关系。一方面，在坚持平等互利原则的基础上积极推进贸易和投资自由化便利化，促进公平开放竞争。另一方面，建立健全宏观经济政策协调机制，推动国际经济、金融、货币体系改革，加强各领域务实合作，加强国际援助交流合作，推动各国经济全方位互联互通和良性互动，缩小南北差距，消除贫困和饥饿，促进共同发展。

完善全球经济治理体系。随着全球性挑战增多，加强全球治理、推进全球治理体制变革成为大势所趋。完善全球经济治理体系，要以平等为基础、以开放为导向，倡导共商、共建、共享的全球治理理念，坚持正确义利观，推动变革全球治理体制中不公正不合理的安排，促进全球治理规则民主化法治化，努力使全球治理体制更加平衡地反映大多数国家的意愿和利益。

共同构建人类命运共同体。在经济全球化条件下，各国相互联系、相互依存、命运与共、休戚相关，日益成为一个你中有我、我中有你的命运共同体。因此，应坚持人类命运共同体理念，共同推动构建人类命运共同体，坚持对话协商、共建共享、合作共赢、交流互鉴、绿色低碳，努力建设一个持久和平、普遍安全、共同繁荣、开放包容、清洁美丽的世界。

中国是经济全球化的受益者，更是贡献者。改革开放以来，中国积极主动参与经济全球化进程，日益成为推动世界经济发展的重要动力。更为重要的是，中国的改革开放实现了社会主义制度与市场经济的有机结合，超越了以私有制为基础的资本主义市场经济的流俗教条，为人类探索更好的社会制度开辟了广阔道路。国际关系是国内关系的延伸。社会主义市场经济理论和实践的成功，为探索公正合理的新型国际关系和经济全球化道路展现了光明前景。

汪玉凯　中国行政体制改革研究会副会长，国家行政学院教授，北京大学政府管理学院博士生导师。著有《界定政府边界》、《公共治理与公共权力研究》、《改革没有回头箭》、《社会变革与科学进步》、《电子政务在中国》等。

走出改革困境需要三管齐下

汪玉凯

这里我要谈的改革话题，大概有三个观点：第一，全面深化改革成就很大，但是整体上改革处于胶着状态没有根本改变。第二，如果改革不能突破，有可能进一步加剧中国面临的风险。第三，要走出改革的困境，需要三管齐下。

目前改革整体上还处于胶着状态

首先我充分肯定十八大以后，全面改革所取得的巨大成就。比如说国务院用三年时间取消下放800多项行政审批事项，商事制度改革取得历史性突破，户籍制度改革有重要突破，农民工市民化开始迈出关键的步伐，社会保障制度的党政机构、事业单位、国有企业制度的三规合一，也取得了突破性进展。我之所以要下"改革整体处在胶着状态"这样一个判断，是因为在充分肯定中国改革取得巨大成就的同时，应该看到改革整体处于胶着的格局没有改变，这种胶着的格局和中国反腐败的进程是同步的。我前两年的判断是，反腐败没有取得压倒性胜利；现在的主要判断是，反腐败正在取得压倒性胜利。我认为这两者是同步的，当反腐败还没有取得压倒性胜利，或者是正在取得压倒性胜利的过程中，就决定了改革必然会处在一种胶着的状态。

这个胶着状态在我看来至少有三大标志：第一，关键部位的改革在制度层面上还没有实质的突破，比如说经济层面、政治层面、社会层面。第二，改革的内生动力明显不足，这既表现在官场，也表现在民间。从官员来讲我们可以很清晰地看到，现在绝大部分官员缺乏20世纪80年代的官员的改革锐气，不作为甚至变成一种软抵抗。从民间来讲也是一样，老百姓对改革的评价是基于能不能使改革成果让全民共享，如果我们把改革变成从老百姓那里掏钱的代名词，老百姓是不会欢迎的。老百姓说住房改革使人买不起房，教育改革使人上不起学，医疗改革使人看不起病，如果改革变成从老百姓腰包里掏钱的状态的话，老百姓不会拥护你的改革。所以官场和民间整体上的改革内生动力都和20世纪80年代不一样。第三，改革政策似乎有碎片化的倾向。我们看到深改组召开的几十次会议，讨论了很多的改革建议，但是改革的过程中出现了改革头绪多、要求急，没有足够的时间在下面贯彻实施，政策有碎片化的倾向，很难形成强大的改革合力。改革政策在很多地方难以真正落实，有空转的风险。目前改革整体上还处在一个胶着状态，这是我的基本判断。

改革难以突破，进一步加剧中国的风险

十八大以后，中国发生了深刻的改变，这个改变意味着什么，现在下结论可能还为时尚早。尽管发生了很大的改变，但是中国的风险并没有化解。这个风险我概括为四大风险：经济风险、社会风险、信任风险、政治风险。这些风险在某些方面还在上升，而这个上升的趋势，我认为习总书记在去年的"七一"讲话，包括最近通过的党内两个重要的文件都有涉及，我称之为"三个四"——中国执政面临四种考验、中国执政面临四个危险、我们要坚持四个重大。四个考验是指执政考验、改革开放考验、市场经济考验、外部环境考验。四种危险是指精神懈怠的危险、能力不足的危险、脱离群众的危险、贪污腐败的危险。四个重大是指应对重大挑战、抵御重大风险、克服重大阻力、解决重大矛盾。我认为习总书记强调的这"三个四"（四个考验、四个危险、四个重大）在一定意义上讲是对前面提到的四种风险上升的一个高度概括。

我举一个例子，大家可以看到中国经济目前正面临三者叠加的困局。什么叫三

者叠加？一是到2020年要全面建成小康社会，这是刚性目标，全党工作往这里聚焦。第二，应对经济新常态。第三，中国在进行前两者的过程中，还要同时实现经济三大战略的转型，由规模数量型转向质量效益型，由引进消化吸收型转向走出去、对外扩张型，由学习模仿型转向自主创新型。这三大战略性转型在前面两个叠加中能不能实现，我认为并不容易。我们往往处在这样一种困境中，如果说注意了转型，可能稳增长受到影响；注意了稳增长，可能转型的目标难以实现。这是应对经济新常态。

我以经济下行压力为例，大家可以看到从十八大以后，中国经济掉头下行，2013年增长7.7%，2014年增长7.3%，2015年增长6.9%，2016年掉到6.7%。尽管大家对造成经济下行的原因分析很有争议，看法不一，但就我个人观察，我认为有五个相对重要的问题还没有解决，第一是严重的房地产泡沫，第二是23万亿的地方债务风险，第三是金融体系相对滞后，拉了实体经济的后腿，第四是大量的产能过剩，第五是民营企业大量倒闭，很多资本走了，人也走了。如果说这些领域不能重振的话，中国经济下行可能还没到最关键的时候。这是三者叠加带来的困局。

我们如何应对现在遇到的问题，实现中国的战略转型，这会影响到中国在未来的定位。中国经济转型是否成功，对中国未来三个定位会有很大的影响。第一是中国的国际影响在社会上初步定格，过去中国是一个穷国，没有人管你，现在你强大起来了，但是能不能受到大国的尊重，不一定。第二，中国的价值定位，现在我们和西方渐行渐远，我们强调走自己的道路，但是我们这个道路能不能走到大家公认的民主、法治的道路，也正在定格。第三个是中国在社会经济中定格，我们成为全球老二了，但是有没有获得老二应有的尊重？这不仅仅取决于经济的规模，还包括你能不能保护知识产权，能不能保护环境，能不能减少碳排放，能不能让改革的成果被全民共享，所有这些软的要件，可能是能不能赢得世界尊重的更关键因素，我们要从这样的高度来看待我们面临的风险。

三管齐下走出改革困境

改革在目前这样一种比较困难、比较胶着的格局下，我们如何才能摆脱这个困境呢？我讲三句话：第一，要最大限度地排除改革的阻力。第二，要防止颠覆性错误的出现，特别是防止走极端再次危害中国。第三，在改革的关键部位上要有实质突破，防止改革政策空转。

改革最大的阻力来自两个层面，第一是强大的既得利益集团。既得利益集团既掌握权力，又掌握资本，还掌握资源，羽翼丰满、势力雄厚，控制相当多的中国社会财富，在某些方面，我们的改革被利益集团绑架。利益集团在某种程度上激化了官民冲突、激化了劳资冲突、激化了贫富冲突，这三种冲突的背后，我们都可以看到既得利益者的存在，我们要有巨大的勇气和决心排除利益固化的藩篱。既得利益集团相互输送利益，拉帮结派，十八大以后，开展的这场声势浩大的反腐运动，就是要清除这个依附在中国既得利益集团上的毒瘤。第二个阻力是政府。政府的阻力来自三个方面：观念、审批改革、部门利益。从观念上来讲，我们不缺少权力思维、不缺少人治思维，我们恰恰缺少的是法治思维。从行政审批改革来讲，现在国务院拿掉800多项行政审批事项，但是老百姓感觉并不深刻，并不像政府的评价那么高。我想原因有两个，其一，国务院拿掉的800多项审批，是不是都拿掉了，各部门拿掉多少，实际操作上不是总理说了算，而是部长、司长、处长说了算。其二，我们是五级政府，能不能推进国务院的改革，最终传导下去以解决企业、老百姓办事难的问题。这种改革的隐形阻力不可低估。总理在国务院常务会议上多次批评，说常务会议上定的事情，一年转不出中南海，难道还要靠部长们再把一道关吗？后来总理说常务会议上定的事情，国务院办公厅必须一个星期发文，如果还要横向协调的，不能超过10天。2015年李克强总理到国家工商总局调研，他说现在什么时候了，老百姓还要领三个证？工商证、组织机构代码证、税务证，总理说到2016年年底前必须把三证合一。这样的改革要总理亲自推动，可见政府的隐形阻力有多强大。

要防止颠覆性错误的出现。邓小平在1992年"南方谈话"中说"要坚持社会主义基本路线100年不动摇，计划和市场都是发展经济的手段，资本主义可以有计划，社会主义也可以有市场"；"不改革就是死路一条，不改革就下台"；"要防止'右'，但是当下主要的危险是'左'"。我认为1992年邓小平"南方谈话"的这个判断到现在并没有过时。

在关键部位上要有实际性突破。关键部位有两个，一个是经济改革，一个是政治改革。经济改革、供给侧改革，专家们做了很多评价，但是我认为供给侧结构改革的关键不完全在经济层面，而在政府。这么多的过剩产能，难道是市场机制配置的结果吗？很显然不是，过多的产能是政府宏观调控的产物，明明生产得多了，但为了增加GDP还在上产能。有三个因素影响政府宏观调控导向，第一是政府要收入，第二是政府要增长，第三是政府要政绩。政府的"三要"逻辑是产能过剩的三个推手。比如说要收入，我们现在国家开支得比较大，包括养活财政供养人员、军费支出、老百姓的医疗、教育等，政府肯定要收入。要增长，过去是三驾马车——投资、消费、出口，这就像和面，水多了加面，面多了加水，最后导致的结果是高度依赖地方财政，投资效益大幅度下降。要政绩，这是普遍现象，拼资源、拼环境、搞虚假繁荣、搞数字游戏。如果不对这些方面进行改革，不将其控制在合理范围内，光从经济层面改革很难奏效。

光有经济改革还不够，还要在政治层面上有实际的突破。过去的改革是在政治体制的下端，在它的上端还有更重要的要素，宪法、社会主义民主、社会主义法治，只有在这个更高层面上实施改革，我们的困境才能真正摆脱，中国未来的发展才会是一片光明。

向松祚　中国农业银行首席经济学家,中国人民大学国际货币研究所理事兼副所长。主要著作包括《伯南克的货币理论和政策哲学》、《汇率危局——全球流动性过剩的根源和后果》、《不要玩弄汇率》、《金融危机和国家利益》等。著作曾获中国图书奖、《经济日报》全国十佳经济读物奖、全国高校优秀图书奖等。

中国经济的近忧和远虑

向松祚

作为一个研究人员,之所以要提出今天中国经济面临的重大困难和风险,是因为我对中国的期望非常之高。中国是一个拥有五千年优秀文化财富的文明古国,我们先祖是非常骄傲的,任何事情,我们是不会和我们同水平,或者比我们水平低的国家相比的,我们现在的标的只有一个——就是美国。

让中国成为世界上最强大的国家,最富有的国家,我想这是我们真正的中国梦。正因为我们有这样的中国梦,有这样的自豪心态,骄傲心态,我们才在深刻的研究,深刻的分析,或者研判中国经济正面临的困难和风险。

我们希望能找到解决的途径,找到方法去克服这种困难和风险。

对中国经济现状的四个判断

"L型"守得住吗?对今天中国经济现状,我总共有四个基本的判断。

第一个,是关于增长速度。

增长速度和经济下行的压力,仍在持续加大,我想这是一个基本的判断。现在大家都认为中国经济会走出一个"L形",人民日报的权威人士也讲中国的经济将是"L形",但是我认为,从目前的各个数据来看,从微观企业的投资情况来看,前面发言的领导也提到,今年上半年,民营投资的增速只有2.8%,而且我们消费的增速也回落到了个位数,我们的出口是负增长,全球经济整体非常低迷,在这种对比下,我的基本判断是没有"L形"!"L形"守不住!中国经济的整体是一个持续的下行,不是"L形"!

我们现在所能做到的最好的结果是,希望不要急剧的,快速的下行,这是第一个判断。

第二个基本的判断是,宏观的经济政策——货币政策、信贷政策、财政政策效果越来越差。

我想这现在已经形成了一个基本共识,上半年货币信贷政策出来以后,人民银行调查统计司司长盛松成,这也是一位非常严谨的学院型官员,特别引用了一些货币信用方面的数据,比如说M1增速超过25%;M2增速超过13%,说明我们的各路资金,趴在账上,根本就没有流入实体经济。中国经济"脱实向虚"的情况,有愈演愈烈的态势。

这说明我们的货币政策、信贷政策、财政政策所造成的效果,在大幅度地下降。

在杭州的G20财长和央行行长会议上,我国财政部长楼继伟先生非常明确地讲到,现在全世界的财政货币政策效果,都是非常不理想的,我想这个判断,也是我今天下面要用数据和大家谈到的重要话题。

我们今天必须要从依靠短期的宏观政策,要转向基本面的,长期的政策。

第三个判断,就是我们的资产价格,包括股票,包括房地产,也包括其他的金融投机资产的价格。现在大家看起来,资产价格有一个基本的判断和共识,并非是因为所有刚性需求,或是实际的需求,而主要是因为庞大的货币信用投放所推动起来的。所以去年开始,中国部分城市开始房价疯狂上涨,展示了正在转型的中国经济不健康的一面。

从长远的,实质性的经济层面观察,这种现象并不值得高兴。原因很简单,在股灾以后,大量的资金就从股市跑到了房地产,现在据说房地产又要开始回调,有人于是预测,下半年股市又要开始火爆。

庞大的资金和信贷,不在实体经济投资,一会跑到股市,一会又跑到房地产,一会跑到文化古董市场，炒来炒去，这是今天经济面临的最大风险之一。

第四个判断，是改革，这也是最重要的一个判断。

作为一个独立研究人员，我最担心的是，我认为我们今天的改革在很多方面是非常令人失望的。尤其是国有企业的改革，我从不隐瞒我自己的观点，我认为现在的国有企业改革，不是改革，而是倒退。

要想解决今天中国经济的问题，我们需要的是真改革而不是假改革。我们今天的改革是文件多，口号多，会议多，论坛多，说法多，但是真正的落实很少。

为什么民间投资增速只有 2.8%，为什么如此剧烈地下滑？我想原因不是因为货币紧缩，不是因为财政政策不宽松，不是因为没有投资机会，而是因为人们对政策的前景，充满了不确定性。甚至有所怀疑，彷徨和观望。第四个基本判断是最值得引起我们高度重视的。今天中国经济的一系列问题能不能解决，直接取决于我们能不能真心推动改革。

短期：信贷扩张正积累巨大风险

下面将具体谈一下中国经济面临的最大困难，或者说最大的风险。我们分短期、中期和长期三个来进行简要的分析：

短期来看，中国经济最大的困难和风险就是我前面讲的几个判断和具体的数据，已经告诉了我们，那就是我们高杠杆和高负债，所引起各种风险。

我们来看一下具体的数据，我们过去这么多年，中国的经济增长靠的是什么？是靠庞大的经济投入吗？是靠我们全要素的生产力的提高吗？当然，这些会起一部分的作用，但最重要的是靠我们庞大的债务扩张和信贷扩张。

我们可以看到，到 2016 年的 6 月底，总债务和 GDP 的比率，已经从 2008 年的 155% 上升到了目前的 260%，总额从 49 万亿上升到 182 万亿。其中最主要的是银行贷款，那么这里面谁把钱拿去了？主要是非金融的公司，他们现在的负债总额已经达到了 114 万亿，所以为什么中央提出了"去杠杆、去库存、去产能。"这三个问题是我们今天中国经济面临着的最紧迫的问题之一。

现在我们有一个说法，不一定很准确很科学。2009 年以来，我国信贷增长推动经济增长的弹性系数在显著的下降，从大约 1 上升 4。创造 1 元的 GDP 至少需要 4 元信用来推动。这个比例在今年上半年已经扩大了 5 甚至 6，为什么货币信贷的效果越来越低？

我们看到企业的高负债带来的银行系统的风险，这个数据已经引起了广泛的关注，也是非常令人担心的。根据官方的数据，2016 年第一季度末，全国商业银行的不良贷款额达到 1.4 万亿，不良贷款率也达到了 1.75%，两年内翻番。如果加上关注类贷款，不良贷款比率已经达到了 5.5%。一些地方股份制商业银行的不良率实际已经达到了 8%~10%。

钢铁行业，总共负债余额达到 4 万个亿，86 个钢铁企业的负债总额就超过了 3.3 万亿，煤炭同样如此，有很多钢铁集团、煤炭集团动辄贷款数百亿，上千亿，乃至数千亿，怎么去还本息，这是一个巨大问题。如果我们这个状况持续下去，有一个压力测试，如果全国银行不良率达到 7.62%，则全部资本金都会被坏账吃掉，全国银行体系"技术上"破产。

当然，大家会说，我们的银行都是中央政府的银行，都是地方政府的银行，不会破产，所以我们可以躺在这个结论上睡大觉。中国的银行确实不会出现破产，但这不等于中国不会出现金融危机。金融危机有各种各样表现形式，最终都将让国家付出代价，只是付出代价的方式和形式有所不同。

银行要补充资本金，财政的钱是天上掉下来的吗？最终金融危机的重担，只有全国人民来共担！所以从短期来看，我们今天面临的下行压力，我们前面讲的四个判断，正是因为我们前面的七八年时间，我们的宏观政策，或者我们的思维模式，仍然停留在传统的增长方式上面，所带来的巨大的负面的后果，我们必须要反思这一点。

有人会说，过去我们的经济发展很快，我们成长成为世界第二大经济体，对不起，我要说，我们应该仔细反思一下，GDP 到底代表什么？GDP 能代表我们的真实财富么？我们更要深刻的反思，我们 GDP 的含金量，究竟有多少。我想我们的含金量，客观讲，不是很高。所以我们不能沉醉于 GDP 世界第二带来的沾沾自喜，甚至洋洋自得。正是这种洋洋自得的心态，让我们没有反思过去这么多年，是不是有些政策确实是错的。我们今天正在为这些错误的政策付出沉重的代价。

现在，高杠杆和高负债让很多的企业，已经没有能力进行再投资。根据统计，自2013年以来，差不多40%的新增信贷被完全用于偿还利息。（今天在场有很多银行的专家，各位可以对我的这些数据提供批评），这也解释了为什么我们的新增信贷如此庞大，但是为什么我们上半年GDP增速只有6.7%，而且在持续下降，因为这些新增信贷的40%没有流入到真实投资，而是拿去还本付息。

毫不讳言，现在很多的企业，特别钢铁、煤炭、制造行业的国有大企业，就是靠银行贷款来维持生计。如果银行一旦抽贷，这些企业很可能马上就要濒临破产。各位都知道，很多地方省政府、市政府都出台了相关政策，要求银行不能随便抽贷，这说明了什么问题呢？而且我们看到，中国由于高负债高杠杆，让社会财富和利润，绝大部分都集中到了几大银行手上。2800多家上市公司，总共利润也不到2.5万亿，十几家银行就拿到了全部利润的60%。

最近美国一家知名的咨询机构麦肯锡，发布了报告，结论是中国整个经济体系的经济利润（与企业利润不同，但能更高地反映资本利用效率）的80%，被银行和金融机构拿走了。全国企业才拿到20%，可见我们的资本利用效率是多低下。

中央政治局从2013年就开始，就反复强调，要提升有效投资、降低无效投资，消除浪费投资，这个教训是非常深刻的。

这个短期的问题是如何造成的？数据表明，我们的国有企业拿走了银行贷款和社会融资的50%，而国有企业只不过贡献了GDP的40%、财政收入的30%、就业的20%，总之其拿到的资源与其做出的贡献极不相匹配。社会融资总额的大约41%进入了房地产行业，房地产老板天天在鼓吹房地产是中国的支柱产业，中国经济离不开房地产，房地产行业拿走了那么多的资源，而其对GDP的广义贡献度只不过20%。中国这么庞大的经济难道能永远靠房地产吗？

这个高负债根源是我们知识产权结构的畸形，经济增长战略的畸形，导致的投资结构畸形、信贷结构的畸形，社会成本结构的畸形。

所以说为什么银行贷款和社会融资总额越来越大，社会融资评价成本却长期居高不下，尤其是中小企业融资难融资贵的问题长期得不到有效解决，为什么？

不是因为货币放的不多，不是因为贷款放的不多，是因为结构的畸形！这个问题看起来是一个短期的问题，但是今天实际上已经成为一个长期的问题。

大量金融资产在不断地快速增长,实际上这些庞大的资产创造的收益呢?金融资产的规模越来越大,而实体经济的规模却在萎缩,这是非常危险的。

中期:警惕全要素劳动生产力持续暴涨

前面我们说的问题,还只是一个表面现象,从中期的角度来看,中国经济遇到的最大的风险是全要素劳动生产力的持续暴涨。

当然,有些朋友,甚至我的一些同行,经济学者,认为全要素生产力这个概念无法直接测算,这个概念不可用,这个观点是错误的。全要素生产力可以综合地衡量一个国家的资源的利用效率。而有很多间接指标可以表明社会资源的利用效率。

这里我提供三大类的指标:

1. 工业增加值增速快速下降。

我们可以看到,前几年我们的工业增加值增速持续下滑,我们今年上半年工业增加值的增速已经下滑到了6%,前些年我们工业增加值的增速仍然超过10%、15%,甚至20%。但现在这一数据出现了直线下行的态势。

2. 工业企业利润增速大幅下降。

1~6月份,规模以上工业企业利润增长只有6.2%,与工业增加值增幅大体相当,而且增长率主要来自一些短期因素,譬如石油行业和炼焦行业的利润出现大幅度增长。实际上绝大多数行业的利润并没有出现大规模的增长。私营企业利润增长8.8%,国有企业利润连续19个月负增长,1~6月,国有控股企业利润下降8%。这不是全要素生产力下降是什么呢?这是最令人担忧的,这表明中国整体资源的利用效率在快速地下降。从长期的经济增长来看,这是最值得引起我们高度重视的深层次的问题。

3. 劳动者工资受到遏制甚至受到地方政府强力干预,担心劳动者工资增速超过全要素生产力的增速。

我们大家都知道,发展经济最终的目的是改善广大的普通劳动者的生活水平。提升他们的工资。前段时间普通劳动者的工资在快速提升,大家都很高兴,但是最近包括一些经济研究者都在讲,现在劳动者工资的增速,超过了生产力的增速。有些地方政府已经出台了正式的文件，要求在 2~5 年内，不再上调职工的最低工资，甚至降低。这说明什么，当然是说明全要素生产力的增长正在出现混乱。如果要素生产力在持续上升，那我们劳动人民的工资水平当然是持续上升。

我不知道大家是否相信我们官方发布的我们居民可支配收入的年增长数据，但是毫无疑问，过去 30 多年以来，我们劳动者可支配收入的增长速度，既低于 GDP 的增长速度，也低于财政收入的增长速度。那么今天，全要素生产力的下降，劳动者的收入会不会出现快速的增长，我们怎么才能摆脱中等收入陷阱，这是一个根源性的难题。而这些难题，靠什么财政政策、货币政策，都是难以解决的。

长期：原创性科技创新不足，才是中国经济最大困境

那么，为什么中国经济出现了这么多困难？我们说的短期、中期、长期是一个不断深化的深层次的认识。我认为中国真正面临的长期根本性困难，是原创性科技创新严重不足。

这里我也列举了三组数据：

第一：我国制造业整体仍处于全球产业的低端，产业竞争力和盈利能力都很差。这有太多例子。苹果手机 90% 在中国加工，批发价 500 美元的苹果手机，苹果公司拿走 161 美元，全球经销商拿走 160 美元，零配件供应商拿走 17.25 美元，中国加工企业仅拿走 6.5 美元加工费。

整个中国汽车制造业号称全球第一，但是"货是中国货，芯却是外国芯"。所有的高科技差不多都是同样的故事。

我们谈什么虚拟现实，谈什么人工智能，说好听点，我们是在积极追赶世界，说不好听一点，我们仍在亦步亦趋模仿别人。我这里有一组数据：中国 260 家最大的制造企业 2014 年利润总和只有 4623 亿元，平均一家企业利润 17.7 亿元。美国苹果公司 2014 年最后一个季度的利润超过 200 亿美元（1260 亿人民币）。意味着我国最大的 260 家制造企业的利润总和实际上还比不上一个苹果公司。而这样的公司在美国可以说比比皆是。中国能相比的，只有一家，就是华为，这样的公司在中国太少。

我们再看今年中国大陆 103 家（如算上台湾 7 家，共 110 家）企业跻身世界 500 强企业，但这些企业并不是代表我们真正的科技实力，我们大多数进入世界 500 强的企业都是依靠国企的垄断经营。这样的世界 500 强不能说没有意义，但其中隐藏的问题值得我们反思。

中国大量的国企，甚至上市公司，都是依靠庞大的各种补贴来生存，这是令人匪夷所思也是令人震惊事实。说明我们即使是最好的企业，盈利能力也是非常令人担心的。我们的百度、腾讯、阿里巴巴，即使是中国最优秀的互联网企业，与美国互联网企业的差距也是巨大的。

所以我们说 GDP 增长 6.7% 这样的数据毫无意义，为什么我们这么关心 GDP，GDP 究竟代表什么，经济学一直在试图改进这些指标，但是很多我们今天是无法衡量的，如果我们从上到下，不再谈 GDP，撤销统计 GDP 的部门，我想中国经济会更好。但地方政府，为了乌纱帽，为了升官，还在谈 GDP 增长，甚至有很多造假的成分。这不是我说的，是中央巡视组说统计部门，有数字腐败的问题，这不就是数字造假吗？

我们应该关心真正的核心问题：我们很多企业依然依靠廉价劳动力，环境污染、资源消耗、来给发达国家打工。我们今天根据权威部门的数据，我国核心和关键技术的对外依存度依然高达 50%~60%（先进国家一般低于 30%），新产品开发 70% 依靠外来技术。

我们几乎没有引领全球产业发展的核心关键技术，缺乏世界知名品牌和跨国企业，大多数替外国企业做贴牌生产。

第二：工信部长苗圩很客观地讲过，从全球产业链上，我们仍然处于第三梯队，即低端制造领域，第一梯队是指三个国家——美国、英国、以色列。在许许多多领域里，美国仍然遥遥领先于世界。而英国在新材料、新能源、大数据、汽车发动机、飞机发动机、金融科技等领域领先世界；以色列领先的技术包括，信息安全或数字安全、高科技农业、航天航空、生物制药、污水处理、海水淡化、高端医疗仪器等。

第二梯队是欧盟和日本主导的高端制造业。

如果你了解历史，就知道现在流行的大数据、人工智能等技术，其实在 60 年甚至 70 年以前，就开始在国外生根发芽。我们什么时候才能想到，我们要做真正原创的东西。

今天，越来越多的企业去以色列投资，我认为这是非常正确的选择。以色列在很多领域里都处在世界最领先的水平，以色列人口相当于南京市，810万，面积和北京市差不多，而且有4/5是沙漠和半沙漠地带，就是这样一个国家，跻身到全球前列，靠的是原创的科学创新、原创的科学思想和技术创新。

今天中国经济走到这个门槛上，我想，我们应该冷静下来，思考中国经济真正的核心难题，这个难题，一年两年，三年五年解决不了。但如果我们现在不去解决我们要等到什么时候去解决呢？中国贫富差距、教育匮乏等许多问题，都将影响中国未来经济增长。如果我们企业和个人，现在还只想着炒炒房地产，收购企业，搞点理财，那中国经济堪忧。

以色列有一个30万人的小城市海法，有一个非常著名的海法高科技园，世界上最重要的科技公司，有340多家在这里成立了最大的研发中心。为什么微软、苹果、英特尔包括华为，都跑到这样的一个地方去呢？

靠的就是人才，这个小城市有三所大学，其中一所——以色列理工学院被称为中东的麻省理工学院。

所以我要说的第三点就是，中国依然严重缺乏真正引领世界和人类未来的原创性思想和科学发明。从长远来看，原创性科学思想是最重要的竞争力。真正原创的东西必须要靠自己。

我想提醒的是，中国，获得诺贝尔奖、图灵奖、菲儿兹奖的人数，与大国地位完全不相称。我们到现在为止，中国本土培养的诺贝尔科学奖得主，似乎只有屠呦呦。我们看数据统计，为什么二战以前的德国，是世界最具创新精神的国家，因为当时诺贝尔科学奖超过70%，被来自于德国的科学家获得。二战后，美国成为诺贝尔科学奖绝对的垄断国家。我们再看图灵奖，基本被美国人全部垄断。我们再看看犹太人，占全球人口2‰，拿走全部诺奖的27%。

所以，我真诚地奉劝，我们不要再谈GDP、货币政策、降息、降准等表面数据，让我们把眼光放长远一点，让我们看看什么是真正的竞争力！

真正的竞争力是伟大的科学思想、原创性学术思想。这些必须来自于大学和研究机构，大学的根本是学术，学术的根本是自由、自由的根本是独立，自由的根本又来自社会的宽容和包容。我们这个民族和国家，能不能做到这一点，是检验我们长线竞争力的试金石。我们能不能允许不同的学术流派、学术思想，百家齐放，百家争鸣，我们能不能允许不同的思想流派都能够登堂入室？

我每年都在呼吁，但我有时候也非常失望。如果学术不能自由不能独立，是不能产生科学思想的，不要以为我们拿点钱就能产生原创性的科学思想。几百年以来人类的科学发展规律表明：独立之精神，自由之思想，才能产生真正原创性的科学贡献。我想这是我们下一步面临的最重大改革。

我还有一个梦想，我们今天的企业，特别是手中握有大量资金的企业，能不能不要拿你的资金去控股什么银行，去收购很多的企业，去炒房地产、期货、股票，能不能拿你数亿、数十亿、数百亿资金去建立独立的研究机构，不是研究你公司的产品和服务，不是研究你公司怎么赚钱，而是研究人类的未来和人类的下一步！

为什么我说这是一个梦想，我和很多朋友讲过一个故事，美国有一个贝尔实验室，大家可以看看他们100多年以来取得的科技突破和重大创新，超过世界上很多国家！这或许是美国100多年能在科技领域独领风骚的秘密。它的资源配置里，科研是非常重要的方向，鼓励原创的科技创新，鼓励大家自由发挥，我想这是中国经济面临的最核心的难题，也是我们最大的风险。因为今天世界科技的进步日新月异，如果我们从思想方式上，从体制精神上，从资源搭配上，做出重大的调整，即使我们解决短期的所谓三去一降一补的问题，从长远来看，我们中国的GDP还是难以得到大幅度提升。

我们不要把希望寄托到短期的货币扩张和信贷资本上去，唯一的希望就是原创和科技创新。

常修泽 国家发展和改革委员会宏观经济研究院教授、博士生导师，清华大学中国经济研究中心研究员。主要著作有《包容性改革论——中国新阶段全面改革的新思维》、《人本体制论——中国人的发展及体制安排研究》、《广义产权论——中国广领域多权能产权制度研究》、《中国企业产权界定》、《产权人本共进论》等。

世界三大博弈与中国开放新局

常修泽

世界变局：三大博弈

研究中国经济发展战略，必须把握横坐标和纵坐标。"横坐标"是指全球视野，"纵坐标"是指时代眼光。把握中国升级版的对外开放走势，首先要从世界大趋势说起。

我曾在《人本型结构论》一书中指出，当今世界有三大潮流：后金融危机时代的全球化潮流、全球新技术革命潮流和人本主义发展潮流。值得注意的是，这三大潮流现在正面临着新的情况，出现了三大博弈。这将对中国下一步对外开放产生深刻的影响。

全球化与"逆全球化"的博弈。特朗普当选美国新一届总统后，明确声言他上任后将实行贸易保护主义，表现之一就是将对中国输美产品征收高额关税。欧洲现在也出现了这样的苗头，频繁采取反倾销等贸易限制措施。在人们看来，这股贸易保护主义是一种"逆全球化"的潮流。但是，从人类文明发展的基本走势来看，我认为全球化的浪潮是不可阻遏的。

以 2016 年 9 月举行的 G20 杭州峰会为例，会议通过了未来"结构性改革的优先领域"相关文件，确定了 G20 国家九大结构性改革优先领域。其中，第一条"促进贸易和投资开放"、第六条"促进竞争并改善商业环境"，都意味着 G20 国家将融入全球化的潮流，在自由竞争的基础上开展贸易活动，都明确传递出反对贸易保护主义的决心。

时移世易，原来曾经狂热鼓吹全球化的某些欧美国家，现在居然成了或即将成为反全球化的力量，而像中国这样过去实行计划经济对外封闭的国家，现在则成了全球化的积极推进者和倡导者。这实在耐人寻味、发人深思。

科技革命与"科技黑战"的博弈。科技革命里最突出、最令人激动的是以互联网技术为代表的信息革命以及生物革命、新材料革命等。但是，伴随着信息革命也出现了"信息战"，其中包括若干信息黑战，像监听、黑客攻击、信息诈骗、信息封锁，及其导致的信息风险等。以生物医药、生物农业等为代表的生物工程革命，则使人产生对于基因变异的担忧。此外，新材料革命、人工智能革命等也会衍生出伦理风险。应正视科技革命浪潮所遇到的科技黑战的干扰、挑战和掣肘。

人本主义与"权贵加民粹"的博弈。人本主义是一种正潮流，但也受到两种倾向的干扰，一是权贵主义，二是民粹主义（民粹主义是当今一股世界性潮流）。我在《人本体制论》一书中曾言：我主张的"人本"，上对"权贵"，下对"民粹"。无论是"权贵"还是"民粹"，对广大人民群众来说，都是不利的。而且，两者互为依存、恶性互动。上面越"权贵"，社会越"民粹"；社会越"民粹"，上面越"权贵"。既要反"权贵"又要防"民粹"，现在我们面临的世界很复杂。

"一带一路"：率先推进六条线路

2013 年，中国国家主席习近平在出访中亚和东南亚国家期间，先后提出了共建"丝绸之路经济带"和"21 世纪海上丝绸之路"的战略构想。这是一个全方位开放的战略，是一个顺应世界多极化、经济全球化、文化多样化、社会信息化潮流的战略，也是一个秉持开放的区域合作精神、致力于维护全球自由贸易体系和开放型世界经济的国际化大战略，不能将它狭隘地理解为"中国区域发展战略"。

现在有些论者对"一带一路"的解释可能有偏颇。我曾强调"四个不只"：第一，从历史渊源来说，"一带一路"不只是中国人的创造，而是亚欧人民共同的创造；第二，从路线来说，"一带一路"不只是一条线，而是通往东西南北四面八方多条线；第三，从目的地来说，不光是亚洲，还到达非洲、欧洲、澳洲等；第四，从活动内容来说，不只是贸易，而且包括人文社会的交流。总之，它不是中国一国的独唱，而是六七十个国家乃至更多国家的大合唱。要有海纳百川的胸怀。

那么，国家实施"一带一路"战略应从哪里起步？该如何进行呢？我认为，中国与这么多国家合作，不宜不分主次，而应该突出重点、梯次展开、扎扎实实地循序渐进。为此，我在实际调研基础上逐步形成"六条线路"的构思。前四条已经启动，后两条正在酝酿启动。

第一条线是实施"一带一路"的战略起步点——中巴经济走廊。2015年4月，我曾参与中国社会科学院蓝迪国际智库项目，应邀主持讨论瓜达尔港专题，形成的突出印象有三：第一，巴基斯坦与中国的"铁关系"。开启"一带一路"战略当然要找关系好的。第二，建好中巴走廊，打造从巴基斯坦瓜达尔港到中国新疆喀什的新通道，将大大缩短中东原油的运输距离，降低运输风险，从而带动新疆和内地的经济发展。第三，中巴经济走廊是中国通向印度洋、阿拉伯海的必经之路，战略地位非常重要。

第二条线是中国和伊朗的经济合作。中国与古波斯商人往来历史悠久。现在的伊朗能源丰富，国民教育水平也高。前些年，伊朗受到西方国家的制裁，发展缓慢。如今，美国已经对伊朗解禁，这里蕴藏着巨大的市场，中国可以抢占先机。

第三条线是中国与哈萨克斯坦等中亚五国的合作。中亚五国是中国实施"一带一路"战略重要的合作伙伴，"一带"的命题就是在哈萨克斯坦提出的。2016年8月，我在新疆主持"中国与中亚五国基础建设分论坛"讨论时深切体会到，强调中亚五国在"一带一路"中的重要地位，不仅因中亚地区地处古丝绸之路沿线，占有重要的战略位置，而且还在于中亚国家蕴藏的巨大商机，尤其在基础设施的建设及能源开发等方面。同时，通过与中亚国家的合作还可以加强与俄罗斯等上合组织国家的联系。

第四条线是中国与印度尼西亚的合作。印度尼西亚是"21世纪海上丝绸之路"

战略的提出地。前不久，我在中国（海南）改革发展研究院与印尼朋友较深入地讨论了"海丝"的问题。印尼人口众多（2.5亿，世界排名第四），经济体量大（世界第16大经济体），领土广阔（有1.7万个岛屿），战略地位重要（横跨太平洋和印度洋），经济增长势头也不错（近十年年均增长5%），但现在缺少资金和基础设施，经济结构比较单一，与我国具有互补性。因此我建议把它放在"海丝"的首位。

最后还有两条线，分别是向南、向北实施"一带一路"。一条是中缅印孟经济走廊，由缅甸经孟加拉到达印度。应当引起注意的是，印度是当前亚洲增长抢眼的国家之一，近年经济增长率在7.5%左右。另一条是中国与俄罗斯、蒙古的合作。我曾到海参崴做过实地了解，发现俄罗斯在欧盟挤压下有"经济东移"的迹象。应该想办法把中国的"一带一路"和蒙古的"草原之路"、俄罗斯的"欧亚之路"对接起来。

这么多国家，这么多条线路，彼此合作干什么？现在看，主要有五个合作领域。一是交通、能源、通讯等基础设施领域的互联互通。依我看，这是"一带一路"建设的优先领域。二是投资贸易，包括消除投资和贸易壁垒，构建区域内良好的营商环境，积极同沿线国家地区共同商建自由贸易区等。这是"一带一路"建设的重点内容。三是金融领域的互联互通。这本来也属于投资问题，但因其有独特性，故特别列出。这里重点是在沿线国家建立银行分支机构，合资办股票交易所、保险公司等。四是产业合作。如油气、金属矿产等能源资源勘探开发，装备制造业，海洋工程和海上旅游等领域的合作。这是中国与他国相互投资的延伸。五是生态环境合作。各国应该在生物多样性和应对气候变化方面加强合作，维护"环境人权"，共建"绿色丝绸之路"。

自由贸易区：扩大国际合作，以开放倒逼国内改革

"自由贸易区"这个命题涵盖的内容很多。这里笔者按国际和国内两个层面分别分析。

国际自由贸易区的创建

从国际来看，现在比较突出的是，区域全面经济合作伙伴关系协定（RCEP）和亚太地区自由贸易区（FTAAP）。前者强调东盟在区域经济合作进程中的中心作用，在现有东盟"10+1"协议的基础上，立足于东盟与中、日、韩、印、澳、新的自贸协定，进行更广、更深的经济一体化。后者主要是 APEC 成员参与的，此次《亚太自贸区利马宣言》就提出了一系列关于 FTAAP 的重要共识。这两个"P"，中国都在积极参与并推动中。除此之外，还有其他一些不同范围的自由贸易区，已经或正在酝酿建立。

国内自由贸易区的创建

从国内看，自 2013 年中国最高决策层决定在上海成立第一家自由贸易区以来，迄今已经建立或批准了 11 个自由贸易区，这些自由贸易区并非地方的，而是国家的。目前东北、华北、西北、华东、中南、西南六大区域都有国家的自由贸易区，这代表着自由贸易区建设进入了由点到片的发展阶段，估计这种局面会稳定一段时期。

请注意，"自由贸易区"并非社会上误解的"自由贸易园区"。中央领导特意圈掉"园"字，为的是与国际接轨，应该说寓意深刻，涉及国家设立这 11 个自由贸易区的战略考虑。我认为，除了一般的贸易、投资、金融这些开放的功能以外，应该是意在通过自贸区的创新倒逼国内的体制改革。

中国的体制改革有两种方式：一种是内生性的，像农村家庭联产承包责任制，就是老百姓基于自身改革的内在冲动发起的；另一种是外生性的，是以外力倒逼改革。我认为自由贸易区的设立就属于后者。

那么，要倒逼什么改革呢？

第一，政府自身体制改革。长期以来，中国实行的是"政府主导型"的经济发展模式。政府过多采取行政许可、审批制度，在很大程度上导致政府权力的任性以及与市场的边界不清。如何使政府有权而不任性？就要推进权力系统内部的结构性改革。官和商要分开，不能搞官商勾结，不能搞腐败。通过自贸区的创建，就可尝试按照新的规则遵循"法无禁止即自由"的原则，实行"负面清单"管理（同时暂停实施某些法律法规），推动政府由管制型向中立型和服务型转变。

第二，国有企业公平竞争问题。设立自贸区，首先就要为区内所有企业创造一个公平竞争的环境。现实是，国有企业确有某种特殊待遇，同时，非国有企业特别是非公有企业遭到某种歧视。令人欣慰的是，中共中央、国务院2016年11月27日公布了《关于完善产权保护制度依法保护产权的意见》，强调要以公平为核心完善产权保护制度。从主体来讲，各种所有制企业产权及其他合法权益都要得到平等保护。而设立自贸区将进一步推动意见的实施，倒逼国有企业改革。

第三，国内服务业开放问题。与国有企业公平竞争相联系，从更大的范围来说，下一步应加快推进国内服务业特别是垄断性行业的开放。前些年，我们开放的重点在工业领域，服务业的很多领域尚未开放，特别是一些垄断性的行业开放度不够，如电信、交通等。在这些领域，民营资本投资比重很低，有的行业微乎其微。这应该作为下一步开放的重点。

除了垄断性领域外，还有一些竞争性服务业也要开放，比如大健康产业。中国现代服务业的发展必须以健康作为重要选择。要大力发展健康产业，促进以中医药为代表的健康产业的对外开放。除此之外，文化产业、教育培训产业等也应进一步开放。

第四，社会体制改革问题。随着自贸区新规则的建立，以保障劳工权益为标志的公民权利问题将会进一步落实，这就要求推进社会管理体制创新，包括培育和创新社会组织、推进社区自治、建立公民利益表达协调机制、用对话代替对抗等。

第五，生态环境体制改革问题。自贸区新规则对环境的要求非常苛刻，而现在的实际情况比较严峻。有鉴于此，应从建立资源环境产权制度入手，实现严格的环境保护制度，真正做到生态文明、"天人合一"。

此外，还有知识产权保护问题，自贸区新规则对此要求也非常严格。

关于开放新局的两个深层次问题

关于争取在全球治理中更多话语权问题。如果说，前些年的开放重在发展一般层面的开放型经济，那么，未来的开放则要"争取在全球治理中更多话语权"。中国的改革开放必须要树立一种战略新思维。要顺应我国经济深度融入世界经济的趋势，奉行互利共赢的开放战略，发展更高层次的开放型经济，积极参与全球经济治理和公共产品供给，提高我国在全球经济治理中的制度性话语权，构建广泛的利益共同体。

关于在开放中促进文明包容和交融问题。在下一步开放新局中，应特别重视开放中的文明包容问题。我在《包容性改革论》一书中，曾论证过"文明多元观"：第一步应寻求不同文明之间的包容，第二步再设法寻求不同文明的交融。当然，在这个交融过程中难免有博弈。在世界新变局下，能否由文明隔阂走向多元基础上的文明交融，避免文明的剧烈冲突和碰撞，这是需要深入探讨的新问题。

陈　宪　上海交通大学安泰经济与管理学院教授、博士生导师，享受国务院政府特殊津贴。兼任上海社会科学院博士生导师，上海市经济学会副会长，中国工业经济学会副理事长，中国世界经济学会常务理事。著有《跷跷板上看天下》、《人本精神：经济学人的告白》、《走进公共社会》、《谁来关注利益失衡》、《美国病，中国病》等。

中国经济转型，"双创"为何如此重要

陈　宪

　　但凡社会在经历大的变革和转型的时期，一定会有一件自下而上的重要事情，影响甚至决定着变革和转型的成功。就像 20 世纪 20 年代开始的中国革命，70 年代末开始的中国改革，都是自下而上的。那么，正在进行的这场中国经济转型，哪件自下而上的事情对其至关重要呢？我以为，就是"大众创业，万众创新"。当然，这并不是说自上而下不重要，但很多时候，自下而上的事情往往提供或创造来自源头的动力和活力。以"双创"为例，它之所以重要，就是因为，它是中国经济中长期增长动力、战略性新兴产业成长、供给侧结构性改革向纵深推进，以及重塑主流价值观的源头活水。这是一股不可或缺的源头活水。

"双创"促进中长期增长动力的形成

　　自 2010 年起，中国经济增长开始持续下行。这一轮下行的原因，除了以往常见的周期性因素，更主要的是结构性因素：产能过剩，还有背后的一批僵尸企业；房地产库存积压，主要集中在部分二线和大部分三四线城市；地方政府和国有企业的高杠杆，致使需求侧主要动力——投资的增速大幅度下降；同时，外需持续不振，出口的增速也大不如前，进而经济增长进入较长时期的下行。由此，中国经济需要寻求新动力。

短期的动力可以来自刺激政策，但不能长久，亦会造成新的问题，特别是在经济持续下行和面临深刻转型的当下。那么，中长期经济增长的动力来自于哪里？答案是来自供给侧。中国目前还有大量阻碍供给侧动力形成和发挥作用的体制性、政策性障碍，所以，要通过供给侧结构性改革，才能激发和产生供给侧动力。这就是提出供给侧结构性改革的必然性，或者说大致的逻辑。

分析供给侧动力的框架，是增长模型或总量生产函数，主要是劳动、资本和技术。劳动的现代分析视角是人力资本。人力资本既提高劳动力的质量，也部分地替代物质资本，成为现代经济增长的最重要投入要素。经济学家舒尔茨指出了人力资本投资的主要途径：健康、教育和培训等。在现阶段，资本投入的问题是优化配置，包括土地、资源和产业资本的优化配置，提高其利用效率。其中，既有改革的问题，也有技术的问题。内生于经济体系内部的技术进步，是经济中长期增长的动力。由此，企业家才能把劳动、资本带到一起并组织起来，这个思想源于马歇尔；企业家精神则是不断地进行创造性、革命性的要素重组即创新，这是熊彼特思想的精髓。资本（物质资本和人力资本）和技术都是企业家为了实现"新组合"，把各项生产要素转向新用途，把生产引向新方向的一种杠杆和控制手段。资本和技术的主要社会功能在于为企业家进行创新提供必要的条件。综上所述，在我看来，供给侧动力也是"三驾马车"，即技术进步、人力资本和企业家精神。

目前，我国在这三个方面都还存在问题，如缺乏原创性的核心技术；人力资本积累不足、质量不高；企业家精神缺失。这些都是制约经济长期增长和发展的因素。那么，有什么解决办法？唯有创新。熊彼特认为，创新是要素及生产条件组合的革命性变化，其深处是技术进步驱动。技术进步源于人力资本密集的创业创新，这也就是提出"大众创业、万众创新"的最基本原因。创业者、企业家在这里所起到的关键性作用，是作为技术创新成果产业化的组织者。科学发现、技术发明和文化创意的成果，都是创业者和企业家主导的产业化过程的投入要素。所以，通过长期推动"双创"，形成创业创新文化，就为培育创业者和企业家创造了条件，进而为中长期经济增长提供了动力。

"双创"需要政府产业政策扶持吗

今天说的创业,很大程度上是指 start-up(启动)意义上的创业,带有创新意义。我们在美国的硅谷和波士顿、以色列的硅溪看到的创业,以及在北京的中关村、深圳的南山看到的大部分创业,都是内在创新,主要是从事新技术研发的创业。

创业的本质是试错,并行着创业者试错和需求试错。二者皆为"对",才算创业初步成功。而且,结果为"对"的创业总有可能孕育出新技术,进而可能产生新产品、新服务,甚至新产业。所有这些试错为"对"的创业创新活动,集腋成裘,将对战略性新兴产业的形成做出无可替代的贡献。

新技术能否产生有市场需求的产品和产业,亦即人们常说的产业化,这就是创业者、企业家的需求试错。需求试错在现在的供需格局中,表现得比以往更加重要。这是因为,现今的供需格局是供给过剩(很多是无效供给),发现新需求即供给创造需求,成为矛盾的主要方面。正是沿着这个简单的逻辑,不难发现,内在创新的创业是新兴产业发展的源头活水。正是创业者、企业家的不断试错,才在试错为"对"的成功中出现了现代产业体系。人们可以预见一些新兴产业发展的端倪,但新兴产业及其体系绝对不是规划出来的,而是创业者、企业家试错出来的。创业创新究竟做什么技术、产品或服务,可以参考技术预见,但最终"拍板"是根据创业者和企业家的直觉和判断。

讨论创业与产业之间的关系,一定会涉及政府与创业和产业的关系,其中一个方面,就是产业政策的问题。我觉得,现在的讨论缺乏必要的界定,将产业政策的外延扩得太大,这无助于问题的讨论。要先去掉一些现在被认为是产业政策,但实际上不是产业政策的内容。例如,将政府推动基础设施发展视为产业政策,是一部分学者的观点。现在有基础设施产业的说法,但政府推动其发展的措施,是否就是产业政策呢?基础设施是公用事业,提供普遍服务,它们构成现代社会发展的一个大平台,并不仅仅服务于经济。在任何情况下,政府都有责任推动基础设施建设和发展,至于程度和方式则因不同国家和地区而异。也就是说,推动基础设施建设和发展并不是一个产业政策的问题。

日本是公认的第一个有明确的产业政策的国家。作为一个战败国，战后日本政府希望集中资源，把百废待兴的产业发展起来，使之带动国民经济快速发展。所以，日本的产业政策是直接干预产业发展本身的。这就道出了产业政策的本来意义和内涵：有直接干预产业发展的目标和手段。如日本的重化工业发展目标，以及对重化工业的优惠利率。这个意义上的产业政策到底利大于弊，还是弊大于利？这是讨论产业政策的要害。日本产业政策的利弊得失向来是见仁见智的。即便持利大于弊的观点，这可能也与日本是在市场经济体制的基础上，辅之以适度的产业政策有关。还有两点亦很重要，其一，在日本实施产业政策的时代，供大于求的格局尚未形成，产业发展往往对应着比较确定的需求；其二，健全的法制在其中起到了至关重要的作用，就像新加坡政府在推动经济发展中的确起了较大的作用，但法律制度和依法治理的保驾护航则起到了关键性的作用。

所以，首先要明确，所谓产业政策，一定是指对某一类产业优先发展的支持政策，既有政策目标，也有政策手段。从这个意义上看产业政策，就需要谨慎一些了，尤其在市场能够发挥配置资源作用的领域，就更是如此。这是因为，这里有两个绕不过去的问题，而且，经常被人们提及。

一是信息对称的问题。产业发展的方向、产业结构的演化是能够被预见的吗？答案当然是否定的。一时间产生的产业"短板"，能够靠产业政策修复吗？也不太可能。因为政策都有时滞，不等政策发挥作用，市场的作用可能已补齐"短板"，政策的作用可能会使"短板"变成"长板"。这样的例子也不在少数。

二是扭曲市场的问题。推动某一类产业发展的产业政策，都是有"含金量"的，这就必然使企业趋之若鹜，以获取个中资源。所有创新的努力都不及这个来得快。这就像资产价格过快上涨一样，扭曲了激励的方向。这对于创业创新的杀伤是巨大的。

考虑到上述两个问题以及中国现阶段的法治水平，我认为，即便还有必要的产业政策，但对于"双创"而言，公共服务和实现这些服务的平台可能更加重要。过往的经验是，产业政策的扶持对象往往是特定产业中的国有企业、大企业，产业政策是极少惠及"双创"的。有专家在说到制定产业政策的出发点时指出，它们是从市场维护或修复的角度出发的。这与其说是产业政策的出发点，不如说是创业政策的出发点。创业创新需要好的市场环境、生态系统，政府还是在这个方面多做一些努力，而将自己从产业发展中抽身出来，尤其是在占比最高的竞争性产业中更是如此。创业政策本质上属于创业服务。政府应和社会各界一起，多为"双创"的生态系统做一些实事。

"双创"需要改革的深刻介入

"大众创业，万众创新"的口号自提出以来，质疑的声音就没有停歇过。因为"双创"的成功率很低，所以，不少人对口号中的"大众"、"万众"感到不对劲，认为这不是又要搞"群众运动"了吗？民间创业是市场经济的原生态，原始创新是市场经济的原动力，因此，创业创新活动原本就是"群众运动"。在经济发展的任何时期，特别是在创新驱动、转型发展的时期，这句口号是社会动员的口号，是对"大众"说的，并不是对成功的"小众"说的。

创业的成功率很低，如果要增加成功者，只存在两种可能：一是动员更多的人投身创业试错，在成功率为一定的情况下，会有更多的成功者；二是改善环境，创造条件和机会，亦即优化创业创新的生态系统，在创业者为一定的情况下提高成功率，这样就会有更多的成功者。但是，对于今天的中国来说，要让更多的人愿意投身创业，并使"双创"生态系统不断改善和优化，需要改革的深刻介入。

另一个比较典型的看法是，政府鼓励创业时，往往是经济不太好的时候，这时，政府鼓励创业是为了缓解就业压力。不能否认这种情况以前有过。然而，改革开放已近40年，如果说鼓励创业还只是权宜之计，那么，可以说这场伟大实践以失败告终了。但情形恰恰不是如此。李克强总理说，"大众创业，万众创新，实际上是一个改革"。我的理解，是要通过由"双创"触动的或倒逼的改革，彻底完成从计划经济向市场经济的转型，将经济增长和发展的主动力建立在"双创"的基础上。所以，"双创"是根本大计，而不是权宜之计。

"双创"提出或引发的改革任务是全方位的，主要是政府自身的改革，突出表现在供给侧结构性改革上。当下，这方面的改革主要包括：政府监管架构和内容的改革，如对国有企业(资本)的监管体系和内容的改革，对金融业的监管体系和内容的改革。国有企业、国有资本和金融监管架构的改革，本质上都属于政府改革，有着为"双创"创造机会的重要作用。财税制度改革，它不仅是经济体制改革的重要组成部分，同时与行政体制、政治体制改革联系紧密。税制改革关系到微观经济和创业创新的活力动力，预算改革则事关政府的"钱袋子"，进而与政府职能转变息息相关。金融改革，从根本上说是为了解决经济的"脱实向虚"问题，让金融体系和金融市场更好地为实体经济服务，为创业创新服务。以自贸区建设为标志的开放倒逼改革，将通过进一步降低门槛，减少审批，优化监管，为"双创"创造更加宽松、便利的环境，并进一步有效提供各种与"双创"相关的公共服务。

中国目前还有大量阻碍供给侧动力形成和发挥作用的体制性、制度性障碍，尤其是阻碍创业创新、民间投资和民营经济发展的体制性、政策性障碍，需要通过供给侧结构性改革，才能激发和产生供给侧动力，即来自"双创"、以企业家精神为核心的动力。所以，必须寄希望于大众的力量，通过广泛的"双创"实践，倒逼政府自身的改革，以形成适应市场经济在中国发展的土壤和体制。

"双创"助力重塑主流价值观

在我看来，"双创"的重要性并不仅仅体现在经济意义上，与提出"大众创业，万众创新"相适应，中国社会的主流价值观正处于艰难的重塑期。

一个社会的主流价值观，其形成是多因素综合作用的结果。其中一个重要的、具有决定性作用的因素，是这个社会的财富生产方式。迄今为止，人类社会大致有过三种财富生产方式：自然经济、市场经济和计划经济。自然经济、计划经济都已基本退出了历史舞台，市场经济是当下世界各国(除个别国家)的财富生产方式。当然，世界各国的市场经济因体制、制度和文化的差异，各具自身的一些特点，但其基本的运作机制是一致的，或趋向于一致的。

市场经济通过哪个中间环节作用于主流价值观的形成呢？我们知道，市场经济不同于计划经济的一个基本的机制性特征，就是分散决策，每个决策主体要对自己决策的后果负责。这就意味着市场经济需要全体人民的想象力和创造力，国民经济的动力和活力来自于创业、就业和消费的多样性。这里，创业和就业、就业和消费（收入）存在着决定和被决定的关系。就长期而言，创业的规模和水平决定着就业的规模和水平；就业的规模和水平又决定着消费的规模和水平。这就是为什么说创业是市场经济的原生态。今天的创业又大多内蕴着各种意义和形式上的创新，特别是原创技术的创新，创新也因此成为市场经济的原动力。由此可见，市场经济通过"双创"这个重要的中间环节，影响主流价值观的形成。从这个高度来认识"双创"，既是客观的，又是准确的。

那么，"双创"是怎样具体地影响主流价值观的形成呢？李克强总理说，"我们推动'双创'，就是要让更多的人富起来，让更多的人实现人生价值。这有助于调整收入分配结构，促进社会公平，也会让更多的年轻人，尤其是贫困家庭的孩子有更多的上升通道。"民富国强是主流价值观的物质基础。唯有将富强作为价值观在国家层面上的"首善"，才有可能在国家、社会和公民个人层面共同形成主流价值观，也才有可能让主流价值观体现在国家、社会和公民个人的日常生活之中。在经济体制和发展方式转型的背景下，更多的人富起来并实现人生价值，是通过"双创"，或通过"双创"创造的就业机会得以实现的。而且，"双创"通过提高收入和职业的流动性，将公平与富强融为一体，共同成为主流价值观的基石。

对于广大愿意投身"双创"的人来说，创业创新的成功就是一个有待实现的"梦"。无论"美国梦"，还是"中国梦"，都意味着，政府和社会要为公民实现梦想创造更加自由、公平的环境，但你不能期待政府和社会提供超出"普惠"以上的条件和机会，个人和团队的自我奋斗是实现梦想的核心要素。具体到创业创新，就是不需要依凭关系、出身等前置性条件，只要依靠自己和团队的努力奋斗，借助于"双创"生态系统的帮助，就可以实现自己的人生目标乃至梦想。在这里，自由的个人奋斗既是主流价值观的具体体现，也是实现人生价值的基本途径。

改革开放以来，直到今天，我们都处在体制转型的时期。在这个时期，新旧体制的相互交织、此消彼长，对于主流价值观的形成产生重要影响。一方面，长期被压制的个人欲望井喷式爆发；另一方面，新的规则、秩序尚未建立起来，二者的共同作用导致大量的失范行为、投机行为，甚至犯罪行为，对主流价值观的形成产生了消极负面的影响。这是基本事实。但是，也正是在这个深刻的转型时期，作为市场经济原生状态的创业,源生动力的创新开始从萌发到迸发,进而对主流价值观的形成产生积极的影响。富强作为主流价值观的物质基础,公平作为主流价值观的基本诉求,自由作为主流价值观的目标追求,都是与"双创"的伟大实践紧密联系在一起的。

对于转型中的中国而言,"双创"的意义非同寻常。唯有"双创",中国才能完成从计划经济向市场经济的转型;唯有"双创",才能推动中国以政府改革为主要内容的结构性改革;唯有"双创",才能使中国跨越"中等收入陷阱",成为高收入国家,进而开始向发达国家、现代国家前行的进程。

黄群慧 中国社会科学院工业经济研究所所长、研究员、博士生导师，中国企业管理研究会副会长。著有《企业家激励约束与国有企业改革》、《中国管理学发展研究报告》、《中国工业现代化问题研究》、《管理科学化与管理学方法论》、《现代企业管理——变革的观点》等。其成果曾获第十二届孙冶方经济科学奖。

着力提升实体经济的供给质量

黄群慧

基于当前我国经济运行主要问题的根源是结构性失衡的判断，2016年中央经济工作会议提出，必须从供给侧结构性改革入手努力实现供求关系新的动态均衡。供给侧结构性改革，最终目的是满足需求，主攻方向是提高供给质量，也就是要减少无效供给、扩大有效供给，着力提升整个供给体系的质量，提高供给结构对需求结构的适应性。实体经济是供给体系的主体内容，提升实体经济的供给质量，无疑是供给侧结构性改革的重中之重，学界有必要对此进行深入探讨。本期的三篇文章，就分别从实体经济供给要素与体系、产业供给体系、产品供给等方面的质量提升入手，对这一主题进行了讨论。

供给质量决定了供给侧适应需求侧的程度

质量，是一个日常被广泛使用的词汇，在物理学中是指物体所具有的一种物理属性，是物质的量的量度。在社会经济中更广泛被认为是事物、工作、产品满足要求的优劣程度。国际标准化组织在ISO9000中将质量界定为一组固有特性满足相关方要求的程度。在微观层面，质量常被分为产品质量、服务质量、工程质量和环境质量等各个方面,质量管理学和全面质量管理方法提供了企业层面关于质量的系统科学的认识和操作性指南。与微观层面相比,政府工作层面有关质量的管理,主要针对计量、标准、认证认可、检验检测等国家质量基础设施的管理工作。在政府经济管理中,虽然经常使用经济发展质量、经济增长质量和效率,甚至还有人提出所谓的"GDP质量",但经济学基本上没有把质量纳入分析框架。现有一些对质量问题的经济学研究主要分为两方面,一是从质量的经济性角度,也就是质量的成本收益角度研究质量问题,这些研究虽可扩大到社会经济领域,但与微观质量管理比较接近,相对比较狭义;二是更广泛意义的质量经济问题,研究质量问题在社会经济发展中的地位和作用、质量范畴所反映的社会经济关系以及提高质量的社会经济条件,这方面的研究提出了质量供给和质量需求的范畴,并将经济学的供求关系划分为总量供求关系、部门供求关系、质量供求关系,认为随着经济发展水平的提高,质量供求不协调问题会更加突出,总量供求关系和供求结构的不协调往往是因为质量供求不协调。后者的研究在一定程度上给我们今天提高供给质量化解结构性失衡的政策导向提供了一些理论基础。

中央经济工作会议提出供给侧结构性改革的主攻方向是提高供给质量,不仅把握住了现阶段经济发展的核心问题,而且将"供给质量"作为一个重要的经济范畴,也是中国特色社会主义政治经济学的一个突破。既然质量本身就意味着一组特性满足要求的程度,那么,"供给质量"就是供给侧所具有的特性满足需求侧要求的程度,也就是说,供给质量决定了供给对需求的适应程度。

供给质量可以分为供给要素质量和供给体系质量,供给要素质量就是劳动力、资本、土地等生产要素所具有的特性满足需求的程度,而供给体系质量则是产品(包括服务、工程等各种形式)、企业和产业等所具有的特性满足需求的程度。提高供给要素质量,意味着劳动力素质提高、物质资本更新换代、更多高新技术的投入以及人力资本的提升等;而提高供给体系质量就是提高产品满足消费者消费升级需要的程度、提高企业适应市场竞争的能力、提高适应消费升级的产业转型升级能力等方面的内容。提高供给质量的任务不仅包括微观质量管理所要求的提高产品质量,还包括人力资源管理关注的员工素质和能力提升,以及企业管理要关注的整个企业竞争力的提高,更是包括政府管理所关注的产业自身转型升级、产业结构的高级化和产业组织的合理化,以及整体科研教育和政府管理等国家治理现代化水平的提高。

由于我国进入到工业化后期增速趋缓、结构优化、动力转换的经济新常态阶段,长期以来主要依靠增加劳动力、资本、土地等供给要素数量增加,以及依靠产品产量增加、企业和产业规模扩张促进经济增长的发展方式已不可持续,现在更多需要通过创新改善供给要素质量和提高供给体系的质量,来实现新的供求动态均衡,进而提高全要素生产率促进经济持续增长。因此,供给体系质量决定了我国经济增长的质量,进而决定了我国经济发展方式的转变以及经济的可持续发展。

扭转"脱实向虚"亟须提高实体经济的供给质量

实体经济是一个国家的强国之本、富民之基。但近些年随着我国经济服务化的趋势加大,经济发展出现"脱实向虚"的问题,主要表现在以下方面:一是虚拟经济中的主体金融业增加值占全国GDP比例快速增加,从2001年的4.7%快速上升到2015年的8.4%,2016年初步核算结果也是8.4%,这已超过几乎所有发达国家,美国不足7%,日本也只有5%左右;二是实体经济规模占GDP比例快速下降,以农业、工业、建筑业、批发和零售业、交通运输仓储和邮政业、住宿和餐饮业的生产总值作为实体经济口径计算,从2011年的71.5%下降到2015年的66.1%,2016年初步核算结果是64.7%;三是从上市公司看,金融板块的利润额已占所有上市公司利润额的50%以上,这意味着金融板块企业超过了其他所有上市公司利润之和。麦肯锡最近一份针对中国3500家上市公司和美国7000家上市公司的比较研究表明,中国的经济利润80%由金融企业拿走,而美国的经济利润只有20%归金融企业;四是实体经济中的主体制造业企业成本升高、利润下降、杠杆率提升,而且在货币供应量连续多年达到12%以上、2011年到2015年货币供应量M2是GDP的倍数从1.74倍上升到2.03倍比例的情况下,面对充裕的流动性,制造业资金却十分短缺、资金成本较高,大量资金在金融体系空转、流向房地产市场,推动虚拟经济自我循环。

大量的资金、人才等资源乐于在虚拟经济中自我循环,金融业过度偏离为实体经济融资服务的本质,虚拟经济无法有效支持实体经济发展,这种"脱实向虚"现象表明,实体经济供给与金融供给之间、实体经济供给与房地产供给之间存在着严重的结构性失衡。造成这种供给结构性失衡问题的原因是复杂的，虽然有金融部门对于实体经济部门具有垄断地位、金融市场服务实体经济效率不高、房地产顶层设计缺乏和房地产市场亟待规范等众多原因，但根本原因是实体经济供给质量不高进而引起实体经济自身供求失衡、无法提供高回报率。

在经过了快速工业化进程，进入到"十二五"时期后，中国逐步进入工业化后期，实体经济规模已十分庞大，然而我国是实体经济大国却不是实体经济强国，实体经济的供给质量还不高，一个突出表现是劳动生产率还比较低。这意味着，面对随工业化后期城市化进程加快推进而带来的人口结构变化和收入水平提高，进而消费结构升级明显，实体经济的供给要素和供给体系已无法适应消费需求结构转型升级的需要。

从实体经济供给要素看，以农民工为主体的制造业工人亟待提高素质，受过高等教育的技术工人以及智能化工厂的机器人还比较缺乏；物质资本急需向数字化、智能化方向升级；关键技术对外依存度还较高。从实体经济供给体系看，表现在产品供给质量上，部分产品档次偏低、标准水平和可靠性不高，高品质、个性化、高复杂性、高附加值产品的供给能力不足，出口商品因质量问题连续多年居欧美通报召回之首，缺乏世界知名品牌；表现在企业供给质量上，存在大量"僵尸企业"，优质企业数量不够，尤其是世界一流企业还很少；表现在产业供给质量上，钢铁、石化、建材等行业的低水平产能过剩问题突出并长期存在，新产业、新技术、新业态、新模式虽增长迅速但在整体中占比还不够，在产业领域全球竞争的制高点掌控不足。

因此，解决"脱实入虚"问题的关键在于加大力度推进以制造业为主体的实体经济的转型升级，或者说是实体经济供给质量的提升。没有实体经济供给质量的提升，低端和无效供给过剩，高端和有效供给不足，由人口结构变化、城市化进程主导的消费结构转型升级所形成的需求就无法得到满足，必然会造成实体经济投资回报率低下。这一方面会导致大量资金脱离实体经济转向虚拟经济；另一方面，在开放经济下，大量的消费力量和制造业投资将转向国外，进一步导致实体经济萎缩，如果这个问题不从根本上解决，会出现经济结构高级化趋势明显、但效率反而降低的"逆库兹涅兹化"问题。对于处于中等收入阶段的中国而言，效率下降会加大步入"中等收入陷阱"的风险。促进产业转型升级、提高实体经济的供给质量，不仅是扭转经济发展"脱实向虚"的需要，更是决定我国能否跨越"中等收入陷阱"的关键，必须从这个高度认识提高实体经济的供给质量的重大意义。

提高实体经济供给质量要着力深化工业化进程

深化供给侧结构性改革，重点是要提高实体经济供给体系的质量。从产品层面提高供给体系质量，要正确处理降低成本与提高质量的关系，坚持创新驱动发展，不断进行管理创新和工艺创新，建立精益求精的"工匠精神"文化，企业要持续强化全面质量管理，而国家要加强计量、标准、认证认可和检验检测等国家质量技术基础（NQI）建设，努力扩大高质量产品和服务供给；从企业层面提升供给体系质量，要完善实体企业创新发展环境，降低企业制度性交易成本，深化国有企业改革，处置"僵尸企业"，重视发挥和调动企业家创新的作用，不断提高实体企业的素质和竞争力；从产业层面提高供给体系质量，要积极推进化解产能过剩和积极推进《中国制造2025》战略，实现产业转型升级，重视发挥竞争政策的作用，提高产业结构高级化和产业组织合理化水平。

上述实体经济的供给质量提升，意味着工业化推动的实体经济供给侧对城市化拉动的需求侧适应程度的提高，这也正是一个通过创新深化工业化进程的过程。从人均GDP、产业结构等指标综合评价看，虽然中国已步入工业化后期，但还远没有到可以接受"脱实入虚"的"去工业化"阶段。实际上，快速的、低成本的工业化战略造就了数量庞大的中国实体经济，但也遗留下实体经济供给质量亟待提升的重大问题。虽然从2010年开始中国制造业产值已连续6年位居世界第一位，但制造业劳动生产率还不及美国的五分之一。如果不能进一步深化工业化进程，提高实体经济供给质量进而提高效率，那么中国可能会因过早地"去工业化"而最终无法实现成为一个工业化国家的中国梦。而且，在中国深化工业化进程的过程中，还面临着国际金融危机以来美国、德国、日本等工业化国家积极推进"再工业化"战略所带来的高端挤压及资源争夺压力。新任美国总统特朗普对制造业的高度重视，意味着中国与美国的经济竞争更多是实体经济的竞争，是制造业发展的竞争。因此，未来中国深化工业化进程、提高实体经济质量面临巨大挑战。要迎接这些挑战，一方面要处理好城市化与工业化的关系，避免城市化与实体经济脱节，不能让房地产仅成为炒作对象，要让城市化进程真正发挥对实体经济转型升级的需求引导作用；另一方面要处理好信息化与工业化的关系，促进工业化和信息化的深度融合。深化工业化进程的重点是以智能制造为主导推进工业互联网发展，要注意尽量减少由于电子商务大发展而产生的对高质量产品的"挤出效应"以及对低成本实体经济需求的"扩张效应"；还要处理好国际化与工业化的关系，坚持技术引进与消化吸收再创新、原始创新相结合，在扩大开放基础上交流融合创新，推进中国实体经济沿着高端化、智能化、绿色化、服务化方向转型升级。

聚集供给侧结构性改革

陈东琪 国家发改委宏观经济研究院副院长，中国社会科学院研究生院教授、博士生导师，国家级有突出贡献的中青年专家。曾获1988年度、1992年度孙冶方经济学奖。著有《新土地所有制》、《强波经济论》、《微调论》、《新政府干预论》、《双稳健政策——中国避免大萧条之路》、《新一轮财政税体制改革思路》等。

抓紧抓好供给侧结构性改革

陈东琪

2017年两会期间，习近平同志在看望参加政协会议的民进、农工党、九三学社委员时强调：今年是实施"十三五"规划的重要一年，是供给侧结构性改革的深化之年，有不少问题需要深入研究、妥善应对、合力攻坚。在参加全国人大会议一些代表团审议时，他多次强调推进供给侧结构性改革。这充分说明，深入推进供给侧结构性改革是当前我国经济发展必须抓紧抓好的一件大事。推进供给侧结构性改革，是以习近平同志为核心的党中央适应和引领经济发展新常态的重大创新，是我国经济发展进入新常态的必然选择，是经济发展新常态下我国宏观经济管理必须确立的战略思路。深入理解习近平同志关于推进供给侧结构性改革的重要思想，应正确认识供给侧结构性改革的重大理论意义和现实意义，了解其取得的成效，理清其面临的难点，抓紧抓好今年推进供给侧结构性改革的重点任务。

正确认识供给侧结构性改革的重大意义

确立了经济发展新常态下我国宏观经济管理的战略思路，具有重要现实指导意义。经过近40年的快速发展，我国经济总量已经跃居世界第二，从低收入阶段跨入中等收入阶段,并正向高收入阶段迈进。与此同时,我国经济发展进入新常态,表现出速度变化、结构优化、动力转换三大特点,面临的突出矛盾是供给结构不能适应需求结构的变化。习近平同志指出:"当前和今后一个时期,我国经济发展面临的问题,供给和需求两侧都有,但矛盾的主要方面在供给侧。"供给侧结构性改革对症下药,从供给侧发力,以改革创新促进产品和服务质量提高,增强供给结构对需求结构的适应性,以优质供给激发并满足人民群众日益增长的物质文化需要。因此,深入推进供给侧结构性改革,确立了经济发展新常态下我国宏观经济管理的战略思路,明确了未来相当长一个时期我国经济发展的大政方针和工作主线,是适应和引领经济发展新常态、解决供需结构矛盾、促进经济平稳健康发展的必然选择。

为世界经济走出发展困境提供了中国方案,具有重要国际示范意义。2008年爆发的国际金融危机,使世界经济陷入了生产过剩、贸易收缩和低速增长的困境。欧、美、日等发达经济体均采取了力度很大的刺激需求的措施,但到目前为止并没有促使实体经济持续复苏,反而吹大了资产泡沫,给未来经济发展留下巨大风险隐患。究其原因,此次世界经济陷入困境的内生"病因"和历史上任何一次都有所不同:不仅劳动生产率增速逐步放缓,而且供需结构出现了新变化。这使得曾经行之有效的单纯的需求管理、供给管理和结构主义政策都难以奏效。中国提出并推进的供给侧结构性改革,通过创新体制机制,解决经济发展过程中带有中长期特征的结构性问题,引导资源优化配置,提高潜在增长率,增强可持续发展动能,不仅是解决中国经济发展深层次问题的治本良策,也是破解世界经济结构性矛盾的可用药方,对世界经济发展具有示范意义。

创新和发展中国特色社会主义政治经济学的重大成果,具有重要理论创新意义。习近平同志关于供给侧结构性改革的一系列重要论述,思想深刻、内容丰富,是系统的理论创新,是中国特色社会主义政治经济学的重大创新和发展。首先,丰富了供给和需求的科学内涵,既不孤立谈供给,又不孤立谈需求,强调只有将供给和需求联系起来考量,才能做出科学判断。在区分有效供给和无效供给的基础上,明确提出供给侧结构性改革的最终目的是满足需求,主攻方向是改善供给侧结构,根本途径是深化改革。其次,创造性地提出并构建了科学的理论体系,回答了供给侧结构性改革为何改、改什么、怎么改等重大问题。在分析供需失衡矛盾时,既强调供给侧结构性矛盾是主要矛盾,又强调供给要以满足人民群众不断增长的物质文化需要为目的和归宿。在推进思路方面,强调要从生产端入手,提高供给体系质量和效率,扩大有效供给和中高端供给,增强供给侧结构对需求变化的适应性,推动我国经济朝着更高质量、更有效率、更加公平、更可持续的方向发展。在政策主张方面,既强调以供给侧管理为主,又注重供给侧管理和需求侧管理相结合,注重总量性宏观政策与产业政策、微观政策、改革政策和社会政策协调配套。这些科学思想,既区别于以凯恩斯主义为代表的需求决定论、以萨伊定律为核心的供给经济学,也区别于里根和撒切尔主义的供给管理以及罗丹和刘易斯的结构主义政策。可见,供给侧结构性改革理论是在马克思主义指导下,深入总结中国特色社会主义发展实践经验所取得的重大理论创新成果,表明我们党对经济社会发展规律的认识达到了新高度。

2016年：供给侧结构性改革初见成效

2016年是"十三五"开局之年,也是供给侧结构性改革元年。在以习近平同志为核心的党中央坚强领导下,各地区、各部门以"去产能、去库存、去杠杆、降成本、补短板"为抓手,在推进供给侧结构性改革方面取得了积极进展和初步成效。

"三去一降一补"取得积极进展。2016年去产能提前超额完成任务,分流安置人员超过65万人。钢铁去产能6500万吨,煤炭去产能2.9亿吨,分别超额去掉2000万吨、4000万吨。房地产整体库存水平有所下降,到2016年底待售面积同比下降4%。市场化债转股和兼并重组等措施有序推进,规模以上工业企业资产负债率下降0.5个百分点,全年企业成本降低1万亿元以上。农村能源、交通基础设施进一步改善,农村贫困人口减少1240万。在落实"三去一降一补"任务的同时,我国宏观经济总体平稳,产业转型升级加快,微观活力不断增强,消费者信心提高,供求失衡矛盾缓解,物价走势逐步趋稳,市场预期明显转好,金融风险得到缓解,社会秩序稳定。

政府、企业在实践探索中形成改革共识。政府在推进去产能工作中,努力探索破解深层次矛盾的路径,注重市场机制建设,探索出中长期合同、减量置换指标交易等新机制,努力实现供需动态平衡。按照"市场定价、价补分离"的原则,积极稳妥推进玉米收储制度改革,农业结构调整迈出重要步伐,政策性粮食库存消化工作取得进展。在去产能、去库存过程中,企业感受到了压力,认识到加快兼并重组的重要性,也认识到通过强强联合、做强优质产能是企业提高国际竞争力、实现长期可持续发展的重要路径。宝钢、武钢联合重组,在这方面做出了可贵探索。

推动发展观念转变。在推进供给侧结构性改革的过程中,人们越来越深入地认识到这一改革是提高经济质量、优化经济结构和转换发展动能的必由之路,更加重视从供给侧结构性改革上想办法、定政策、出措施,工作重心逐步转到加快转变经济发展方式上来,大力促进传统产业转型升级,努力培育新动能。同时,企业更加重视品牌质量和精细生产,更加注重运用新技术、新产品、新模式,提高产品和服务质量,增强适应和满足多样化、个性化、高端化消费需求的供给能力。凡是新动能培育比较成功的地方,经济增长的速度和效益都更加出色。

改革得到广泛关注、高度认同和积极评价。国际上,不少国家意识到持续量化宽松货币政策的局限性,对结构性改革更加关注和重视。一些知名国际机构、媒体关注中国供给侧结构性改革,认为这一改革将为中国经济发展聚集新能量。去年的G20杭州峰会将"结构性改革"写入成果文件,列入全球经济治理行动指南。国际货币基金组织总裁拉加德认为,"中国已经成为全球结构性改革的引领者"。在国内,企业、行业协会更加主动配合政府推进供给侧结构性改革,社会认同感、获得感逐步增强。国家信息中心互联网大数据分析显示,89.2%的网民认为去年的供给侧结构性改革"取得了重要进展"。

2017年:在深入推进上下足功夫,努力破解改革难点

供给侧结构性改革是一项艰巨复杂的工程,虽然已经取得一定成效,但不可能一步到位、一蹴而就。随着改革深入推进,完成任务将愈加艰难。习近平同志指出:"志不求易者成,事不避难者进。"去年底召开的中央经济工作会议提出深入推进"三去一降一补"、深入推进农业供给侧结构性改革、着力振兴实体经济、促进房地产市场平稳健康发展等重点任务,对供给侧结构性改革"深入推进什么""如何

深入推进"作了全面部署。今年的《政府工作报告》提出了深入推进供给侧结构性改革的具体举措。我们要按照中央部署，抓住难点，闯过关口，坚定不移把供给侧结构性改革向前推进。

在"三去一降一补"上取得新成效。今年应积极解决在深入推进中出现的新情况新问题。从深入推进去产能看，要在深化钢铁、煤炭去产能的基础上，推进两个"扩"，即去过剩产能的"扩围"和扩优质产能。前者需要严格按照技术、安全、节能、环保、质量等标准来遴选和确定；后者要依靠创新驱动，在做大增量、做优存量上下功夫。从深入推进去库存看，今年的重点在三四线城市，应将绝大部分房子卖给在本市工作多年的农民工、外来的技术人员或其他因工作、因养老等愿意长久居住的人，而不是炒房者。从深入推进去杠杆看，重点是降低企业杠杆率，防范系统性、区域性金融风险。从深入推进降成本看，主要举措是在调整税制和优化税收结构的基础上减税降费，降低直接反映在财务报表上的企业财务成本；进一步改革社会保险制度，降低企业人工成本；调整能源政策和价格形成机制，降低企业用能成本；改革运输和物流体制，降低企业物流成本；创新体制机制，降低企业的制度性交易成本。从深入推进补短板看，坚持补硬短板和补软短板并重、补发展短板和补制度短板并举，聚焦民生，反映民意。

在农业供给侧结构性改革上抓住重点。按照中央农村工作会议精神，今年应抓住两个重点。一是农业去库存。从缓解目前粮食高库存压力看，用深加工方式转化部分剩余粮食，是一条藏粮于企的路，可以拓宽。从长远看，藏粮于地、藏粮于技非常重要。实现藏粮于地的途径是加强高标准农田建设，通过农村土地所有权、承包权和经营权的"三权分置"改革，提高经营者改良土地质量的积极性。实现藏粮于技，需要不断增加政府对农村基础设施、农业科技和人才培训的财政投入，激发农业农村内部的资源要素活力，推动生物科技成果转化和普及。二是农业补短板。加大投入，补齐农业基础设施短板、重大科技短板和民生短板。创新体制机制，增强发展活力、市场活力和人的活力，大力培育农业新型经营主体，引导越来越多有创新精神的企业家积极参与农业补短板，共同破解小生产与大市场的矛盾。

在振兴实体经济上取得新突破。应完善体制机制，为振兴实体经济创造良好环境，在振兴实体经济上取得新突破。一是加快基础性制度建设，推动实现权利平等、机会平等、规则平等，使市场在资源配置中起决定性作用，为企业创造公平竞争的市场环境。二是加快要素市场改革，消除土地、人力资本、资金、科技等要素自由流动的体制障碍，提高全要素生产率，促进新旧动能接续转换。三是深化国企国资改革，加快形成有效制衡的公司法人治理结构、灵活高效的市场化经营机制。鼓励非公有制企业参与国有企业改革，进一步放宽非公有制经济市场准入，更好激发非公有制经济活力。四是加快财政金融体制改革，进一步减税降费，营造公平税负环境，实施以鼓励研发和技术改造为目标的结构性降税，引导更多资金流入实体经济特别是流入创新领域和民营经济，有效降低融资成本，提高实体经济发展能力和国际竞争能力。

促进房地产市场平稳健康发展。坚持"房子是用来住的、不是用来炒的"这一科学定位，中央政府加快财税、金融、土地、市场体系和法律法规等基础性制度建设；地方政府按照中央精神落实好"分类指导、因城施策"调控要求，既要密切监测形势，相机调控，加强预期引导，维护房地产市场稳定运行，抑制房地产泡沫，防止出现大起大落；又要从摸清底数、深化改革、完善制度入手，为房地产市场长期平稳健康发展奠定坚实基础。

坚定不移把供给侧结构性改革向前推进，今年尤其要深刻认识和破解改革中的一些难点问题。一是处理好"改"和"稳"的关系。既要积极推进改革，又要妥善处置企业债务、做好人员安置工作、做好社会托底工作，维护社会和谐稳定。二是处理好政府和市场的关系。在改革中，不同地区、不同领域具体情况差异很大，有的地方和领域行政手段多一些，有的地方和领域市场作用大一些，但从供给侧结构性改革的内在要求看，都应充分考虑如何运用市场化法治化手段，发挥好市场在资源配置中的决定性作用。三是努力实现新旧动能的顺利转换。应注重通过简政减税、放宽准入、鼓励创新，为新动能培育提供有利的制度和市场环境。四是公平合理分担改革成本。供给侧结构性改革需要付出一定的成本，涉及利益格局的调整，因此要找好各方利益的平衡点。

卢　锋　北京大学国家发展研究院教授、宏观经济研究中心主任，博士生导师。研究领域：开放宏观经济学，中国农业经济，发展经济学。著有《经济学原理（中国版）》、《商业世界的经济学观察——管理经济学案例集》、《服务外包的经济学分析》、《大国追赶的经济学分析——理解中国开放宏观经济》、《搞对价格、管好货币》等。

供给侧结构性改革的双重内涵与双重推进

卢　锋

2015年底我国高层提出"推进供给侧结构性改革"，一年来围绕"三去一降一补"推进相关工作取得初步成效，同时形势发展出现新情况与新问题。2016年中央经济工作会议进一步要求"以供给侧结构性改革为主线"，把2017年定位为"供给侧结构性改革的深化之年"。深化供给侧结构性改革，需结合实际经济情况深化对这一决策客观依据与科学内涵认识，进一步把政策着力点聚焦到体制性机制性改革创新上，使其更好发挥其引领国民经济稳中有进的政策主线作用。

供给侧结构性改革是应对经济环境三重调整的政策选择

供给侧结构性改革不仅是我国经济政策名词或口号表述变化，而是高层应对十八大以来国内外经济环境三重调整演变所做的重要决策。

首先与应对结构转型调整困难有关。新世纪初年我国经济超预期追赶取得成就同时也面临结构转型调整新困难。由于工资、土地等国内要素价格大幅飙升，以原有要素低价为基础形成的诸多部门传统比较优势逐渐下降，急迫需要通过一升两转加以应对。居民收入上升推动消费需求水平提升和结构快速变化，与经历调整阵痛的国内供给体系不相适应，形成国内产能过剩与有效需求得不到满足并存局面，大规模网购及国外旅游采购现象凸显这方面矛盾。十八大以后政府实施简政放权、鼓励双创政策取得成效，然而国民经济的供给侧变量对市场变化响应能力和灵敏度不足派生"重大结构性失衡"情况尚未未得到实质性改变。另外近年政府实施积极财政与基础设施投资政策，对保持经济深度调整期中高速增长产生积极作用，然而仍面临民间投资疲软与内生增长动力不足问题。应对上述结构转型与增长动能问题构成供给侧结构性改革的重要背景。

其次与应对周期下行阶段困难有关。新世纪以来开放经济增长和运行在宏观层面面临一些特殊矛盾，突出表现之一是在传统制造业部门生产率较快追赶因而供给弹性较大背景下，新世纪初年货币扩张偏快带来通胀压力更多表现为以房地产为代表的资产价格飙升，而不同于早先宏观周期通胀主要表现是CPI等增加值流量上涨。过去一年多经济形势显示，即便货币政策保持在大体中性或者"稳健略偏宽松"立场，房地产价格也可能主要由于土地供给垄断体制扭曲作用再次出现始料未及的急剧飙升。应对资产泡沫化及其派生的金融风险，不仅是经济周期景气扩张阶段的宏观稳定难题，而且成为在宏观周期不同阶段需要持续面对的挑战。另外应对外部危机冲击实施大规模刺激政策，使得2007年下半年开始的宏观经济过度扩张失衡调整过程短期逆转，也增加本轮周期调整的复杂程度。如何加强宏观财经纪律与硬化市场预算约束，在对刺激政策药方保持克制前提下化解上述失衡与风险因素，成为供给侧结构性改革的又一现实背景。

再次与应对后危机时期外部环境调整有关。后危机时期全球经济增长动力结构发生"三重转换"：中国、金砖国、新兴经济体与广大发展中国对全球经济增量的相对贡献，与早先历史时期美国、七国集团、发达国家大体发生置换。我国进出口经历"北降南升"的结构变化，主要发达国家增量贡献显著下降而新兴经济体与周边发展中国家增量贡献显著提升。针对全球治理体系凸显"能力赤字"问题，中国等新兴经济体通过存量改革与增量创造两重机制推动国际金融与经济治理结构出现活跃变化，英国脱欧与美国特朗普胜选事件显示战后全球化持续推进趋势面临前所未有挑战。外部环境演变使得我国通过扩大出口分享发达国家更多市场带动经济走出低谷的可能性空间收窄，要求更多通过供给侧结构性改革提升潜在产出增长率并释放持久的内需增长潜力。

内外现实经济环境的演变调整，客观要求经济政策在形势判断、工作决策、思想方法等方面出现系统调整。十八大以来我国经济决策调整呈现几方面特点：一是把供给与需求更好地结合起来，更加重视提升供给系统效率及其对市场变动响应能力；二是把改革与调控更好地结合起来，更加重视体制改革与机制创新的引领作用；三是把长期和短期更好地结合起来，在保持必要经济增速同时更加重视培育与夯实长期可持续发展能力与后劲。提出供给侧结构性改革命题，是这个政策调整过程推进深化的结果并体现其内在逻辑。

供给侧结构性改革包含体制性改革与宏观再平衡双重内涵

深化供给侧结构性改革，需要紧扣"改革"中心词厘清这一概念科学内涵。供给侧结构性改革的主词是改革，逻辑重心是市场化取向的体制性机制性改革。有关供给侧结构性改革"是什么"的常识性理解同时也定义其"不是什么"。首先不是常规需求管理政策。其次也不同于供给侧调控措施：政府从供给方面实施的政策干预措施，如果在相应体制机制没有改变情况下出台，显然应区别于供给侧结构性改革。

2016年我国房地产行业政策变化，显示厘清供给侧结构性改革内涵的必要性。2015年部署供给侧结构性改革的去库存任务，要求"取消已经过时的限制性措施"。然而今年部分大城市房地产价格飙升增加泡沫化风险，有关城市和部门出台新的限制商品房信贷政策，有的不同程度增加了商品房建设用地供应指标。这些措施有的从需求角度发力，有的从供给角度切入，基本是在现有房地产价格形成与供求调节体制和机制没有实质性变化前提下实施的调控措施，这些措施或许具有迫不得已的必要性，然而不应看作供给侧结构性改革措施，反倒应看作是从一个角度提示改变供地体制与商品房价格形成机制的必要性和紧迫性。

理解供给侧结构性改革内涵一点认识分歧之一，在于如何看待政府有关部门针对各类经济结构因素和关系实施的干预政策。国民经济包含各类结构优化问题，如产业结构、区域结构、要素投入结构、排放结构等等，这些结构关系大都与经济供给侧有关，政府大量"调结构"政策是否属于供给侧结构性改革？对此可能会仁智互见，如何适当解读有待深入探讨。笔者认为，把广义"调结构"政策措施归结为供给侧结构性改革，会使供给侧结构性改革概念过于宽泛，减弱这一政策概念聚焦体制改革与机制创新的应有功能作用，因而需要对二者适当区分。

观察十八大以来我国经济深度调整期形势特点，结合新世纪经济开放成长取得成就并伴随失衡因素的背景，笔者理解供给侧结构性改革其实包含双重取向或内涵。一是通过深化改革降低制度性交易成本，更好为结构转型升级提供保障和助推动力；二是通过加强市场预算约束与宏观财经纪律，切实化解宏观经济周期扩张派生失衡与风险，有效防控调整阶段资产泡沫新风险因素。体制机制改革是直接含义，宏观再平衡是间接要求，都具有重要现实意义。

第一重内涵强调必须力推关键领域市场化取向体制改革与机制创新，才能使我国潜在经济增长能力得以进一步释放，使得我国技术、产业、经济结构提升得以更好推进。以应对产能过剩难题为例观察，我国转型期面临的一个现实问题，在于地方政府对属地企业仍存在超越市场经济原则的过度行政保护，使得企业即便失去市场自生能力仍难以退出，也不利于环境保护等方面执法落实到位，由此导致产能过剩难以化解与僵死企业现象，不利于供给侧变量更好响应需求变动。供给侧改革就是要重新界定塑造政企关系与政商关系，通过市场、法治方法倒逼缺乏自生能力企业退出，对退出过程面临困难企业提供适当协助使其顺利退出，从而综合解决产能过剩难题并助推结构调整。

供给侧结构性改革第二重内涵在于，通过加强市场预算约束与财经纪律，严肃治理经济过热和通货膨胀，严肃应对资产泡沫化与过高杠杆化带来的金融风险，体现宏观再平衡要求与广义范畴市场机制决定性作用。从国内外经验观察，对上述问题消极回避或听之任之态度不可取，采用大规模刺激措施也只能拖延和加剧矛盾，务实合理应对是在适度扩大总需求同时，重视发挥市场预算约束和宏观财经纪律作用，借助市场出清方式有序化解经济过度扩张与资产泡沫化带来失衡因素与风险。十八大以来我国经济政策调整，一直强调宏观政策以稳为先原则，先后提出"三期叠加"、"经济新常态"等重要形势判断，体现适度提升总需求与不搞大规模刺激相结合的政策取向。提出推进与深化供给侧结构性改革，进一步表现高层意在侧重利用市场纪律来调节失衡与化解风险的政策取向。

加快关键领域市场化取向改革培育经济转型升级的内生动力，利用市场纪律约束与出清机制化解资产泡沫因素与金融风险，构成供给侧结构性改革的双重内涵。供给侧结构性改革体现市场化取向改革在长期增长与宏观稳定两个维度具体要求，体现十八届三中全会全面深改战略与应对调整期突出现实问题有机结合并使改革顶层设计落地的具体要求。基于这一理解，有必要系统总结我国经济改革开放时代不同阶段实践经验，加深认识供给侧结构性改革与历史时代实践探索的内在一致性；有必要系统反思当代发达国家与发展中国家推进结构性改革的国际经验，比较借鉴现代经济学有关经济增长与周期管理的不同学派思想学说，加深认识这一重大命题背后的普遍蕴含与内在逻辑。

深化供给侧结构性改革：双重内涵决定双重推进

2016年推进供给侧结构性改革取得初步成效。国民经济整体稳中有进，伴随一些重要工业部门产能过剩显著舒缓；在宏观经济政策保持定力不刺激前提下，经过艰苦市场调整实现PPI近五年下行后由负转正；居民消费较快增长与投资增速企稳，为经济保持中高速增长提供支撑。然而经济运行仍面临多重困难：下行压力较大与内在增长动力不足问题尚未根本改变，体制性成本与税费负担过重抑制民营企业投资潜能发挥，部分城市房价飙升与部分产能过剩部门价格回升过猛显示经济增长体制机制仍存在深层矛盾，另外外部环境面临改革开放时代以来前所未有不确定性。上述形势凸显深化供给侧结构性改革的紧迫性与重要性。

与供给侧结构性改革"双重内涵"理解相一致，2016年中央经济工作会议释放信号显示，2017年中国经济政策有望在两个维度持续发力与深化。在宏观经济政策领域，进一步明确货币政策的总量稳健中性方针，同时进一步提升积极的财政政策实施力度，在适度增加总需求同时，为利用市场纪律化解与防控风险，为市场出清僵死企业创造适当的宏观政策环境。保持定力不刺激，动态调节稳增长，是十八大以来宏观经济政策的基本定位，也有望成为本届政府任期最后一年继续坚守的宏观金融政策方针。

中央经济工作会议明确指出，供给侧结构性改革"根本途径是深化改革，就是要完善市场在资源配置中起决定性作用的体制机制，深化行政管理体制改革，打破垄断，健全要素市场，使价格机制真正引导资源配置。"供给侧结构性改革逻辑内涵的核心是改革，需进一步聚焦体制改革与机制创新，通过加快推动关键领域改革突破性进展以提升经济潜在增长能力并助推结构转型。

在治理产能过剩与僵死企业时把行政手段与市场机制更好结合起来。不仅要采用行政手段层层分解指标消减产能与减少僵死企业，更需要重视改革完善市场经济环境下政企关系，减少地方政府对企业提供各种形式直接和间接保护，更好利用市场出清机制打通僵死企业退出通道，健全和加强产能过剩的市场调节机制。

2016年新一轮部分大城市商品房价格飙升，以自然试验方式显示现行政府垄断供地制度不利于我国房地产业健康稳定发展。要在实施房地产需求侧与供给侧短期必要调控措施同时，下决心加快改革我国城市商品房与建设用地行政垄断供地制度，相应加快改革我国现行农地制度，把拓宽房地产供地渠道与提升房地产供地弹性作为构建"房地产稳定发展的基础性制度与长效机制"的关键环节。

要加大企业降税降费与保护产权政策力度，切实解决应对新形势下民营企业投资动力不足问题。近年有关讨论中对加大企业降税降费力度各方面已有相当共识，有关部门应以中央要求的立说立行、只争朝夕紧迫感加快设计实施相关政策。各类企业合法产权受到法律保护多年前就已写入我国宪法，然而现实生活中用各种方式损害和侵犯企业产权事例仍时有发生，需要加大保护企业产权的政策力度，对"违背案例要查处纠正"，切实提振民营企业信心和更好发挥企业家才能。

要优化城市化特别是大城市发展思路，深化改革户口管制体制和政策，更好地释放城市化发展动力与践行共享包容发展理念；进一步减少和破除投资行政管制与行业准入管制，构建以总量和价格为基本政策工具的适应开放型市场经济环境的宏观管理体制架构；要抓紧实施农业和粮食流通领域的结构性改革，有效治理过渡政策干预造成产量、进口量、库存量"三量齐增"和第四次粮食相对过剩困难，更好统筹实现粮食安全、效率与稳定目标。

如能深入领会中央供给侧结构性改革的精神实质，进一步聚焦并加快推进关键领域体制改革与机制创新，而不是止步与采用需求侧或供给侧调控措施应对形势变化与困难，中国经济就一定能走出L形走势迎来新一轮内生强劲增长。

张　鹏　财政部财政科学研究所研究员，经济学博士。中国产业投资联盟秘书长、中国投资战略协会会长。

供给侧结构性改革的落实与行动

张　鹏　言　实

2017年是供给侧结构性改革的深化之年，也是以供给侧结构性改革为主线的经济体制改革之年，供给侧结构性改革不能停留在规划上和策略上，而必须在掌握基本形势和运行规律，坚持稳中求进的方法论和总基调下，有效地抓好落实，"撸起袖子加油干"。落实与行动成为2017年供给侧结构性改革的核心内容。

一、"稳中求进"和"质量效益"是落实与行动的两个基点

落实与行动有三个基本内容：一是策略，即规划与蓝图，这个理论和政策准备已经基本完成；二是原则，即方向与要求，这个思路和政策研究基础也已基本齐备；三是基点，即体系与抓手，也就是以基点形成整个改革的收敛与发散、稳定与创新、突破口与风险点的基本着力点和运行机制。"稳中求进"既是2017年工作的总基调，也是做好经济工作的方法论，也即在落实供给侧结构性改革中，在稳的前提下要在关键的领域有所进取，在把握好度的前提下奋发有为；而"质量效益"则是经济发展的中心，也是结构改革的基础与前提，也即供给侧结构性改革的主攻方向是提高供给质量，提高供给侧结构对需求结构的适应性，提高微观主体的内生动力和生产效益。这样，"稳中求进"和"质量效益"从方法论和目标性两个方面构成了供给侧结构性改革落实与行动的两个基点。

从"稳中求进"出发,供给侧结构性改革要综合考虑总需求的规模和变动,通过适度扩大总需求,为供给侧改革提供良好的环境;要有序推进技术、产品、形态和商业模式创新,使经济组织和运行机制在平稳有序的情况下,完成升级优化;要集中资源、要素和体制优势在关键的供给节点形成突破,并依靠市场机制形成新的资源要素配置格局和生产组织方式,为质量和效益提升准备条件;要注重度的管理,将稳作为主基调和大局,但又直面运行中的风险和结构上的矛盾,全力推进改革,坚持统筹兼顾,有效实现改革目标;要坚持发展的理念、原则和愿景,深入分析问题,坚持问题导向,以改革作为发展的根本途径,不因循守旧,也不好高骛远,以钉钉子的精神,实现改革与发展的有序协同。

从"质量效益"出发,供给侧结构性改革要充分认识改革最终目的、主攻方向和判断标准。改革的最终目的是满足需求,而需求则呈现出个性化、多样化为主体的特征,因此,供给体系必须着力于提高产品的需求匹配度,生产的需求响应度和市场的需求满足度,强调产品服务的差异化、生产组织的灵活性和市场配置的智能性;改革的主攻方向是提高供给质量,在强调供求平衡、市场出清的同时,通过质量第一的要求,为生产的创新发展提供明确的目标,为需求的结构升级提供良好的基础,为市场的差异化配置提供必要的条件;改革的判断标准是效率提高和效益提升,也即供给体系的完善、市场环境的改善和要素资源配置的优化都要以增加微观主体的内生动力,提高盈利能力,提高劳动生产率,提高全要素生产率,提高潜在增长率作为判断的依据和评价的标准。

基于"稳中求进"与"质量效益"的两个基点,供给侧结构性改革要在盘活存量资源、优化生产组织、降低经济风险、减少运行成本、弥补市场和体制短板等方面实现改革目标的有效贯彻和改革任务的全面落实,"去产能、去库存、去杠杆、降成本、补短板"成为供给侧结构性改革的五条主线,而2017年则是五条主线全面深化并取得实质性进展的关键一年。

二、"去产能"以化解过剩产能、处置"僵尸企业"作为行动支点

"去产能"的核心是盘活存量资源,处置"僵尸企业"是"去产能"的"牛鼻子"。

2017年不仅要巩固已有的改革成果，更重要的是进一步深化改革，啃"硬骨头"。"僵尸企业"的处置核心是实现多兼并重组、少破产清算的目标，在落实与行动上解决好三个问题，即钱从何处来、人往何处去、企业怎么办。

钱从何处来，2017年要做好财税引导、金融支持和企业挖潜三个方面的工作。财税引导要在确定企业主体责任的前提下，中央财政和地方各级财政应根据"去产能"改革的目标，安排相应的资金并承担必要的风险，积极落实中央对"去产能"改革的相关税收优惠政策，以奖励和补助为手段，有效推进"僵尸企业"的处置，盘活资源、提高效率。金融支持要通过支持银行等金融机构组建投资型子公司、落实企业并购性贷款、支持产权有序流转和交易、合理处置"壳资源"等方面增强"僵尸企业"处置的吸引力、能动性和潜在价值空间。企业挖潜要积极落实国家的产业政策和"去产能"改革的要求，通过对市场准入资格、政府经营许可、知识产权资产、渠道结构优势、区位优势资源等有形和无形资产进行挖掘，增强企业价值属性和市场吸引力，降低改革成本和处置风险。

人往何处去，则需要做好社会保障体系、再就业培训体系和创业支持体系的各项工作。要进一步完善社会保障体系，有序提高失业保险和生活救助的保障水平，充分发挥其社会稳定托底作用，确保没有能力再就业人员基本生活。要大力做好转岗就业、再就业培训工作，加大各级政府对再就业培训的补贴支持力度，以结果为导向在基础培训成本分担的基础上，对再就业培训机构进行奖补；在"去产能"支持资金中安排社会和企业实现职工转岗就业的专项奖励，并对容纳转岗就业转多的企业实施一定程度的所得税优惠。要不断完善创业支持体系，扶持创业平台和园区建设，可重点考虑以"双创"平台为载体，深化现有创新创业优惠政策，支持相关平台和园区建立主动服务机制和指标化的竞争性扶持机制，使创新创业活动成为就业的重要形式和经济增长新动能的重要构成。

企业怎么办，应重点处理好兼并重组、资产剥离和破产清算的关系，既避免"僵尸企业"对资源要素的低效占用，又有效降低因生产退出而带来的职工生活影响。兼并重组是处置"僵尸企业"主线，在政府上应做到"三管齐下"：一是对"僵尸企业"本身要下定决心推进以兼并重组为主的改革，统一各方思想和认识，确保如期实现目标成果；二是结合"1+N"的国有企业改革，明确国有资产定价方法和处置方式，确保国有资产安全，实施企业并购；三是对兼并后的企业根据行业情况、转移就业的员工数量、企业增加值和利润水平等安排相应的税收优惠政策、财政补贴政策、金融支持政策和减免社会保险缴费安排等。资产剥离是指将企业的经营性资产和非经营性资产进行有效剥离，根据资产情况进行分置性改革。对于具有良好收益、市场需求稳定、技术水平较高的资产和环节，可以通过股权化改造、引进战略投资者、上市或股转挂牌、混合所有制改革等方式进行改革；对于其他的经营性资产，则通过员工持股改革、混合所有制改革、推动企业兼并重组和支持企业破产清算的方式完成退出；对于企业所拥有的非经营性资产，则可以通过"三供一业"、企业办社会资产移交等方式完成退出，确保企业资产变动不影响员工的合法私人财产和生活稳定。破产清算是"僵尸企业"处置的一个重要选择，但应用时需综合权衡考量，制定科学有效的破产方案，根据社会可承受力有序推进，既释放社会资源和要素，又保持经济社会的平稳发展。各级政府对难以挽救，也无法通过兼并重组的企业要坚决实施破产清算，有效盘活要素和资源，腾出财力和空间支持新兴产业的发展和企业的壮大。

此外，"去产能"仍须继续推动钢铁、煤炭产业化解过剩产能。要防止已经化解的过剩产能死灰复燃，不受市场短期波动的干扰，保持定力，坚持改革方向不动摇。同时，严格执行环保、能耗、质量、安全等相关法律法规和标准，用市场、法治的办法做好其他产能严重过剩行业去产能工作。

三、"去库存"以提高生产能力和产出收益作为落实重点

"去库存"的核心是优化生产组织，调整市场重心。2017年，"去库存"改革应以房地产市场和生产资料市场作为两个关注领域。从房地产市场来看，2017年的"去库存"改革要明确以"住"为方向，大力推进居住性房地产市场和租赁性房地产市场的发展，坚持"房子是用来住的，不是用来炒的"基本原则，综合运用金融、土地、财税、投资、立法等手段，加快研究建立符合国情、适应市场规律的基础性制度和长效机制，既抑制房地产泡沫，又防止出现大起大落。对于居住性房地产市场，要坚持分类调控，因城因地施策，重点解决三四线城市房地产库存过多

问题，要把去库存和促进人口城镇化结合起来，提高三四线城市和特大城市间基础设施的互联互通，提高三四线城市教育、医疗等公共服务水平，增强对农业转移人口的吸引力。对于租赁性房地产市场，要加快住房租赁市场立法，加快机构化、规模化租赁企业发展，并给予财税优惠和金融支持政策。对于投资性房地产市场，则要在宏观上管住货币，严格限制信贷流向投资投机性购房，对房价上涨压力大的城市要合理增加土地供应，提高住宅用地比例，盘活城市闲置和低效用地。以控制需求来抑制房地产投资、投机活动，以调控供给实现房地产市场的良性发展和市场出清。

从生产资料的供给和企业存货来看，2017年PPI指数的高企将导致企业非意愿存货投资的增长。这一投资，短期内将带来经济增长，但中长期内将增加企业运行负担，企业的资金占用增加、存货成本上升、管理费用也有一定程度的增长，削弱企业发展动力，须得到重视和有效化解。因此，我国客观上需要进一步加快商品期货市场的建设，拓展交易产品和品种，辅导生产企业积极利用好套期保值等技术消除价格波动风险，控制实际存货投资的增长。另外，还应大力推进存货和仓单质押融资发展，从法律上提高存货单和仓单的效能，使企业在库存增长的同时，提高资金的流动性，减少资金占用和流动性风险。

四、"去杠杆"重点是着力降低企业杠杆率并控制总杠杆率水平

"去杠杆"改革的核心是降低经济风险，要在控制总杠杆率的前提下，重点做好降低企业资产负债率、规范政府举债行为、科学引导家庭经济活动等举措。2017年，"去杠杆"改革任务艰巨，既要通过改革降低实体经济的流动性压力和经营负担，又要深化改革化解资产泡沫和宏观风险，并为经济转型和消费升级提供有效的支撑。

降低企业资产负债率是"去杠杆"改革的重中之重。应从控债、化债和转债三个方面着手，加强企业自身债务杠杆约束，切实降低债务风险。控债的关键是适当降低企业债务融资的比重，有效实现企业存量资产盘活，严格防范逃废债务风险发生。要大力支持股权融资的发展，推动企业抓住有利时机进入资本市场，通过公开

上市、股转挂牌、产权交易、区域流转等方式，吸引社会资金以股权的方式有效进入；支持产业投资基金、股权投资基金等投资相关行业和重点企业，以创新机制、推进转型；支持商业银行组织专业投资机构或与相关投资基金合作，发展股债结合型金融产品，在增强企业融资能力的同时，有效控制企业杠杆的上升；要推进产融合作，实施资产证券化改革，对企业的存量资产进行有效作价和流转；要加强金融监管，强化主体责任，严格防范企业逃废债务现象的发生。化债的重点是降低企业的债务负担，优化企业的债务结构，有序实施债转股改革。要通过资产处置、债务置换、应收账款资产证券化等有效方式降低企业的债务负担和资金占用；通过与企业生产经营、兼并重组和市场退出等战略相关的安排，将企业债务进行结构性优化，增强企业债务处置的便利性和主动性；通过市场化的债转股改革，在控制风险、保持平衡的基础上，有序推进企业债权转股权的安排，支持资产管理公司、保险资产管理机构、地方国有资产投资和运营公司等参与债转股改革。转债的重点是推进企业兼并重组，改善债务风险状况，通过专业化的政府性基金实现债务风险、成本和期限的转化。要全力落实好《关于支持钢铁煤炭行业化解过剩产能实现脱困发展的意见》，对困难企业进行债务重组，妥善处置企业集团的担保问题；要组建专业化的政府性基金，通过必要的担保、贴息、过桥引导、分级债务管理等方式，提高企业债务的评级水平，降低企业债务的利息负担，实现债务结构的良好转化。

政府债务管理的关键是明确主体、限额管理、成本调节和风险控制，也即确保政府债务的正当性、安全性、透明度和可持续性。2017年，政府债务管理的核心是要做好规范政府举债行为，并为支持企业债务化解、提供市场交易机制等更深一步改革创造条件和做出探索。主要包括：认真落实地方政府债务管理制度，强化地方政府债务限额管理、预算管理；加强对地方落实债务管理制度情况的监督；控制地方其他相关债务过快增长势头，严格依法厘清政府债务和融资平台公司等企业债务边界；健全统计监测体系，将融资平台公司债务、中长期政府支出责任纳入统计监测范围，实施部门联合监管；加大查处违法违规举债融资行为和问责力度；深入推进融资平台公司市场化转型。加强地方债务风险评估和预警。此外，还应根据债务成本调节和风险控制要求，加大发行地方政府债券置换存量债务工作力度；并建立政府债券做市制度和质押机制，促进政府债券的流转和并完善市场交易机制。

引导家庭经济活动既为供给侧结构性改革创造不断拓展和扩张的需求层级和空间，又为在控制总杠杆率的前提下降低企业资产负债率提供支持。家庭经济活动主要由消费和储蓄（投资）两部分构成，其中消费是需求的基础构成，也是供给侧结构性改革的最终目的；而家庭储蓄（投资）则是市场投资资金的主要来源，也是非债务性资本的主要提供主体，家庭储蓄（投资）对市场经济活动更为直接的介入将有效降低企业杠杆水平，并控制总杠杆率的水平。引导家庭经济活动的关键在于落实三个方面的政策：第一，加大对消费结构升级、消费质量提升的支持力度，以引导消费、优化渠道、匹配需求和支持供给为重点，推出新的消费提升计划，并采用政府性基金的运行模式进行投资、补贴、奖励和保障；第二，推进大众创业、万众创新，以家庭投资、众筹、私募股权、股债结合等方式推进"双创"模式的快速发展和壮大，并形成一大批低杠杆、高成长的新动能支撑力量；第三，推进金融体制改革，促进直接融资的发展，增强金融产品的覆盖面和替代性，减少金融环节，引入竞争机制，控制融资成本和风险转嫁空间。当然，在支持金融创新的同时，还须防控金融风险，加快建立监管协调机制，加强宏观审慎监管，强化统筹协调能力，防范和化解系统性风险。

五、"降成本"的落实重点是降低实体经济的运行成本

"降成本"的着力点是降低实体经济的运行成本，提高实际收益水平，拓展市场空间，支撑企业转型发展和创新发展。2017年"降成本"改革既要全面突破，真正实现实体经济运行成本的降低，又要成经济增长、产业升级、创新驱动和风险控制形成联动，打造具有典型意义的"降成本"与"促发展"相协同的中国范本。

减税、降费是降低实体经济运行成本的重要举措。2017年的工作重点是要继续落实并完善营改增试点政策；研究实施促进中小企业发展、科技创新等税收优惠政策；再取消、调整和规范一批行政事业性收费项目；公开中央和各地收费目录清单。

降低融资成本和增强金融便利是提振实体经济活力的重要手段。2017年要继续加大对"双创"、科技、战略性新兴产业等重点领域以及保障性安居工程、健康养老、小微企业、就业、少数民族等领域的金融支持力度；深入推进利率市场化改

革，支持金融机构、金融服务和金融产品间的有效竞争，降低金融收费和融资成本；进一步完善人民币汇率市场化形成机制，积极引导和稳定市场预期，保持人民币汇率在合理均衡水平上的基本稳定。

降低各类交易成本特别是制度性交易成本是激发市场活动的关键措施。2017年，我国应进一步落实"放管服"改革的要求，对准入型审批、事中事后型审批和资格资质的强制认证的取消和放权要切实落实到位；大幅度减少审批环节，降低各类中介评估费用，严厉打击"红顶中介"和"设租寻租"行为；根据改革要求，完成"权力清单"和"责任清单"的制度，并向属地范围的企业和居民公开。

降低企业用能成本，提升技术水平，支持节约成本和节约能源的同步实现。2017年要进一步推进电力体制改革，完善直购电交易机制，推进电力交易市场的建设和发展，支持电力现货合约等新型交易产品的落地，支持价格体制改革，鼓励竞争；要进一步理顺新能源电力和输配电政策，优化补贴结构，转变补贴方式，可考虑以用户侧的新能源电力消费作为补贴对象；推进油气体制改革，在保持现行油气补贴的同时，支持油气生产和运输的混合所有制改革，支持用户端（门站）的市场准入和竞争。

降低物流成本，实现信息化改造，在提升效率的同时，实现企业潜在市场范围的有效扩张。2017年要大力清理物流管理费用，进一步取消和调整交通运输行政审批事项，加强事中事后监管；简化道路运输经营许可证年审手续，优化道路运输从业资格考核制度；要畅通各种交通方式间的衔接，实现多式联运，探索建立新型的配送服务体系；要整合信息技术资源，构建多层次物流服务平台，引导传统流通企业加快信息化改造，开展智慧物流示范，启动智慧物流配送体系建设。

有效引导劳动要素成本增速的相对回落。2017年以收入规模、社保成本和劳动生产率为重点，实现劳动要素成本增速的相对回落。要根据经济运行情况，优化政策控制指标，考虑到加速折旧因素对国内生产总值（GDP）构成的影响，将劳动报酬增速与国内生产净值（NDP）增速进行对标，形成对劳动报酬增长的指标引导；要坚持精算平衡和优化结构的原则，在综合考虑财政可承受能力和体系持续运行的前提下，对社会保障体系的企业缴费标准进行阶段性下调，以降低企业的用工负担；要通过提高劳动者生产技术、装备水平和工序协同为重点，深入推进营改增改革、投资抵税安排和科技金融手段,提升劳动生产率水平。此外,还应推进劳动要素市场改革,破除不必要的资格资质限制,逐步消除户籍对就业的影响,打破就业市场的地域限制,有序提高劳动力市场灵活性。

六、"补短板"改革的重心是弥补市场和体制短板

2017年,要从严重制约经济社会发展的重要领域和关键环节、从人民群众迫切需要解决的突出问题着手,既补硬短板也补软短板,既补发展短板也补制度短板。要更有力、更扎实推进脱贫攻坚各项工作,集中力量攻克薄弱环节,把功夫用到帮助贫困群众解决实际问题上,推动精准扶贫、精准脱贫各项政策措施落地生根。

硬短板指的是生产能力和技术手段的不足。要全面落实"中国制造2025"和"创新驱动发展战略"的相关要求,扎实推进技术创新和基础产业,并推动"科技创新2030——重大项目"启动实施。软短板是指发展环境和产权保护的不足。要加强产权保护制度建设,抓紧编纂民法典,加强对各种所有制组织和自然人财产权的保护,保护企业家精神,支持企业家专心创新创业。发展短板是指产业体系和生产效率的不足。要以减少无效供给、扩大有效供给为基本要求,深入研究市场变化,理解现实需求和潜在需求,提高供给结构对需求结构的适应性;要更加重视优化产业组织,提高大企业素质,在市场准入、要素配置等方面创造条件,使中小微企业更好参与市场公平竞争。制度短板是指制度供给不足或市场在资源配置中的决定性作用发挥不足。要全面贯彻中办、国办印发的《关于创新政府配置资源方式的指导意见》,对于适宜由市场化配置的公共资源,要充分发挥市场机制作用,切实遵循价值规律,建立市场竞争优胜劣汰机制,实现资源配置效益最大化和效率最优化;对于不完全适宜由市场化配置的公共资源,要引入竞争规则,充分体现政府配置资源的引导作用,实现政府与市场作用有效结合;对于需要通过行政方式配置的公共资源,要遵循规律,注重运用市场机制,实现更有效率的公平性和均等化;应着力建设法治化的市场营商环境,加强引进外资工作,更好发挥外资企业对促进实体经济发展的重要作用。

2017年是供给侧结构性改革的深化之年。供给侧结构性改革的深化与落实要

坚持党的基本路线，充分调动各方面干事创业的积极性，形成推动科学发展的合力；要坚持稳中求进工作总基调，努力提高经济运行质量和效益，推动经济结构调整取得有效进展。2017年，我们将通过落实与行动形成供给侧结构性改革的关键成果，迎接党的十九大胜利召开。

范　周　中国传媒大学文化发展研究院院长，教授，博士生导师。文化部文化产业专家委员会主任。著有《中国文化产业新思考》、《中国文化产业新思考二》、《新型城镇化与文化发展研究报告》（主编）、《中国文化产业年鉴》（主编）、《文化创意产业前沿》（主编）、《中国城市居民文化消费调查蓝皮书》（主编）等。

文化领域供给侧改革须坚持"双效"统一

范　周

文化产品作为一种特殊的商品，具有经济效益和社会效益双重属性。在市场经济条件下，经济效益是其基础，社会效益是其灵魂。经济效益和社会效益"双效统一"既是文化领域供给侧结构性改革的准绳，又是优秀文艺作品创作和文化企业经营必须遵循的内在规律；既是保证文化领域健康、有序发展的基石，又是激发文化市场活力、繁荣文化生态的前提。

主要问题及其成因

当前文化领域有不少行业呈现"过剩"与"短缺"并存的矛盾现象。"过剩"指的是文化产品产量过多，没有被市场完全消费；"短缺"指的是精品力作产出过少，不能满足市场需求。比如，从供给内容看，对社会效益重视不够。一段时期以来，文化产品生产中出现了电影唯票房、电视剧唯收视率、出版物唯码洋的导向，更有甚者将一些不健康、不文明或有悖于社会主义道德价值的内容推向社会。从供给主体看，多元化供给力量还未形成。目前国有文化企业和文化事业单位受制于体制机制等因素，生产潜力尚未充分释放；民营文化企业以追求经济利益为方向，对

"双效统一"重视不足；文化类社会组织、群众文艺团体实力有限，创新创造潜力有待进一步激发。从供给能级看，文化精品国际竞争力不够强。与美国、日本等文化强国相比，我国当前具有世界级影响力的文艺精品太少，文化产品在全球文化贸易份额中占比不到4%。这与我国经济总量和文化资源丰富度是不相称的，也难以有效传播和弘扬中国理念与中国价值。

出现以上问题，主要有三方面原因：其一是文化治理能力不够强。当前我国文化发展环境已经发生巨大变化，表现为：文化消费升级，人们期待更加个性化和品质化的文化产品；科技改变生活，越来越多的国人通过互联网和移动终端进行文化消费；人们参与文化生产的意愿和积极性正在增强。这些要求文化治理注重引导沟通、"以法治文"，注重以数字化和互联网思维来审视和推进文化生产。但当前文化治理方式还侧重于单一的行政管理，明显滞后于文化精品生产的客观需求。其二是文化发展模式不够优化。过去一段时间，我国文化产业获得了爆发式增长，但整体还处于粗放状态，文化全要素生产率并不高。其三是文化发展生态不够完善。文化精品生产的扶持机制、考核评估机制、评奖激励机制、宣传推广机制、人才培养机制、政府购买服务机制等尚未健全，还没有形成文化精品生产的责任共同体和文化发展生态体系。

文化领域与经济领域供给侧结构性改革的区别

文化与经济密不可分。而文化作为一种柔性资源注入经济领域，不仅可以实现自身的结构升级，而且可以创造新的生产力，驱动经济发展的整体跃升，助力经济领域推进供给侧结构性改革。但是，文化领域与经济领域供给侧结构性改革又有着显著区别。具体来说：

首先，文化领域供给侧结构性改革坚持社会价值功能与文化经济功能并进，且以社会效益的实现为基本前提。文化产品除了具有商品经济属性，还兼具意识形态属性和公共产品属性，在社会发展中发挥着道德价值规范的特殊性。所以，文化领域供给侧结构性改革必须坚持把社会价值功能放在文化发展原则的首位，将社会效益摆在更加突出的位置。

其次，文化领域供给侧结构性改革坚持尊重需求与引导需求并行，且以文化价值的实现为基本要求。在文化领域，生产与需求之间的关系协调首先应当考虑文化价值的特殊性及对群众文化需求的引导。这种特殊性要求文化产品供给不能单纯以供求关系为尺度去衡量，而应以社会主义核心价值观为引领，为全体人民提供昂扬向上、多姿多彩、怡养情怀的精神食粮。

最后，文化领域供给侧结构性改革坚持文化保护与有序开发并重，且以实现民族优秀文化传承光大为前置条件。文化的发展一直面临存量资源保护与阶段性开发的问题。以文物为例，当前一些地方的文物保护与经济开发存在巨大矛盾，没有处理好保护措施、监管手段和经济创收之间的关系。以牺牲文物换取经济利益无疑是"杀鸡取卵"，坚持文化传承和保护优先应是文化开发的基本前提，也是不容妥协的前置条件。

改革的基本原则："双效"统一

文化领域供给侧结构性改革应立足于"从实际出发"，既要充分考虑文化产业的"文化属性"和"社会效益"，又要特别重视文化产业发展的"商品属性"和"经济效益"；既要体察我国供给侧结构性改革的整体实践，又要注重从经济领域产业结构调整过程中汲取经验和教训。

一是要把握文化发展趋势，通过长期持久的供给侧结构性改革营造稳定的文化经济环境。近几年，文化产业的增速从高位逐渐下降，开始进入"常态化"的"换挡期"。在此背景下，文化发展也应当逐步转换动力机制，政府需做好顶层设计工作，进一步转变职能，简政放权，引导文化产业朝着创新驱动、深度融合、提质增效、转型升级的方向发展。

二是要加强政策引导，督促政策落实。近年来，中央出台了很多推动文化产业发展的政策，为文化产业进一步发展提供了有力的政策保障。要注意避免由于细则不明确、落实不到位而导致扶持性政策流于形式，更要防止不良企业利用政策利好扭曲政府意图，妨害文化产业健康发展。

三是要适度干预、防范风险，坚持底线原则、引导价值取向。文化产品和文化服务的生产，应以社会主义核心价值观为导向，鼓励运用丰富多样的文化创意形式传播主流价值和正能量，提供优质文化供给。同时，应坚守底线原则，对涉嫌违法乱纪、突破文化道德底线的，必须予以及时制止。对收视造假、票房黑幕、明星超高片酬等导致行业畸形发展的乱象，应予以适时纠正。另外，建议政府放宽社会资本进入文化领域的门槛，鼓励文化产业创新发展，但对可能存在违规操作或引发金融风险的行为，应采取必要的监管手段进行法律规范和预警防范。

四是要实现基础保障，提供优质基本公共文化服务。保障公民依法享有基本公共文化服务权益，是文化强国建设的重要内容之一，《公共文化服务保障法》对此有明确规定。我们应以贯彻落实《公共文化服务保障法》为契机，建立健全公共文化服务保障机制，鼓励并支持社会力量参与公共文化服务建设；同时，对于必要但难以营利的公共文化服务建设，政府应托底承担相关职责。

王亦楠　国务院发展研究中心资源与环境政策研究所研究员，科技哲学博士。研究领域：节能、新能源及可再生能源，电动汽车与清洁交通，城市垃圾处理，能源管理体，化学品管理等。著有《知识经济：21世纪的信息本质》、《中国能源与可持续发展》《中国国家安全研究报告2014》等。

推进"能源革命"需要深化供给侧结构性改革

王亦楠

能源发展事关一个国家的政治、经济、环境、国防等各个方面，是建设生态文明、实现创新驱动和"两个一百年"战略目标的重要保障。习近平总书记提出"能源革命"时特别强调，"必须从国家发展和安全的战略高度，审时度势，借势而为，找到顺应能源大势之道"。

推进"能源革命"不可能一蹴而就，在此过程中需时时把握好一个关键问题：我们必须走在正确的、"顺应能源大势"的轨道上——既要符合科学规律、又要适合我国国情，绝不能犯重大方向性的错误、让"劣币驱良币"。

在我国的能源产业发展过程中，如何确立更加适合我国国情的能源结构？如何提升我国能源的自主保障能力？如何建立更加科学有效的能源产业政策？这些关于能源产业的方向性问题，都需要认真研究探索。

当前能源行业值得注意的几种现象

1. 雾霾污染肆虐情况下，清洁电力每年浪费1300亿度，相当于1.6个三峡工程被闲置。

近30年我国经济发展高度依赖煤炭为主导的能源结构是当前严重雾霾的重要原因。我国人口不到全球20%，国土面积仅占世界7%，但每年煤炭消耗量早在2011年就已高达全球一半，且又主要集中在我国东中部地区，导致污染物浓度大大超过了大气环境的承载力极限。调整能源结构，用清洁能源代替燃煤是根治雾霾的必然选择，也是发达国家几十年前治理空气污染的共同经验。

然而，在近年我国社会新增用电需求已完全可用新增的可再生能源来满足的情况下，清洁电力的浪费（弃水、弃风、弃光）却越来越严重。2016年仅川滇两省已投运水电站的弃水电量就高达800亿度，三北地区弃风弃光电量500多亿度。我国每年白白扔掉的清洁电力已至少在1300亿度水平。

1300亿度电／年是什么概念？比北京、天津、江西等14省份的各自年用电量还多，相当于1.6个三峡工程完全被闲置，相当于湘鄂赣等内陆地区根本不必冒长江核泄漏之巨大风险、建设18个百万千瓦级核电站（每年产生约500吨核废料），相当于燃煤电厂每年可减少约6000万吨煤炭的消耗、减排1.1亿吨CO_2和180万吨SO_2。

而更糟糕的是，目前的惊人浪费还远未"见顶"。随着在建水电站的投运，"十三五"期间仅川滇两省的弃水电量就将从目前每年800亿度飙升至1000亿度以上。

2. 在国家严控产能过剩情况下，已严重过剩的煤电装机却仍在扩容。

近年电力总体供大于求，燃煤电厂2016年设备平均利用小时已降至4165小时，为1964年以来最低水平。但因火电项目核准权下放，全国煤电建设不仅没有放缓，反而出现了前所未有的高潮。2015年全国各地上马的火电项目120个、新增装机7000万千瓦，规模为"十二五"之最。四川省甚至在火电严重亏损、近2000万千瓦水电无处消纳的情况下，还核准了2台百万千瓦的煤电机组上马。尽管2016年国家能源局为遏制煤电无序扩张下发了一系列文件，但并未彻底扭转局势，当年仍新增装机约5000万千瓦，"抢建煤电"大潮下甚至发生了江西丰城电厂"11·24"特别重大安全事故。"十三五"电力规划确定2020年我国煤电装机"力争控制在11亿千瓦以下"，但目前投运和在建的装机规模就已高达12亿千瓦。

煤电逆势扩张与中央"去产能、去库存"方针背道而驰，且孕育着巨大金融风险。

目前五大发电集团的资产负债率均超过80%，远高于国资委为央企设定的70%警戒线。

3. 在送电通道具备情况下，受端省宁用当地煤电也不要川滇便宜清洁的水电。

火电大扩容的直接后果是严重挤占了可再生能源的市场空间，该建的跨省送电通道被搁浅、该输出的电力输不出去，省际壁垒和地方保护已成清洁能源发展的严重羁绊。比如，2013年建成的四川德阳至陕西宝鸡的德宝直流输电线路，尽管四川水电比火电便宜0.10元/度，但陕西因当地火电装机大量过剩而不愿接受，致使德宝直流在2016年丰水期几乎处于闲置状态。

另外，雅砻江是我国第三大水电基地，早已纳入国家规划的"雅中特高压直流工程"本为雅砻江中游水电外送江西而设计、原计划2018~2019年建成投产，但因江西要上马600万千瓦的煤电，使得这条已具备开工条件的输电工程被搁浅，原本明确的落地点不再明确。若此关键问题继续模糊下去，该输电通道就无法开工建设，更不可能在2020年前"建成投产"，届时雅砻江中游在建、拟建的750万千瓦水电（已列入"十三五"电力规划），每年将至少白白流失300亿度以上的清洁电力。

4. 在"风光"财政补贴负担越来越大的情况下，不需补贴的水电却无法优先消纳。

虽然《可再生能源法》明确规定水电是可再生能源，但十几年来水电一直未能享受风电、太阳能等非水可再生能源的主要激励政策。

水电当前上网电价一般比火电低0.10元/度、比风电低0.30元/度、比光伏低0.60元/度，且电能质量好，可谓"物美价廉"。而现行政策在大大推动风电光伏发展的同时，也导致我国财政补贴资金缺口越来越大，抬高了全社会用电成本。尽管可再生能源电价附加征收标准一再提高，但2015年前补贴资金缺口已高达400亿元，2020年还将扩大到750亿元。如何拓展可再生能源补贴的资金规模已是当务之急，而依靠国家补贴、不能"断奶"也成为风电、光伏备受诟病的重要原因之一。

此外，全国"一刀切"的非水可再生能源激励政策已造成某些地区投资失序。比如，近8年来云南风电、光伏装机规模迅速扩大（年均增幅78.8%），其全额保障性收购政策让本已非常严重的云南弃水雪上加霜，不利于发挥"优胜劣汰"的市场机制。

深化能源产业供给侧结构性改革，明确能源结构的整体战略

"十三五"是我国全面建设小康社会的决胜期、深化改革的攻坚期，必须清醒地认识到，当前的电力过剩还属于低层次的供应饱和。2015年我国人均用电量刚刚超过4000千瓦时，比用电水平最低的发达国家（人均6000~8500千瓦时）还低很多。要实现工业化目标，我国电力需求必然还要经历一个显著增长过程，而当前经济增速放缓、电力供需宽松，正是能源产业"调结构、转方式"的大好机会。

目前可再生能源在我国一次能源结构中合计占比仅10%，远低于欧美国家。如此低比重下还存在惊人浪费，并不是可再生能源搞多了、超前了，而是体制机制和技术路线出了问题。能源不同于其他产业，改革过程中"国家整体利益一盘棋"战略一定不能缺位。

"立足国家整体利益和长远利益进行部署，防止局部利益互相掣肘和抵消"已是推进"能源革命"、深化能源产业"供给侧结构性改革"的当务之急。亟须从以下四方面凝聚共识，并建立强有力的执行机制。

1. 科学确定可再生能源的开发顺序：优先开发水电是"风光"大规模发展的重要基础。

以G7为代表的发达国家均已确立"2050年电力全部可再生能源化"的战略目标和实施路线图。借鉴世界先进经验，不能忽略一个最重要的事实：发达国家大力发展风电太阳能是建立在"优先和充分开发水能"基础上。

发达国家早在20世纪六七十年代即已完成水电大规模开发，几个核电大国也是因当时风能太阳能还过于昂贵才选择发展核电。然而五十年实践证明核电"请神容易送神难"：即使不出任何核事故，核废料处理、核电站退役也是世界性难题和"天价包袱"。因此，尽管水电核电在发达国家的能源占比都是"走低"趋势，但却有本质不同：水电是因为资源已基本开发完毕，核电则因为"不清洁且安全性经济性已丧失优势"。若我们不能全面认识发达国家当前能源大转型的深刻背景和基础，"能源革命"的技术路线选择过于超前（跳过"优先和充分开发水电"阶段）或过于滞后（努力去追赶发达国家即将抛弃的能源道路），就会犯"舍易求难、舍安求险、舍廉求贵"的重大战略错误。

为何"优先和充分开发水能"如此重要？一是风电太阳能和水能是"绝好搭档"。前者的"间歇性"缺陷可通过水能弥补，变成稳定的优质能源。风电太阳能高速增长已导致我国电力系统当前电网调峰能力严重不足，而欧美国家充分开发的水能恰好成了风能太阳能大发展的"超级蓄电池"。二是水电水利是密不可分的整体。水电不仅仅是"物美价廉"的能源，更是人类解决水资源短缺、抵御洪旱灾害无法替代的工程手段。水电开发程度也并不存在什么"国际警戒线"，发达国家的水电开发程度和人均库容水平远远高于我国。

近十几年来，水电在我国一直在艰难中前行。"十二五"规划确定"常规水电开工 1.2 亿千瓦"，实际完成率不到一半，水电年均增速远低于风电、太阳能、核电和人均装机；甚至在当前煤电产能已严重过剩情况下，"十三五"规划的常规水电年均增速仍只是煤电的 2/3，且在所有电源中增速最低。

截至 2016 年底，我国风电光伏累计装机已近 2 亿千瓦，到 2020 年还要继续增至 3.2 亿千瓦以上（占全部电力装机的 16%）。无论从"风电光伏大规模发展后的电力调峰需求、解决我国淡水资源严重短缺、治理洪旱灾害频发"哪个角度来说，大力发展、优先发展水电都是无法替代和不能耽搁的选择（尤需加快建设一批龙头水库和抽水蓄能电站），不能再让"水电妖魔化舆论"阻碍我国"能源革命"进程和经济社会的可持续发展。

需要强调的是：我国水能资源世界第一，目前开发程度仅为 39%，要达到发达国家平均 80% 的水平，还有 3 亿千瓦潜力（至少相当于 200 座核电站的发电贡献）。待开发水电潜力主要集中在西南三省。我国跨境河流的水能开发程度仅为 8%，与发达国家差距更为悬殊（多瑙河、哥伦比亚河等开发度均超过 60%）。

2.尽快建立可再生能源全国消纳机制："简政放权"须确保国家战略的有力实施。

2016 年 7 月国际政府间气候变化专门委员会特约科学家伍德罗·克拉克总结欧美国家能源转型经验时特别强调："无形之手"托不起绿色经济，能源产业的真正成本（如化石燃料的外部性成本）并不能在市场上得到体现，"对国家整体最优的能源方案"不会依靠市场自然而然的发生。所以，经济高度市场化的欧美国家无一不高度重视政府在能源转型中的重要作用。比如，最具代表性的德国电力市场 2.0 改革，其核心目标并非"市场化本身"，而是实现德国政府的能源战略——持续提高可再生能源占比、基本淘汰化石能源。明确的战略目标下，需政策"有形之手"和市场"无形之手"协同作用、缺一不可。

我国资源分布同生产力发展格局严重不相匹配，尤需在国家层面上实现资源优化配置（西电东送、西气东输、南水北调等），宏观调控绝不是可有可无、可多可少的。

要打破省际壁垒、让各级政府"勇担责任"、增强大局意识，中央政府的权威和作用绝不能缺位。应借鉴解决黄河用水矛盾、三峡水电分配等重大事项的成功经验，尽快实现可再生能源在全国范围内的优化配置，避免"有电没有路、有路没人要"。为此建议：一是尽快将水电纳入《可再生能源配额考核办法》。只有改变考核"指挥棒"才能使地方政府、国家电网和地方电网在解决严重弃水问题上形成共同责任和动力。二是尽快建立国家层面的可再生能源统筹管理机构。负责全国范围内可再生电源、电网建设和市场消纳的统筹规划和实施，立足我国能源安全和电力结构调整大局，制定各类电源的中长期发展规划。

当前数量惊人的弃水亟须国家层面调控、打破省际壁垒，坚持"西电东送"战略。"十三五"规划已明确的川滇水电外送通道要尽快建设、未明确的须尽快明确，确保与水电流域开发相配套的输变电工程做到"同步规划、同步建设、同步投运"。

3. 高度重视西南水电开发对"精准扶贫"的意义：实现可持续发展的重要抓手。

我们不仅要考虑7000万贫困人口"2020年如期脱贫"，更要考虑"之后他们能持续走在生产致富道路上"。因此让"精准扶贫"帮助贫困地区实现"自我造血"而不是长期依靠"国家输血"，对减轻国家财政负担和维护地方长治久安都非常重要。

水电开发是联合国千年扶贫计划的重要组成。国内外诸多水电开发实践证明，以水电为龙头、实现水资源综合利用是"金山银山和绿水青山兼得"的重要手段。一个最具代表性的例子是20世纪30年代田纳西流域的水电大开发（同时实现防洪、航运、水质控制、土地和森林合理利用等多重社会效益），不仅彻底改变了美国最贫穷落后地区的面貌，摆脱了森林大量砍伐和水土严重流失导致洪旱灾害频发的生态环境，且对整个美国走出最严重的经济大萧条并保持四十多年高速增长发挥了至关重要的作用。

与"田纳西奇迹"成鲜明对比的是，我国怒江地区42万居民至今处于非常恶劣的生存环境中。水电"零开发"换来的并不是"绿水青山",反而是能源短缺和贫困造成生态环境日益恶化:乱砍滥伐导致森林植被严重破坏、水土流失严重。要真正保护怒江生态环境,彻底解决当地贫困问题是当务之急、根本之道。

四川、云南、青海、西藏等集中连片贫困区最多的省份,恰恰是水能资源尚未充分开发的"富矿"所在。以水电开发为龙头,带动当地交通、航运、农业、旅游产业同步发展,将是实现"精准扶贫"最有力的工程抓手。

目前西部地区已完成勘测、规划和设计的水电站总装机约1亿多千瓦,均可在三年内开工建设,工程直接投资约2万亿元,可拉动投资4万亿元以上,这对西部脱贫乃至我国整个经济实现"创新驱动"都意义重大:一是给当地创造约500亿元/年的税收,极大改善西部地区基础设施条件;二是可提供500多万人就业机会,消化产能严重过剩的钢材水泥等;三是可增加1000多亿立方米水库库容,显著提高我国防洪抗旱、保障用水和粮食安全的能力;四是可借鉴"澜湄合作"成功经验,让西部地区成为"一带一路"战略的重要支撑。大型水电站工程建设需10年左右时间,建议中央及早谋划布局,选择一批体现国家战略意图的重大工程项目攻关。

4. 尽早谋划火电和煤炭行业的转型出路:结构性改革不能因为有阵痛就止步。

我国目前仅投运和在建的煤电已高达12亿千瓦,有研究表明,即使从现在开始煤电零增长,也不会影响中国2030年经济强劲增长情景下的电力需求(人均用电7000千瓦时)。无论从控制雾霾污染、减少投资浪费哪方面来说,都必须严格控制"十三五"期间再新增煤电项目,否则2020年能源"结构性失衡"将更严重。

严控新增煤电项目的同时,须尽早谋划火电和煤炭行业的创新发展出路。比如,推动可再生能源和火电企业整合、避免在局部地区恶性竞争,鼓励燃煤电厂进行生物质能改造、实现"绿色转型",将宝贵的煤炭资源重点转向化工原材料领域等,这在国际上都已有很好的经验。

值得注意的是,因为"煤电厂已知的环境污染物至少几十种、不可能完全治理,最高效的煤电技术对CO_2减排贡献也是杯水车薪",欧美国家正在取消对煤电的政府补贴。我国当前正将大量财政补贴给煤电行业,在脱硫脱硝改造已享受"环保电价"后,还要斥资上千亿推广"超低排放"。且不说煤电厂"骗补"事情时有发生,即使真按要求做了,也只是"个别污染物指标"达标,不能因此就将煤电视为"清洁能源"。我们没必要重走发达国家在煤电污染治理上"事倍功半"的弯路。既然有从根本上治理雾霾等环境污染且成本更低的能源解决方案，不能舍本求末、让"劣币驱良币"。

彭劲松 中共中央党校研究室研究员，哲学博士。主要研究方向为利益关系、自我意识、政治文明等。合著有《政治文明与社会进步》、《创新论》等。

处理好深化供给侧结构性改革中的利益矛盾

彭劲松

利益结构是社会结构的重要基础，优化利益结构、促使利益结构合理化、规范化是全面深化改革的重要任务。我国经济运行面临的突出矛盾和问题，虽然有周期性、总量性因素，但根源是重大结构性失衡，导致经济循环不畅，从供给侧结构性改革上想办法，努力实现供求关系新的动态均衡，才能从根本上减少乃至消除经济社会发展中的梗阻环节。供给侧结构性改革的很多措施都着眼于问题，例如：化解过剩产能，推进国企改革，防止金融风险，补强民生短板，等等。这些改革举措势必涉及利益关系的调整和再调整。在此过程中，不同利益主体的利益差别有所凸显，围绕利益得失涨落而产生的矛盾有所增加，成为利益结构调整完善中不能不审慎稳妥处理的重要问题。

值得关注的一些利益矛盾

习近平总书记指出，推进供给侧结构性改革是一场硬仗，要把握好"加法"和"减法"、当前和长远、力度和节奏、主要矛盾和次要矛盾、政府和市场等关系。在主动改善供给侧质量和效率的过程中，政策决策及政策执行的时间点和着力点如果把握不精准，一些矛盾会有所呈现，如新兴产业行业与传统产业行业、不同经济成分、不同地区、既得利益与社会利益、经济下行伴生的相关群体冲突等利益矛盾。

新兴产业行业代表的是绿色、高效、低耗、技术含量高，对它们的支持必然要置换淘汰传统高污染、高成本、低技术的落后产能，特别是那些依然在产的现实落后产能，在资源占有使用、就业、市场份额等方面的要求都不同。同时实体经济与虚拟经济在新形势下的复合消涨，带来的利益群体差异、利益冲突是显而易见的。如何既坚持结构调整导向，又充分考虑社会承受力，是我们应该学会驾驭的辩证法。

社会主义市场经济条件下，允许不同利益主体之间的良性竞争，在坚持公有制主体地位同时允许发展非公有制经济。从生产资料所有制形式来看，公有制经济和非公有制经济在现实中毕竟是不同性质、不同运作方式、不同内容、不同利益主体的经济成分，在社会主义市场经济整体利益结构之下，二者在利益要求指向、利益主体基础、利益实现方式等方面有着一定的差异，特别是在国有与民间资本存在竞争而政策界限又不十分清晰时，这种矛盾会凸显出来。

在区域协调发展战略下，国家制定实施了很多区域发展规划，各个区域都在争取有利于自身发展的政策，成为各种各样的试验区，从而取得先行发展、特殊发展的优势。不同区域之间为了实现自身利益，在外资项目、中央政府投资项目上会发生一定程度的竞争，在发展思路上趋同，在招商引资上互相争夺，在战略实施过程中如果不能及时有效协调，可能加大区域之间的发展差距，从而难以达到区域政策设计的本来目标。在城镇化深化发展过程中，农业供给侧结构性改革不断推进，城乡之间的矛盾也会以各种形式表现出来。

在与社会转型相伴随的社会结构演化过程中，出现了少数特殊获益者群体，他们当中有一些是社会精英，具有较高的教育素质，或者在某一方面有专业特长。但也有一些是靠权钱交易，钻体制和政策的漏洞，成为了暴富者。随着收入、财产不断积聚，在经济社会生活领域拥有明显的强势地位，甚至为了自身利益而不惜盲目设租发声，引发普通利益群体的不满。在经济下行条件下，社会成员信心受到一定影响，一些往往由偶然因素引起的无直接利益冲突事件不时出现，看似无厘头的事件，背后隐藏着的是深层次社会问题。

金融创新在应对传统风险的同时，由于创新产品技术结构的复杂性，产生了新的难控或不可控风险。特别是随着互联网金融的日益壮大，网络安全技术依然存在漏洞，互联网金融企业倒闭、跑路现象偶有出现，有的因经营不善而破产关门，有的因风控不到位致资金链断裂，有的涉非法集资、非法吸储等违法经营被查处，带来的社会连锁效果虽然是局部的但不可忽视。

随着环境越来越成为人民群众关注的正当权益，一些地方由于环境保护力度不够，导致当地群众的身体和生命健康面临较大威胁，也容易引起一些人的不满。

利益矛盾表明供给侧结构有待优化

供给侧结构性改革深化过程中突出的利益矛盾，深层次上讲是社会主义市场经济条件下供给与需求这对矛盾在局部出现失衡的表征，反映出人民群众需求有所拓展提升，而社会总供给结构和微观供给结构在局部一时又难以完全适应这种提升。

社会主义市场经济的推行，承认了市场规律、价值规律、供求规律、竞争规律等的正当作用，承认了社会主体的正当利益需求，尤其让市场在资源配置中起决定性作用会更深刻地影响社会基础利益结构。市场经济利益规则的作用，打破了以计划调控为主要特征的固定利益结构，将市场的作用引入社会利益的生产和调节，使得利益的分配、商品的供求更具有自主特征。这种利益结构促发了人的积极性，畅通了社会资源的使用渠道，成为社会总体利益不断增长的强大引擎。这种利益结构调整完善所带来的红利，在改革发展的实践中得到了证实。

有其得亦有其失。利益结构的重新构造，既完善了社会动力结构，也带来了利益观念、利益行为、利益格局的复杂化、差异化，使得社会资源的生产供应从自主走向自觉增加了更多的不确定性。物质利益至上、个人利益至上的社会观念产生一定影响，社会核心价值、传统价值被侵蚀，物质利益、金钱利益压倒一切的思想成为极少数人的心魔。在这种意识观念推动下，各种无效供给、低效供给、重复供给无形中出现，进而导致不良竞争。与此同时，社会调控存在缺失环节、不畅环节、滞后环节，社会利益差距公开化并不断扩大，造成了利益结构在一定程度上的不平衡。甚至有极少数地方的行业企业在国家加大经济结构调整力度之际，公开或暗地置社会利益、市场规则于不顾，有时候人为制造控制供应紧张、恶性涨价，有的"僵尸企业"则在地方利益驱使保护下长期僵而不死甚至借尸还魂、死而复生。这种做法在某种程度上造成了一些低效行业挤占社会资源扰乱市场秩序，而使新兴产业难以得到正常生长，从长期看对于结构调整显然是不利的。

在改革发展过程中，人民群众生活水平不断提高，精神需求、文化需求、社会需求、政治需求等也更加突出起来。充分及时把握适应人民群众需求上的这种微妙变化，创造条件更好满足人们对于精神文化事业的需求，对于就业、教育、医疗卫生、住房、社会保障等民生方面的需求，对于安全、自我实现等方面的需求，才能不断全面提高生产生活质量，如期全面建成小康社会。如果对人民群众的切身利益视而不见，在矛盾面前不敢不会担当，则会使矛盾促发的薄弱环节成为现实的短板，难以实现改革发展稳定的统筹协同。

增强风险意识，确保稳中求进

矛盾伴生风险，放任矛盾加剧风险。针对改革发展中的潜在风险点，要结合供给侧结构性改革的内在要求，完善社会利益矛盾综合调处机制，把预防和处理措施做到位，完善和落实各项政策，确保稳中求进、进中有稳。

坚持全面与重点相结合的原则，运用多种手段、多种力量，对利益矛盾全程进行日常监测应对，建立立体全方位的综合调处机制。正确对待人民群众的每一个具体利益要求，分析供求的动态变化，解决每一个点上的问题，根据矛盾的特定表现形式、表现类型、表现特点、表现重点等提出合适的处理思路。措施一定要有针对性，着力解决矛盾反映出来的实质问题。根据群众的需求和工作的要求，选取一些关键节点、关键部位进行重点监测，比较各项措施在不同点上的实施效果，根据情况加以完善。对同一类型的矛盾，对同一范围的矛盾，把握其发生和处理的特点，寻找内在的规律性，争取以最小成本统筹解决。时刻注意将点上的特殊经验上升为普遍认识，形成可行的原则和规律，用实践中获得的正确认识去带动线和面上的工作，点线面同时发力，从而促进矛盾的根本解决和系统解决。这种点线面始终相结合的集成式处理方法，有助于资源的整体调配利用，有助于切实提高供给质量和效率。

值得指出的是，在深化供给侧结构性改革中正确处理好各种利益矛盾，最根本的是始终坚持党的基本路线，充分调动各方面干事创业的积极性，形成推动科学发展、社会和谐的合力。党的十八届六中全会明确将坚持党的基本路线作为新形势下党内政治生活的重要准则,强调党在社会主义初级阶段的基本路线是党和国家的生命线、人民的幸福线。1992年,邓小平同志在视察南方时的谈话中指出:"要坚持党的十一届三中全会以来的路线、方针、政策,关键是坚持'一个中心、两个基本点'。""基本路线要管一百年,动摇不得。只有坚持这条路线,人民才会相信你,拥护你。""在这短短的十几年内,我们国家发展得这么快,使人民高兴,世界瞩目,这就足以证明三中全会以来路线、方针、政策的正确性"。由此可见,党的基本路线关系人民群众的切身利益,维护党的基本路线是全党全国的长期任务。任何时候,不能因为存在矛盾而否定基本路线。要深入把握基本路线的内在要求,把经济社会协调发展的工作做实做好,把中央确定的各项改革举措落到实处,使得人民群众在改革发展中有更多获得感、存在感、幸福感。要牢牢坚持改革发展的正确方向,把思想政治工作和意识形态工作抓在手、抓到位,切实增强中国特色社会主义"四个自信",使得中国道路越走越坚实广阔,以扎实步伐实现中华民族伟大复兴的中国梦。

公共管理

陈　剑　中国经济体制改革研究会副会长，北京改革和发展研究会会长，北京社会主义学院副院长、研究员。

社会价值投资的含义及其意义

陈　剑

社会价值投资（在国际上广泛使用的是 Social Impact Investment，笔者以为翻译成 Social Value Investment 可能更为合适。）这一概念作为一种新的投资形式于 2007 年被首次提出来，并在国际社会产生了愈益广泛的影响。在中国，这一概念逐渐被人理解和接受还只是近期的事。本文仅就社会价值投资的含义及其意义作一简要分析。

一、社会价值投资——为创建一个好的社会存在

2016 年 8 月 25 日问世的《中国社会价值报告》（以下简称《报告》），或许是中国第一部全面阐述社会价值投资的发展报告，具有很高的权威性。《报告》内容涉及全球社会价值投资的现状，社会价值投资与中国改革发展、中国社会价值投资的供给侧、需求侧，标准和评价体系、政策环境以及与国有企业改革等诸多内容。《报告》对社会价值投资这一概念作了较为明确的定义。即社会价值投资是一种追求可测量的社会价值并兼顾经济回报的投资形式。这里的关键词是"可测量"和"回报"。这一定义简明扼要，较为准确。但笔者以为还可以再作一些细化和深入探讨。

笔者的定义是，社会价值投资是指个人或组织，在具有明确目标指向的前提下，为社会价值提升而进行的投资。何谓明确的目标指向？这与社会价值投资中的"价

值"有关。这里所说的价值,是指一种理念,一种价值观。例如,党中央全社会大力提供的社会主义核心价值观,就是推广一种价值理念或价值观。

但社会主义核心价值观,仅靠弘扬,靠宣传部门一家是不行的。那样会陷入唯意志论。重要的是创造一种好的社会存在,才能产生与社会存在相适应的社会意识。所谓社会主义核心价值观需要"践行",这里所说的"践行",正是沟通存在和意识的桥梁。而通过资金投入建立与之相适应的社会存在,也是中国全方位改革的重要内容。以公正为例,这是中国特色社会主义的核心价值观,以此作为明确的目标指向的投资就属于社会价值投资。扶持弱势,为边远贫困地区居民饮用水的改善提供帮助,对残疾人群提供就业支持和扶持等,都是为彰显公平正义这一社会主义核心价值理念而创建的好的社会存在。"和谐"也是社会主义核心价值观。加大环境保护力度、对污染河流的治理,对污染的土壤进行治理也都属于这一内容。即属于人与自然的和谐。在这些方面所进行的投资都属于社会价值投资。

"为社会价值提升而进行的投资",实际就是为创建一种好的社会存在,进而提升人们的社会意识。这样一种认识十分重要。说明这种投资,其目的并不完全是为了回报,更重要的是实现一种价值观,承担一种使命,创建好的社会存在。但为了更好地实现或提升其价值观,创建好的社会存在,需要有投资回报。回报且可预期,这样投资才具有可持续性,才有可能实现其价值观。因而这种投资应遵循市场经济的规律,以市场化的方式进行,通过提升某种社会价值,以获得能够持续发展的投资回报。

为了更清晰地理解社会价值投资这一概念,有必要通过一个真实案例说明。

案例:建立环保袋加工厂

杜聪曾经是一位金融专家,后长期从事慈善公益,最后转向做社会价值投资。一次法国雅高酒店集团联系他,希望为基金会捐款2万欧元,杜聪想不如用这笔钱以社会投资的方式,在河南农村建立一个环保袋加工厂,支持当地艾滋病妇女自力更生。产品合格,可以被法国雅高酒店集团在中国的100多家酒店采购。杜聪最终以2万欧元投入环保袋加工厂,如今已产生了300万元的效益,不仅患艾滋病妇女有了收入,还能每年资助30多名儿童每年近3000元的生活和学费开销。

基于上述定义和案例,结合《中国社会价值投资报告》对这一概念特征所做的概括，可以把社会价值投资特征作以下概括：

（一）明确的价值目标

社会价值投资人是有着明确的目标追求，这是与一般投资人相比的不同之处。社会价值投资人需要投资有回报，需要义利兼顾，在义利之间寻找平衡。为此，需要将社会目标和市场运作很好结合，在义、利难以兼顾的情况下，更需要义字当先。

（二）回报可持续性

社会价值投资允许投资者获得一定水平的投资回报，这极大激励了市场主体参与社会投资，扩大了资金来源。特别是在当下中国经济持续低迷的情况下，为扩大市场投资，推进经济增长提供了一条可供选择的投资方向。由于和主流资本市场对接，开发标准化的投资工具，提高资产的流动性，可以更大程度地动员政府、企业、社会组织和个人力量参与，形成规模化的解决方案。

社会价值投资通过投资而非捐赠，通过市场机制高效地配置社会资源，所创建的社会存在会产生更持久、可持续的社会价值，即社会意识。只有可持续性的经济回报，才有利于实现社会价值。如果投资回报不可持续，那社会价值投资与慈善和公益事业也就难以区分。

（三）投入效果可预期

经济学关注投入的清晰预期。社会价值投资的结果，在产生投资回报的情况下，所产生的社会效益应当是可预期的。比如，中国目前人口老化程度严重，截至2014年底，全国60岁及以上老年人口21242万人，占总人口的15.5%，其中65岁及以上人口13755万人，占总人口的10.1%。65岁及以上老龄人口超过7%就进入人口老化阶段。中国未富先老，在经济尚不是十分发达的情况下，面对2亿多人口的养老保障，任务自然十分艰巨。投资于养老等社会保障的事业，就应有投资回报，并可预期。社会价值投资与一般投资，在投资可清晰预期方面并无不同。如果不可预期，不能说是社会价值投资。

社会价值投资将政府、社会和市场的优势要素相结合，促进了公共产品和服务提供的模式创新，有利于进一步降低成本、提高质量。由于其目标导向鼓励各方力量参与，要求透明和可问责，强调公平和可持续，要求社会产出可预期，更有利于促进科学决策，提高投资的透明度和可问责性。

基于上述分析，社会价值投资也可以定义为是一种为创建好的社会存在，追求可预期的社会价值投资形式。

二、三大板块各自职责

现代社会，人们的社会活动大致可以划分为三大领域，即政治活动领域、经济活动领域和社会活动领域。与此相适应，社会组织也可以分作三类，即政府组织、营利组织和非营利组织。如果说政府组织是第一部门，营利组织是第二部门，那么，第三部门就是各种非政府和非营利组织的总称或集合。也就是说，第三部门是介于政府和企业之间的各种社会组织。

在市场经济条件下，第三部门之所以得到广泛发展，一个普遍认可的解释是，出现了第二种市场失灵和政府失灵。通常意义上的政府失灵，指的是政府在提供私人物品上的职能失灵，比如政府办企业不仅效率较低，还会导致权力"寻租"，容易滋生腐败。而市场失灵则通常是指市场机制在提供公共物品上的失灵。于是公益靠政府、私益靠市场便成了共识。这种意义上的政府失灵与市场失灵是互为解决的，即市场失灵之处可以指望政府，政府失灵之处可以指望市场。

但随着市场经济的进一步发展，这种政府失灵与市场失灵互为解决的体制出现了问题，出现了第二种市场失灵和政府失灵。所谓第二种市场失灵指的是：市场不仅在提供公共物品上存在着失灵，在提供私人物品时也有一些功能缺陷。例如，由于信息不对称，消费者无法有效识别商品品质，于是消费者权益保护就成了一个单靠市场交换不能解决的问题，需要有"消协"之类的组织存在。另一方面，政府不仅在从事竞争性私人物品的生产中存在着失灵，在公共事务方面也有失灵之处。例如，由于利益表达机制不健全，政府所形成的社会政策有时不能很好地满足处于社会边缘的困难群体以及其他特殊群体的需要。

第三部门与政府、企业一起构成了现代社会。第三部门发展程度如何，在一定意义上说是衡量市场经济成熟程度的重要标准,也是衡量现代化进程的重要标志。我国正在不断完善社会主义市场经济体制,需要第三部门有一个大的发展。这主要有以下几点原因:

市场经济条件下利益主体多元化的需要。在市场经济条件下,利益主体日益多元化,维护不同群体的利益不能仅靠政府,需要建立相应的社会组织。分散经营的农户、个体户、私营企业主、高科技产业的白领阶层等,这些不同利益主体为了使自身在市场竞争中处于有利位置,需要联合起来建立自己的组织,如分散的企业需要通过专业协会联合与外界交涉,以维护自己的利益;农民为了使自己的农产品能够在激烈的市场竞争中卖出好价钱,需要建立农产品协会等组织来维护自己的利益。维护劳动者的权益,在当前具有十分重要的社会意义。而维护不同群体的权益,正是第三部门的一项重要任务。我国经济转型期出现的一些困难群体,如农民、进城打工者、下岗职工、失业者、退休人员、老弱病残妇孺等,他们不仅需要增加福利,更需要维护自身的权益。从这个意义上说,第三部门的发展是有利于推动社会平衡与社会公正的。比如,解决农民工工资拖欠问题,需要靠农民工自己的组织来承担。但由于这类社会维权组织极不健全,政府不得不承担这些本应由社会组织承担的工作。这也说明,政府从无限政府向有限政府转变,如果没有第三部门的广泛发展,将是极其困难的。

社会价值投资,将社会发展目标与市场手段相结合,促进了政府、企业和社会组织的结合。有助于政府、市场和社会组织协力参与社会投资,促进了三部门优势资源的整合,扩大了资源动员的范围和基础,提高了资源配置效率。

现实社会中,政府、企业和第三部门都存在失灵现象,因而需要三方合作。由于社会价值投资兼具了政府和社会组织使命,同时运用市场手段,从而能够在三者失灵的空白区域中发挥作用。

但如何使三者共同发挥作用,才能使社会价值投资的社会效益最大化,才能更好地实现社会价值目标,并使投资具有可持续性,这需要三者各司其职,通力合作,才能形成合力,实现目标。

（一）政府作用

政府作为社会公平和公正的化身，自身的公正形象十分重要。为推进社会和谐和全社会的公正正义，政府自身应当有明确的价值观和目标指向。不仅需要为社会价值投资提供方向、指南和相对优惠的政策环境。同时还应当身体力行，通过政府投资提升社会价值投资的整体效益。

从国内现状看，政府在社会价值投资中扮演着至关重要的角色。实际上，我国政府所属的公益性质的国有企业的一些投资具有社会价值投资属性。例如解决城市棚户区和城中村改造，社区服务、家庭经济困难学生的助学贷款等各个方面。北京非典时期投资建设的隔离性质的医院等，这些投资与贷款都具有社会价值投资属性。此外，政府为弱势群体发展提供的政策导向，以及为公民提供的公共产品与服务存在的不足和缺陷提出的发展目标，都是政府为提升社会价值投资整体效益的指导性文件。

（二）第三部门或社会组织

当下中国特色的社会主义的市场经济，社会利益多元，由于利益表达和利益诉求机制不甚畅通，各类群体性事件频发，社会建设任务十分艰巨。虽然近年来政府在推进基本公共服务均等化，推动城乡和区域协调发展等方面迈出坚实步伐，但社会建设任务仍很艰巨。由于社会价值投资具有一定意义上的社会治理涵义，在此过程中可以充分发挥第三部门的积极作用。

第三部门基本职能是利益表达，需要反映不同利益群体的不同利益诉求，因而对"社会"的不足和缺陷有更强烈的洞察能力。在社会投资方面，第三部门使命是提供"社会价值"的价值理念和投资方向，以提升社会价值投资的整体效益。

要使投资人投资社会价值领域，评估和认证是社会价值投资得以发展的基石。这既为社会组织提供了施展舞台的机会，也对社会组织的能力提出了挑战。因为社会价值投资的风险评估需要社会组织提供一定资讯。这包括市场机会的发掘、政府的战略规划和政策支持、以及行业的监管，都需要以量化的评估和科学合理的认证为前提。

（三）投资人或企业

社会价值投资人或企业，应该是那些敏锐关注社会问题并为提供某种解决方案的人士或企业。这类人士或企业不仅关注弱势群体的福利状况，更关注具有公共性的重大社会议题（例如食品安全、环境污染、教育公平、社会老龄化等），以系统地解决某类社会问题，以增进社会和谐。

社会价值投资为创建好的社会存在而使用市场手段和方式改善弱势群体的福利状况，这种投资具有明确的解决社会问题的意向，有较为清晰的事前预期的社会价值，正因为此，社会价值投资人不同于一般的资本投资人，既要有担当和使命，了解社会价值投资本身的意义，同时也要熟悉资本运作规律，了解市场的风云变幻。没有担当和使命，在义利难以兼顾的情况下，就可能利字当先，公平正义的"义"可能就弃之脑后了，难以成为一个合格的社会价值投资人。正因为此，一个合格的社会价值投资人不仅需要理解社会投资的意义，也需要对投资风险有清醒的把握，以使投资更具有很好的投资回报、可预期和可持续性。

三、社会价值投资的意义与努力方向

社会价值投资这一概念被引入中国，只是近几年的事，但与其内容相似的实践，在中国并不陌生，已有一定的发展基础。例如，在扶贫开发、农业发展、生态环境、小微金融、医疗卫生等领域，都已经存在规模和范围不等的社会价值投资，涌现出了一批优秀的投入到社会价值投资的企业。特别是友成企业家扶贫基金会，自2007年介入此项事业以来，一直在这一领域起了领头的作用。2016年9月24日，由友成企业家扶贫基金会作为主要发起单位的社会价值投资联盟（深圳）在深圳首次亮相，试图搭建了一个打通政府、市场和社会的跨界平台，为解决社会痛点问题，进行体制机制上的创新。但就总体发展而言，社会价值企业的投资规模和产生的社会效益还十分有限，巨大的市场潜力有待开发。

处于转型期的中国，贫富差距严重，生态环境恶化。与人民群众的巨大需求相比，政府提供的公共产品与服务严重不足，诸如教育、医疗和社会保障等。要应对经济社会发展不平等、快速的老龄化以及环境、污染与生态退化的挑战。解决上述问题需要巨额的资金投入。

上述任务为社会价值投资提供了广阔舞台。社会价值投资，通过确定价值目标，进而提供好的政策环境，能够集众人之力，解决公共领域中一些亟待解决的问题，既能够使社会主义核心价值理念的弘扬有了厚实基础，又有绩效可考，有可持续的造福社会的能力，值得大力倡导和扶植。其积极意义至少可归纳为以下几方面：

一是有利于社会主义核心价值观的弘扬。要让社会主义核心价值观真正成为亿万公民的自觉意识，需要培育产生这种意识的沃土，即好的社会存在。而社会价值投资则为创建这种好的社会存在提供了基础和条件。

二是有利于经济的持续增长。中国目前经济持续下行，而社会价值投资则为资本投入提供了一种新的平台。既能够突显中国社会的公平正义，又能够有一定的经济回报，能够满足那些有理想情怀的投资人在这一领域展现自身的才华和能力。

三是有利于推进这国有企业的改革。国有企业分为不同类别，对那些公益类的国企，社会价值投资与其公益类的投资方向高度吻合。通过吸引第三部门或民间社会组织的参与，可以使公益类的国企业投资方向更加精准，更有效率，也有利于提升国有企业整体的社会形象。

作为一种新兴的投资方式，社会价值投资在中国虽然有一些发展，但总体仍处在起步阶段。目前面临的一些困难和挑战主要包括以下一些内容，对社会价值投资的认识普遍缺乏意识，法律和制度的滞后，评估资源缺乏，缺乏专业人才支持，等等。

社会价值投资在中国仍处于起步阶段。但其发展已经具有良好基础，潜力巨大，要发掘这些潜力，当前最重要的工作是需要加大对社会价值投资理念的传播与倡导，提高全社会的认知程度。特别是在国有企业改革和事业单位改革中引入社会价值投资概念，将社会价值评估纳入对国企的业绩考核中，对国有企业改革的正能量形成具有重要意义。

主要参考文献：

1. 中国发展研究基金会和友成企业家扶贫基金会，《中国社会价值投资报告》，2016年8月25日
2.《国家重构—中国全方位改革路线图》，中国发展出版社

何自力 南开大学经济学院副院长、教授、博士生导师。著有《法人资本所有制和公司治理》、《法国市场经济体制》（合著）、《跨国公司经营与管理》（合著）、《比较经济学——经济组织与经济体制的比较制度分析》等。

科学认识和正确处理政府与市场关系

何自力

使市场在资源配置中起决定性作用和更好发挥政府作用，是我们党对社会主义市场经济条件下市场和政府作用的基本定位。科学把握和正确处理政府与市场的关系，对于进一步完善社会主义市场经济体制具有十分重要的指导意义。

社会主义市场经济实现了政府作用与市场作用的有机统一

将社会资源有效分配到社会生产不同部门，是人类社会生产活动的首要任务。社会资源的分配有两种方式，一种是市场调节，一种是政府调节（或计划调节）。在现实的经济运行中，单纯依靠市场调节或政府调节配置资源均属于特例，通常情况是政府与市场结合在一起共同进行资源配置。由于社会制度、文化传统、自然禀赋的不同，政府与市场结合的方式存在较大差异，并由此派生出形态各异的经济体制，产生了不尽相同的资源配置效果。

资本主义市场经济是资本主义私有制与市场调节的结合体，生产什么、为谁生产、生产多少及怎么生产都是在利润最大化动力驱使下由私人资本决定的。在资本主义市场经济中，政府也在资源配置中发挥作用，但是这种作用不可能改变私人资本的支配地位，无法克服资本主义生产方式的基本矛盾，因而会周期性爆发经济危机。20世纪70年代以来，受新自由主义思潮的影响，西方资本主义国家纷纷削弱政府干预，导致去工业化和产业空心化，制造业严重衰竭，金融业过度膨胀；中产阶级没落，两极分化和贫富差距急剧扩大。2008年国际金融危机爆发正是资本主义基本矛盾激化的结果，也是资本主义市场经济高度依赖市场机制自发作用、极端轻视和削弱政府干预的直接后果。资本主义市场经济严重扭曲了政府与市场关系，资源配置效率低下，并不像西方经济学教科书里描述的那般美妙。

社会主义计划经济是计划调节与社会主义公有制相结合形成的集中计划经济体制，苏联东欧国家和改革开放前的中国都曾实行这一体制。该体制以快速实现工业化为目标，实行单一公有制，主要利用行政手段管理国民经济，商品货币关系和价值规律只起形式的和辅助的作用。集中计划经济体制在迅速推进工业化进程，初步建立现代工业体系和国民经济体系，改变经济和社会发展落后面貌，提高人民生活水平方面发挥了重要作用。但是，该体制的缺陷也很突出：片面发展重工业，轻视农业和轻工业的发展，国民经济比例关系失调；排斥市场、商品货币和价值规律，企业经济效益低下。

党的十一届三中全会以来，我们党在深刻总结我国社会主义建设和世界经济发展的经验教训基础上，开启了建设中国特色社会主义的伟大实践，探索政府与市场结合的新形式。党的十四大创造性提出建立社会主义市场经济体制的改革目标，为我国探索对政府与市场关系新的科学定位指明了方向。此后，我们党对政府与市场关系的认识不断深化。党的十八届三中全会明确提出使市场在资源配置中起决定性作用和更好发挥政府作用，这是我们党对政府与市场关系认识的一个新突破，标志着社会主义市场经济发展进入了一个新阶段。正是通过不懈地改革探索，我国经济取得了举世瞩目的伟大成就，综合国力显著提高，人民生活极大改善。实践证明，我国的社会主义市场经济体制是符合现阶段中国国情的，它实现了政府作用与市场作用的有机统一，充分体现了生产关系一定要适应生产力发展状况这一客观规律的要求。

我国实现了社会主义市场经济条件下政府与市场关系的一系列成功结合

如何处理好政府与市场的关系，是我国经济体制改革的核心问题。经过多年的探索和实践，我国已经建立了社会主义市场经济体制的基本架构，在处理政府与市场关系方面积累了成功经验，体现为以下几个方面的结合。

社会主义公有制与市场经济相结合。实现公有制与市场经济的融合，是坚持社会主义市场经济改革方向的必由之路。公有制与市场经济实现融合，关键是使企业特别是国有企业成为市场的主体。经过多年深化改革，国有资产监管体制已经实现了公共管理职能和出资人职能的分离，国有企业成为了市场中独立的法人实体；全国90%以上的国有企业完成了公司制股份制改革；公司治理结构改革深入推进，股东会、董事会、经理层和监事会等机构不断完善，党的领导得到加强；劳动、人事、分配等制度改革逐步深化，经理人市场化选聘机制开始运行，全员劳动合同制、全员竞争上岗和岗位工资为主的基本工资制度普遍建立。可以说，国有企业经营机制已基本得到转换，市场竞争能力不断提高，总体上与市场经济实现了融合。

释放市场活力与集中力量办大事的政治优势相结合。改革开放以来，我们坚持和完善公有制为主体、多种所有制经济共同发展的基本经济制度，促进各种经济成分在市场上展开平等竞争，市场活力得到有效释放。同时，我们坚持公有制的主体地位和国有经济的主导作用，使我们党和政府拥有强大的集中决策、组织动员和统筹协调能力，形成了中国特色社会主义所独有的最大限度整合社会资源、集中力量办大事的体制机制优势。市场活力充分释放与集中力量办大事的制度优势相结合，是中国经济取得巨大历史性成就的重要制度原因。

市场激活微观经济与政府稳定宏观经济相结合。在社会主义市场经济体制中，我们把放开搞活企业作为改革的抓手，让企业成为独立的市场主体，在明晰产权的基础上，根据供求规律和竞争规律进行自主决策，谋求最大利益。政府不再直接干预企业，而是着力保持宏观经济的稳定，将经济快速增长、实现充分就业、稳定物价、优化产业结构、实现国际收支平衡作为宏观调控的目标，同时创新宏观调控方式，建立了需求管理与供给管理相结合、全面调控与精准调控相结合、区间调控与相机调控相结合的宏观调控框架，为宏观经济平稳运行和社会供求在总量、结构上保持平衡提供了有力的制度保证。

市场提供产业变迁动力与政府引领产业变迁方向相结合。为实现国民经济各个产业部门的比例更加协调，推动产业升级换代，我们强化了市场在产业变迁中的优胜劣汰和激发创新作用，依靠市场力量推动产业结构调整和发展动力转换，为经济运行提质增效提供强大动力。同时，政府凭借信息掌握充分、资源动员能力强大的独特优势，可以通过产业政策确定产业结构调整的重点和产业变迁的方向，比如：促进产业兼并重组，优化产业组织结构；降低企业运营成本，提高企业供给能力；扶持战略性新兴产业和现代服务业，优化产业结构；减少无效和低端供给，扩大有效和中高端供给，增强供给结构对需求变化的适应性和灵活性等。

市场激励自由竞争与政府加强监管优化服务相结合。市场竞争可以优化生产，增强产品的多样性和异质性，最大限度地满足人民日益增长的物质文化需要，但如果竞争是无序的，则会抵消效率，不利于资源配置效率的提升。我们在使市场在资源配置中起决定性作用的同时，充分发挥政府的市场监管职能，依法对市场主体进行监督和管理，形成了统一、开放、竞争、有序的现代市场体系。与此同时，政府还着力提供公共产品和服务，加强公共设施建设，建立社会保障制度，努力促进就业，大力发展教育、科技、文化、卫生、体育等公共事业，为公众参与社会经济、政治、文化活动提供保障和创造条件，为维护公平正义，实现共享发展提供强大保证。

市场提高效率与政府保障公平相结合。在社会主义市场经济条件下，效率主要是通过收入分配形成的动力激发出来的。市场调节初次分配，适当拉开收入差距，有利于激发不同生产要素所有者参与市场竞争的积极性和主动性，实现资源的合理配置，提高整个经济运行的效率。公平则主要是通过政府的再分配功能实现的。充分发挥政府的再分配调节功能，保护合法收入，调节过高收入，取缔非法收入，理顺分配关系，使发展成果更多、更公平惠及全体人民，使全体人民在学有所教、劳有所得、病有所医、老有所养、住有所居上持续取得新进展，维护公平正义，逐步实现共同富裕。

在深化改革中进一步健全和完善政府与市场关系

在新的历史条件下，我们也要清醒认识到，我国政府与市场的关系还没有完全理顺，政府既存在越位也存在缺位，市场在资源配置中的决定性作用还没有充分发挥。我们必须不断完善政府与市场的关系，推动社会主义市场经济体制更加成熟、更加定型。

给市场主体提供更大的活动空间。为进一步释放市场活力，政府监管部门要继续着力放松对市场主体的准入管制，大大简化企业登记注册程序，有力推动大众创业、万众创新；深化行政审批制度改革，凡是市场机制能有效调节的经济活动都应当取消审批，凡是由地方管理更方便有效的经济社会事项都应当下放地方和基层管理；提升政府监管意识，落实监管责任，改变重审轻管、有权无责的现象，破除"懒政""怠政"不良政风；加强信用体系建设，通过相关制度约束市场主体的行为，提高违法成本。

建立公平开放透明的市场体系。建立市场决定价格的机制，凡是能由市场形成合理价格的都交给市场，政府不进行不当干预；建立和完善政府权力清单制度，做到"法无授权不可为"；制定市场准入负面清单，做到"法无禁止皆可为"；积极推进国内贸易流通体制改革，建设法治化营商环境；实行统一的市场监管，清理和废除妨碍全国统一市场和公平竞争的各种规定和做法；建立健全社会诚信体系，褒扬诚信，惩戒失信；健全优胜劣汰市场化退出机制，完善企业破产制度；强化节能节地节水、环境、技术、安全等市场准入标准；建立健全防范和化解产能过剩长效机制。

优化政府组织机构。政府要加强发展战略、规划、政策、标准等的制定和实施；着力保持宏观经济稳定，加强和优化公共服务，保障公平竞争，维护市场秩序，推动可持续发展，促进共同富裕；优化政府组织机构设置，按照决策权、执行权、监督权既相互制约又相互协调的原则科学配置行政职责，规范行政权力运行机制，推动形成权责统一、分工合理、决策科学、执行顺畅、监督有力的行政管理体制。

健全宏观调控体系。使市场在资源配置中起决定性作用，不是要政府无所作为，而是要政府更好地作为。要站在新的历史起点上认识和确定宏观调控的任务，建立和完善适应经济发展新常态的宏观调控框架。着力保持经济总量平衡，促进经济结构协调和生产力布局优化，减缓经济周期波动影响，实现经济持续健康发展；高度关注经济发展质量、效益以及民生、生态等指标，统筹做好稳增长、促改革、调结构、惠民生、防风险等各项工作；健全以国家发展战略和规划为导向、以财政政策和货币政策为主要手段的宏观调控体系，推进宏观调控目标制定和政策手段运用机制化，增强宏观调控前瞻性、针对性、协同性。

郝叶力　国家创新与发展战略研究会副会长。

四大观念决定互联网治理前途

郝叶力

中国连续举办了三届世界互联网乌镇峰会，也连续传递着携手共建网络空间命运共同体的最强音。这鲜明地展现了中国作为一个负责任的大国，站在关注人类共同福祉的高度，推动全球互联网治理体系变革的使命担当。同时也启迪我们去思考和回答：全球互联网治理体系变革的方向、重点、难点、痛点和关节点在哪里？构建更加公平、公正、有效的网络空间新秩序的基点、规则、机制、路径是什么？为此，我认为首先需要确立全球互联网治理体系变革的"四块基石"——共生的价值观、共同的安全观、共商的治理观、共赢的发展观。

共生的价值观——全球互联网治理的逻辑起点

任何治理体系的建立，价值观是根本。人类从原始社会走到今天，经历了许多划时代的革命，每一个时代都会形成与之相适应的观念和文化。迄今为止，我们沿用的依然是弱肉强食、零和博弈的丛林法则。但丛林法则产生的基础是物质极度匮乏下的利益争夺，这是典型的实体空间思维模式。网络时代则不同，网络空间资源可以再生，数据可以复用，信息可以共享。自然界中的石油越用越少，而大数据作为网络空间的"新石油"却越用越增值。这种可复制、可增值的资本催生了新的生产关系和生产方式。人们可以共同拥有生产资料，人类正逐渐形成"你中有我""我中有你"的共生关系。未来，决定人类生存的基础，不能再是"你死我活"的PK

模式，而是非零和博弈的分享模式。这将改变甚至颠覆人类社会原始的竞争逻辑和处世之道，激发超越实体空间的新文明的觉醒，即构建以"共生""共赢"为核心的人类命运共同体。

为此，丛林法则应该让渡于休戚与共；画地为牢应该让渡于开放共享；唯我独尊应该让渡于共生共荣；以意识形态划线应该让渡于尊重差异、包容多样。尽管这些提法离当下的共识还相距甚远，但它毕竟是21世纪人类能够看到的愿景，也是当下全球互联网治理必须确立的逻辑起点和基本共识。

共同的安全观——全球互联网治理的基本规约

基本规约是确保治理体系有效运转的关键。经过半个世纪的打造，互联网不仅进入了全球高速发展期，也进入了安全威胁的上升期。在网络空间规则还未确立，共识尚未形成的情况下，采用什么样的方式应对安全威胁，成为互联网治理亟待解决的问题。

而一些传统强国往往沿用实体空间思维定势，习惯套用"动网"即"动武"的行为准则，追求一种绝对的安全。这不但解决不了网络空间面临的问题，而且会带来诸多麻烦。当前，网络空间行为体多种多样，鱼龙混杂；数字化的东西容易伪造，溯源取证困难重重；用于实体空间的武装冲突法的很多规则难以在网络空间适用。简单化的降低打击门槛不仅会让中立国或无辜者蒙受灾难，还会给整个世界带来犹如"多米诺骨牌"般的负面效应。当年美国打伊拉克的理由是其存在大规模杀伤性武器，结果动用了几十万军队，直到退兵为止，也没发现一件证据，只能不了了之。但那次动武的恶果却在不断发酵。

新空间的复杂特性、归因溯源问题的难以解决一再警示人们，草率诉诸武力不仅伤人，也会伤己；任性地发起攻击，在给别人造成灾难的同时，自己也一定会付出代价。一味谋求一方的绝对安全只能给自己，甚至整个世界带来更大的不安全。采用武力、零和方式解决问题的方法已经过时，取而代之的是沟通协商的和平方式。而根据《联合国宪章》，任何国家没有权利对他国进行武力侵犯，也不支持由单一或少数国家单方制定的动武规则。因此，面对日益猖獗的网络犯罪、不断泛滥的网络恐怖主义等网络威胁，摒弃动辄使用武力的解决方式，将联合国作为规约制定和危机管控的主要平台，进行对话沟通是解决问题的上策；在此基础上，制定诸如"君子动口不动手，吵架总比打架强"的君子协定，这是全球互联网治理规约的基础。

共商的治理观——全球互联网治理的主导模式

治理模式解决的是治理主体的问题，是治理制度落实的组织保障。在网络空间，采用何种治理模式是多方利益博弈的结果，这里既有大国关系的角逐，又有东西方文化的对冲，还需兼顾发达国家和发展中国家的利益平衡。长期以来，国际社会在互联网治理过程中，始终面临两个重要而又基础性的问题：一是在互联网参与主体多元化、社会扁平化的情况下，如何充分发挥多利益攸关方（多方模式）的作用？二是在网络威胁不断蔓延，跨国犯罪层出不穷，数字鸿沟不断拉大等全球性问题日益凸显的情况下，如何发挥各国政府和联合国（多边模式）的主导作用？

从网络空间体系构成看，其由物理层、应用层、核心层组成。物理层包含的是基础设施。在这一层追求的是标准化，全球一网，互联互通。应用层包含了互联网平台在现实中的广泛运用，涉及科技、贸易、文化、社会、生活等人类活动。在这一层实现多边和多方共治，实现自由和秩序平衡。核心层包含政权、法律、政治安全和意识形态，涉及执政根基，是一个国家的核心利益。在这一层重在体现政府的主导作用，即每个国家对境内的信息基础设施和承载的信息拥有天然的管辖权。可以看出，"多边"和"多方"分别在网络空间的不同层面发挥着不同的主导作用，他们之间是互补的共存关系。我们提出发挥政府在"多方治理"中的作用，并不是反对多方治理模式，而是防止以"多方"排斥"多边"在关键时候的主导作用；反对打着"多方"旗号，以事实上的"单边治理"取代"多边共治"的做法。

而当前，有关网络空间国际治理的"多边"和"多方"磋商、对话机制很多，如何整合这些机制已成为推动网络空间治理发展的重要问题。联合国是当今世界最具代表性和权威性的国际组织，是能够有效整合各方力量的主要平台。因此，要建立以联合国为核心的，"多边"与"多方"互补而不是互斥的新治理机制。

共赢的发展观——全球互联网治理的首要前提

如何更好地治理互联网，发展当然是"硬道理"。由于网络空间的本质在于互联互通，互联网精神的核心是开放共享，因此，互联网的发展不是单极的发展，而是各方的共同发展。其首先源于共同、可靠的安全保障。而互联网发起、发展于美国，美国在互联网基础平台、操作系统软件、核心芯片等方面具有绝对的优势。可以说，网络安全体系的钥匙都在美国手里。如果美国不首先提供安全保障，居于高度恐慌中的其他国家，很难再做出更多选择与让步；如果美国不首先释放安全信任，很难结成打击黑客和网络恐怖主义等的国际联盟。没有安全的保障和信任，在网络空间的共同发展只能是"纸上谈兵"。

作为网络强国的自信不应只来自"能够绝对打赢网络战争"，更应来自"对他国有效释放安全保证、对自己进行能力约束"。其要摒弃霸权思维，做到强大不任性、先进不凌人；要充分尊重世界各国的网络主权，主动填平与发展中国家的数字鸿沟，积极让渡全球共享的网络资源和管理；要克制用不对称手段谋取短期利益的冲动。

2016年10月1日，美国商务部向国际社会交付对ICANN的管理权。我们期待美国以积极真诚的姿态，迈出对互联网从独揽到共管的实质性的步伐，从传统强国走向"新型强国"，为全球网络空间新秩序的建立做出新的示范。当然，中国作为负责任的发展中大国，决不能当旁观者、跟随者，而应做参与者、引领者，既要努力构建好新型大国关系，同时也要与发展中国家一道，共同推动全球互联网治理体系变革，让网络空间成为促进各国互利共赢的命运共同体。

综上所述，共生的价值观解决的是"治理理念"的问题，共同的安全观解决的是"治理依据"的问题，共商的治理观解决的是"由谁治理"的问题，共赢的发展观解决的是"如何治理"的问题。它们构成了完整的治理链条，是全球互联网治理体系变革的关键抓手，也是未来网络空间的根本支撑。

刘雅静 山东大学马克思主义原理教研室主任、教授、硕士生导师。主要研究方向：马克思主义经济理论、社会主义市场经济理论与实践、党的"三农"理论与"三农"政策等。著有《通货膨胀问题研究》、《农民专业合作社的发展与创新研究》、《新型农村合作医疗制度可持续发展研究》、《高等教育理论与实践》（主编）等。

全民共建共享的社会治理格局如何构建

刘雅静

"构建全民共建共享的社会治理格局"是党的十八届五中全会在全面深化改革背景下提出的一项重要战略任务。作为当前中国社会治理领域一次全面系统的结构化调整和精细化修正，全民共建共享社会治理格局聚焦于参与主体的"全民性"、过程涵盖的"共建性"和目标锁定的"共享性"。

构建全民共建共享的社会治理格局，需要秉持系统建构的思维，从理念、体系、制度等维度协同推进，其核心在于重塑多元主体治理理念和价值取向，架构政府、市场与社会三大治理主体协同共建的体系框架，并通过科学完备的制度支撑确保全民共享的目标达成。

理性重塑治理理念与价值规范：为全民共建共享提供思想根基

树立合作共治的理念。就当下中国社会治理现状而言，复杂多元的社会问题呈现和社会利益分化，客观上需要政府、市场和社会等多个行动者共同发挥作用，尤其在一些公众需求度和共识度较高的领域，如社会公共安全、生态治理等领域，多元治理主体逻辑和行动糅合的成效已经初步显现。同时，伴随着市场经济体制的逐步完善、社会结构的多样化变迁、人民权利意识的日益增强以及信息通信技术的快速发展，积蓄已久的市场和社会能量得以释放，也进一步为全民共建共享奠定了基础、提供了动力与可能。

坚持以人为本的理念和价值准则。作为社会治理的基本价值原则，以人为本蕴含的深刻意义在于揭示了全体人民凭借政治参与权利而拥有的在公共领域中的主体性地位和价值，而且，浸润着以人为本原则的法治建设与政治制度也为全体人民和各类组织在社会治理中的角色定位和功能分化提供了不可或缺的规范和保障。

重塑公平正义理念。全民共建共享目标的实现需要尽力营造一种以公平正义为核心价值取向的社会氛围，构建体现规则公平、权利公平、机会公平的治理机制，保障各类市场、社会主体享有平等的参与权利，彰显其治理主体地位，提升其参与度，使其真正成为社会治理的有效协助力量。

确立全民共享改革发展成果的价值观念。将人民诉求的满足、公共利益的协调、社会福利的共享作为社会治理的首要追求，并通过民生领域的政策安排和权益保障等途径将社会公共利益追求与人民个体、群体利益诉求进行有效整合，形成全民共享的舆论环境和运行机制，使经济发展和社会变革的成果能够在更大范围内惠及全体民众，以此获取社会公众的全面支持，促进改革的进一步深化和社会的和谐发展。

科学定位多元主体与要素涵盖：为全民共建共享提供体系支撑

在全民共建共享社会治理格局中，作为政治系统的主导存在，政府应秉持责任理念和回应性价值取向，始终发挥主导和推动作用。一方面，进一步明晰政府的职能范围与活动边界，主动履行治理职能，在提供制度支撑、营造法治环境、输出公共政策等政府拥有天然优势和主导权的核心公共事务领域继续发挥主体功能，同时要依法规范公共权力运作机制，为经济发展、社会成长提供更大的空间和良好的环境。另一方面，政府要借助有效的确权、限权和分权模式，以渐进改革的方式逐步向市场主体和社会组织转移一部分职能和权力，激活市场、社会力量的活力，实现各方的彼此信任、平等参与、相互合作，共同形塑适宜于全民共建共享目标实现的政治生态和社会环境。

在全民共建共享社会治理格局中，作为经济系统的基本存在，市场力量可发挥其独特的作用。一方面，市场应在政府部门的引导下，依靠逐步完善的市场机制杠杆促进生产要素的合理流动，使各类主体成为共同将"蛋糕"做大的共赢性集体，致力于创造更多的社会财富，同时，通过对社会资源的优化配置，平衡各种错综复杂的利益关系，增强各类利益主体间的协同性，形成一种动态的、包容的社会稳定机制，促进全民共建共享目标的达成。另一方面，市场应凭借富含独立、平等、理性色彩的契约精神，引导各类经济组织和社会成员通过公平竞争，合法、合理地表达自身利益诉求，捍卫自身经济权利，同时主动承担社会责任，自觉履行相关义务，并为各类主体全面参与社会治理提供必要的资金、技术和服务支持。

在全民共建共享社会治理格局中，作为社会系统的客观存在，社会组织应以彰显民主价值、促成社会共识为功能导向，以主体塑造的方式积极融入社会治理体系中，成为社会治理的重要依托力量。一方面，在当前全面深化改革的背景下，执政党对于社会组织在社会治理格局中的地位和作用已经给予了清晰的界定，提出要推进社会组织"明确责权、依法自治、发挥作用"。社会组织应以此为契机，充分发挥其政社互动、民主协商、利益聚合、公共服务的功能和作用，成为社会治理创新的重要推动力量。另一方面，社会组织应借助其独具的协商民主特质和各类自治活动的依法有序开展，为公众提供参与社会治理的平台和渠道，在此过程中积极弘扬社会公共情怀，着力培育理性参与文化，帮助公民个体冲破个人功利主义的藩篱，调动各种社会力量和公民的参与积极性，激励各类主体目标一致、协同行动，共同促进社会福祉的最大化。

全面构筑治理机制综合体：为全民共建共享提供制度保障

构筑社会治理权责配置机制。要构建全民共建共享的社会治理格局，必须厘清各类主体的网络位置，界定清晰的责任和权力范畴，以促进政府、市场与社会在各自职权边界内的协同联动。就宏观层面而言，政府必须在明确自身权力边界的前提下，尊重和认可市场主体和社会力量的治理主体身份，有计划地向市场和社会赋权。通过权力清单、负面清单等制度的不断完善和有效运行，进一步明确政府权责，将不属于其职责范畴的权属归还于市场和社会，如此既可确保自身核心职能的高效履行，同时又可激发市场和社会主体的合作动力；就微观层面而言，在具体的合作治理活动中，需要构建公共伦理规范体系和有限责任机制，以此消解各类治理主体自身的内在缺陷和彼此间的矛盾冲突，将不同的治理逻辑和行动力量糅合于"全民共建共享"的框架之下，实现多元主体的良性互动、理性制衡与有机互补，以此巩固社会治理的微观主体基础。

构筑社会平等协商对话机制。首先要明确协商事项的领域和范围。当前需要重点推进事关经济社会发展和民生问题的公共政策制定、重大事项决策、重大工程项目规划选址等领域的协商对话。其次要进一步健全、规范协商的程序和规则。从议程设置、协商评议、共识裁定等方面精确设计参与规则与流程，将各类治理主体的平等协商环节真正纳入公共决策过程，使之成为制定公共政策的前置条件，同时各方依据流程有序参与也可避免协商行为的任意性和盲目性，有助于实现彼此间的坦诚交流和平等协商。再次要构建协商成果的运用和反馈机制。凝聚了各方共识的协商成果最终能否转化为公共决策的现实依据，是否真正实现了预想的目标，在很大程度上会影响到市场和社会力量参与对话的积极性和协商机制自身的可持续发展，因此，只有尊重民主协商的成果，使其在社会治理实践中得以充分执行，并对其运用结果进行必要的反馈，才能使其成为促进市场主体和民众公共理性和协商精神最大化的有效平台。

构筑社会利益均衡整合机制。首先，必须构建有效的利益表达、利益整合和利益均衡机制，真实反映、切实尊重和兼顾维护各类社会阶层、群体的利益，促进公共资源的合理公正分配，最大可能地减少社会公共利益与公民个体利益、整体利益与局部利益的摩擦，努力构筑全民共享发展成果的社会利益格局。其次，要从社会公众最关心、最直接、最现实的利益问题入手，积极回应公众在教育、就业、医疗、环境等重点领域的诉求，以提升基本公共服务的共享度和满意度为主，推进全国范围内基本公共服务的均等化。再次，秉持改革发展成本由社会成员共担的原则，借助强化再分配调节机制、健全社会保障体系等途径，对利益受损群体给予合理的利益补偿，消减其相对剥夺感，使全体公民都能够在共建共享的社会治理格局中有更多获得感。

张海东 上海大学社会学教授,上海大学社会组织与社会转型研究中心教授,上海大学"上海社会科学调查中心"常务副主任。主要研究领域为社会质量研究、社会不平等问题研究。

我国特大城市新社会阶层调查

张海东　杨城晨　赖思琦

新社会阶层的形成和发展与当代中国社会的发展变迁紧密相连,改革开放的政策实践催生了新社会群体,他们的出现和发展符合中国经济发展和社会变革的客观需要,具有合理性和现实性。现今,新社会阶层已经成为社会转型时期一支不容忽视的社会力量。本文采用广义的"新社会阶层"的界定(中共中央统战部发布的《关于巩固和壮大新世纪新阶段统一战线的意见》指出新社会阶层主要由非公有制经济人士和自由择业知识分子组成),对其阶层群体的规模及基本特征、家庭经济状况、就业状况与社会保障、生活品位与休闲方式、主观阶层认同、社会政治参与以及社会态度和价值观念等多方面进行了研究,从而对北京、上海及广州三地的"新社会阶层"群体的生存现状有一个大致的判断。

一、关于家庭经济状况

新社会阶层的住房状况优越

从住房产权来看,新社会阶层拥有自有住房的比例为60.8%,高于社会的平均水平57.2%;而在租房居住这一项上,新社会阶层的比例(31.6%)略低于社会的平均水平（33.2%）。

从住房面积上看，北上广三地居民人均住房面积为33.19平方米，而三地居民中的新社会阶层的平均住房面积达到了38.15平方米，超出社会平均水平14.94%，表明了新社会阶层拥有更大面积的住房。从小区类型上比较，北上广三地新社会阶层中有66.7%的居民居住于普通商品房小区，另有4.8%的居民居住于别墅区或高级住宅区，其所占比例均高于社会的平均水平；而居住于未经改造的老城区或单位社区的比例低于社会的平均水平。

新社会阶层的收入高、消费力更强

从个人收入上看，新社会阶层在2013年的平均收入达到了166403元，远高于社会平均收入75184元；而在家庭收入层面上，新社会阶层2013年的家庭总收入的均值达到了288816元，是社会平均收入147573元的1.96倍。

在消费水平与消费能力方面，数据显示，北上广三地新社会阶层在2013年的家庭总支出的平均数达到了131459元，而三地居民的平均家庭总支出为76734元，新社会阶层家庭的支出总额是社会平均水平的1.71倍。在各分项的支出方面，新社会阶层的饮食支出为35433元，略高于社会平均水平25832元；服装配饰支出为14720元，超过社会平均水平92.8%；医疗支出为6778元，高于平均水平38.9%，教育支出与住房支出明显高于社会的平均水平，分别是其1.68倍和1.40倍，说明相对于社会其他阶层来说，新社会阶层自身的消费能力更强，也拥有更巨大的消费潜力可供发掘。

新社会阶层的资金流动能力更强

新社会阶层的借贷行为的发生比例略高于社会的平均水平，如在"借钱给别人/机构/公司"这一项，比例高出平均值2.5%，新社会阶层目前处于负债状况的比例也高于社会平均水平，说明新社会阶层家庭对于资金流动的要求更高；贷款用于生产性投资的比例也高出1.5%，反映出新社会阶层家庭的经营性行为发生率更高。

二、关于就业与社会保障

新社会阶层以自主择业为主

从就业渠道来看,新社会阶层的共同之处就在于自主择业,承担较大工作不稳定风险。在北上广三地新社会阶层成员中,个人直接申请应聘工作比例占61.1%,职业介绍机构与他人推荐占22.1%。新社会阶层作为市场经济发展的产物,其产生是个性化的、是自主的。其从事的行业是自主选择、自主经营、自我发展的,不受其他组织和个人的控制和干预,在新社会阶层当中,职业的代际传递的可能性变得微乎其微。

就业集中在非公有制领域

调查数据显示,在北京、上海和广州三地的新社会阶层中,就业身份以雇员和工薪收入者为主,即以民营科技企业的创业技术人员和技术人员及受聘于外资企业的管理技术人员两类人员为主,其比例达到了73.8%;私营企业主的比例为11.5%;而个体工商户的比例为9.5%。

从新社会阶层就业的单位或公司的类型上看,有超过六成(64.4%)的受访者在民营企业就业,12.5%的受访者就职于三资企业,另有19.7%的受访者属个体工商户;而在社会团体、民办非企业组织中就职所占比例较低。

从职业类型和管理权限来看,三地新社会阶层中从事各类专业技术人员的比例最多,达到了50.1%,各类一般管理人员的比例为25.6%,个体工商户与个人合伙的比例为19.7%,非公有制企业负责人的比例最少,为4.6%。新社会阶层在单位或企业中进行更多的管理活动,拥有更高的管理权限。有10.9%的新社会阶层表示在目前/最后的工作中"只管理别人,不受别人管理",另有33.0%表示"既管理别人,又受别人管理",而这两项的平均值只有3.9%和23.1%。属于新社会阶层的受访者中仅有40.7%的人表示"只受别人管理,不管理别人",而这一项的社会平均值达到了56.0%。

就业稳定性较低，工作变动较为频繁

在市场经济的环境下，相对于传统意义的工人、农民和知识分子而言，新社会阶层的身份和专业会经常变动，具有较大的不稳定性。从是否换过工作岗位来看，三地新社会阶层中有53.0%的人表示工作以来换过工作单位，而这一比例在社会总体中仅占37.8%。有26.6%的新社会阶层表示工作以来更换过一次单位，另有11.4%和7.0%的新社会阶层更换过2次和3次工作。

新社会阶层的工作满意度较为一般

在本报告中，工作的满意度分为工作收入、工作的安全性、工作的稳定性、工作环境、工作时间、晋升机会、工作趣味性、工作合作者、能力和技能的展现、他人给予工作的尊重以及在工作中表达意见的机会11个测量指标。调查结果显示，新社会阶层对工作的整体满意度得分为3.60分，介于比较满意和一般之间；在各项满意度得分之中，新社会阶层对于工作安全性的评价程度最高，达到了3.85分；而对晋升机会的满意程度最低，仅为3.33分。

新社会阶层的商业保险参保率明显较高

数据显示，新社会阶层的基本社会保障中养老保险和医疗保险的参保率略高于社会平均水平，失业保险、工伤保险、生育保险及住房公积金的参保率高于社会平均值。在商业保险领域，新社会阶层人士参与商业养老保险和其拥有的商业保险份额显著高于社会平均水平。

三、关于生活品位与休闲方式

新社会阶层日常生活习惯的意识和行为存在偏差

在现代社会，良好的日常生活习惯被视为健康的保证。调查数据显示，在新社会阶层中，有 27.3% 的受访者表示平常都会吸烟，29.9% 的受访者表示平常都会喝酒，这两项的比例均显著高于社会的平均值。在是否是素食主义者这一数据上，新社会阶层的比例略低于社会的平均水平；而在"为了健康或身材而注意饮食"方面，新社会阶层选择"是"的比例略高于社会平均值。

新社会阶层的工作强度较大，生活节奏较快，家庭生活时间较少

从北京、上海与广州三地新社会阶层的日常时间分配来看，工作日当中新社会阶层用于工作或学习的时间达到了 7.76 小时，远高于社会的平均值 5.90 小时，非工作日用于工作或学习的时间也略高于社会的平均状况；而在家务方面，新社会阶层工作日用于家务的时间为 64.26 分钟，低于社会的均值 82.37 分钟，非工作日的家务时间为 88.74 分钟，同样远低于社会的均值 102.51 分钟。

新社会阶层娱乐休闲方式多样化

关于新社会阶层的娱乐休闲、旅游方面，调查数据显示，72.4% 的成员表示每年在国内进行自费旅游，31.0% 的成员每年自费出国旅游。旅行已经成为新社会阶层日常生活中常见的休闲方式之一。在阅读书籍方面，81.1% 的成员表示在过去一年至少阅读过一本书籍，最多阅读量达到 200 本，成员偏好的书籍主要是人文社科艺术方面和中外经典名著/小说，可见大部分阶层成员保持着阅读的习惯。同时，55.2% 的成员表示会去现场欣赏音乐，最受欢迎的是流行音乐。关于运动健身，93.1% 的成员表示日常生活中会参加运动，参与率最高的运动项目分别是跑步、散步和羽毛球。

四、关于主观阶层认同

新社会阶层的家庭阶层认同程度高于社会平均水平

社会阶层认同取值为 1 到 10 分的梯度测量。1 分代表最低层级，10 分代表最高层级。统计数据显示，居民阶层地位认同分数分布在 5 分，说明当前北上广三地

居民认同其属于中间阶层的比例相对较多；选择3分和4分的比例排在第2和第3位，人数比例分别占到18.9%和17.9%；而选择1分与2分的人数也占一定比例（17.9%），且高于选择6分及以上的比例（16.2%）；而对于新社会阶层来说，其认为属于社会下层的人数低于平均值，地位认同的分布比例接近于"橄榄型"分布。从阶层认同的平均得分来看，新社会阶层的平均认同得分为4.47分，高于4.08分的社会平均得分。

新社会阶层的个人阶层认同处于社会中间水平

从职业地位、经济收入、消费水平以及综合地位4个方面分析新社会阶层的个人阶层认同，可以看出，北京、上海与广州三地新社会阶层对自身的阶层认同主要集中在中层及中上层范围。选择中下层及下层的比例之和均在40%左右。三地新社会阶层对于自身的职业地位、经济收入等因素在全国范围内的中上层认同的比例明显较高。这说明三地新社会阶层对于自身所处的阶层位置具有较为理性的感知；新社会阶层对于北上广三地在全国范围内的经济实力与竞争能力也有较高的评价，能够较为明显地感知自身在不同区域内的阶层地位。

大部分新社会阶层认为其不属于"中产阶层"

当前北上广三地新社会阶层中只有30.5%的受访者认为其所在的家庭属于"中产阶层"，64.7%的受访者认为其家庭不属于"中产阶层"，另有4.8%的受访者表示不清楚。另外，认为个人属于中产阶层的新社会阶层的比例更低，仅占27.0%，69.5%的新社会阶层认为其个人不属于中产阶层。

从具体的原因分布来看，无论是家庭层面还是个人层面，新社会阶层都认为收入水平、资产总量和消费水平是其没有达到"中产阶层"的主要原因。其中，有83.3%的新社会阶层认为其家庭由于收入水平不够而达不到"中产阶层"的标准，82.0%新社会阶层认为其个人由于收入水平不够而达不到"中产阶层"的标准；资产总量和消费水平的原因分别占到60.6%和58.1%。

五、关于社会参与

本报告从政治参与、社会组织参与及公益活动参与 3 个维度来反映新社会阶层的社会参与状况。

新社会阶层政治参与主要集中在政治事务的讨论

调查数据显示,有 38.3% 的新社会阶层表示曾经与周围人讨论过政治问题,11.7% 的人曾经在互联网上讨论过政治问题,这两项的比例略高于社会的平均水平(35.2% 与 9.7%)。另有 3.6% 与 5.6% 的新社会阶层曾经向新闻媒体写信反映意见和向政府部门反映意见。

新社会阶层参与慈善公益活动的比例较高

从公益活动的参与情况来看,北上广三地新社会阶层主要热衷于参加慈善公益类的活动,有 41.6% 的受访者表示在 2013 年曾经向慈善机构捐款或捐物,所占比例最高。参加环境保护活动的比例为 20.3%,位居第二。义务献血、义务参加专业咨询活动、义务打扫社会卫生以及义务照顾社区的孤寡老人的参与率分别为 17.1%、11.7%、10.6% 与 7.3%,公益活动的参与率有待提高,社会应当积极培养乐于奉献等相关利他主义的精神,更多地参与志愿公益活动,促进其人生价值的实现。

新社会阶层社会组织参与呈现出较为明显的特点

从新社会阶层的社会组织参与来看,由于其均属于非公有制经济单位或从事个体经营,因此工会组织的参与率仅有 14.3%,低于 17.4% 的社会平均水平;但是其参与商会/行业协会的比例达到了 6.7%,显著高于 2.6% 的平均水平,另外新社会阶层参与业主委员会和校友会的比例也较高,分别达到了 7.0% 和 26.1%,具有较为明显的参与特征。但总体而言,新社会阶层社会组织参与率普遍较低,对社会组织的参与意愿与参与程度都不强。

六、关于社会态度与价值观念

新社会阶层的社会信任程度较为一般，但社会包容性较好

在社会信任度方面，相对多数的新社会阶层对于当今社会上的大多数人持"一般"的态度，占比达到52.1%；选择"不信任"和"根本不信任"的比例分别为15.4%与2.5%，而选择"比较信任"和"非常信任"的人数比例为29.4%和0.6%。

在社会包容方面，新社会阶层整体上对于外来移民的看法是比较宽容的。例如，有超过60%的新社会阶层表示不太赞同或者非常不赞同"本地人普遍排斥外来移民"这一说法；超过70%的人赞同"外来移民应该享受跟本地人一样的机会和福利"；超过一半的新社会阶层同样不赞同"外来移民太多会破坏本地文化的传承"和"外来移民导致城市不文明行为的增多"，另外，有超过80%的新社会阶层认为"高层次的外地移民有助于本地发展"。究其原因，一方面是由于新社会阶层经济收入、教育水平普遍较高，对于不同群体之间的融入持包容和积极的态度；另一方面，他们自身中的很多人本身就是改革开放和户籍制度变革的受益者，通过自身的努力和奋斗进入北上广这样的大城市定居，因此他们对于外来移民的态度肯定是宽容的。

新社会阶层比较注重个人权益，但政治态度较为平和

在政府与个人的关系和居民权益方面，新社会阶层较为注重维护个人的合法权益，其态度倾向于更多地参与社会管理。在对于国家发展目标的认知上，新社会阶层中有34.6%的受访者首选了"保持经济持续健康发展"，27.5%的人首选了"全面提高人民的生活水平"，加上次选的比例，这两项目标是新社会阶层认为的当前国家发展最为重要的目标。除此之外，"提高公民文明素质和社会文明程度"以及"保护环境，节约资源"这两个发展目标也是新社会群体较为重视的，这表明新社会阶层对于社会精神文明建设和生态能源可持续发展的重视，具有较强的社会责任意识。

新视野

张德勇 经济学博士，中国社会科学院财经战略研究院研究员、硕士生导师。研究领域是公共财政学，主要集中于财政理论与政策、财政管理。

雄安新区：践行新发展理念的示范区

张德勇

雄安新区是点，整个京津冀地区是面，以点带面，可充分发挥京津冀各自的比较优势，形成区域均衡发展、互利共赢的发展新格局，这对于解决我国其他地区发展的不平衡也具有积极的指导意义。

雄安新区有四大定位，即绿色生态宜居新城区、创新驱动发展引领区、协调发展示范区、开放发展先行区，其核心是如何发展。如果说当年设立深圳经济特区和上海浦东新区是为了加快对外开放步伐、充当中外经济交流与合作的窗口和桥梁，那么，雄安新区的设立，则是新形势下探索全方位发展的示范区，是对新发展理念新的重大实践。

探索解决大城市病的新路径

雄安新区的设立，首先是着眼于疏解北京非首都功能。作为我国政治中心、文化中心、国际交往中心、科技创新中心，北京集各种资源于一身，成为超大城市。近些年来，人口膨胀、交通拥挤、住房困难、环境恶化、公共资源紧张等"症状"日益明显。其背后最主要的原因，是北京承载了许多非首都功能。

正是由于非首都功能的存在，导致北京的人口规模膨胀，从而衍生出一系列大城市病问题。要想解决北京的大城市病，控制人口规模是关键。目前，北京人口已达2100多万人。根据《北京城市总体规划（2016年—2030年）（草案）》，到2020年，北京的人口规模将控制在2300万，然后长期稳定在2300万。要实现这个目标，不是高筑壁垒就能完成的。因此，疏解北京非首都功能，借此将依附于非首都功能上的人口适时转移出去，将是一条必行途径。

雄安新区规划范围涉及河北省雄县、容城、安新3县及周边部分区域，以特定区域为起步区先行开发，起步区面积约100平方公里，中期发展区面积约200平方公里，远期控制区面积约2000平方公里，地理空间潜力巨大。而且，雄安新区位于北京半小时通勤圈的半径内，既避免了过近而可能重蹈过去北京"摊大饼"式发展的老路，又能方便两地间公务、商务等各种活动的进行。这不仅有助于疏解北京非首都功能，也为我国解决其他大城市的城市病问题探索出一条新路。

实现区域协同发展的新平台

京津冀虽地理相近，但区域发展严重不平衡，北京、天津经济社会发展水平远高于河北，发展滞后导致以往河北大量人口流向北京就业、居住、就医等，非但没有起到分流北京人口的作用，反而加剧了北京的大城市病。

实现京津冀协同发展，关键是通过形成分工有所不同、错位发展的新格局，让作为该区域经济社会发展薄弱一环的河北加快发展步伐，逐渐缩小与北京、天津的发展差距。自中央提出京津冀协同发展战略以来，有关部门先后出台了12个专项规划，在交通、生态、产业3个重点领域加大协同力度，取得了积极进展。2022年北京冬奥会、规划建设北京城市副中心，为推进河北张北等地区建设提供了契机。如今，雄安新区的设立，又为广大冀中南地区乃至河北的发展提供了新契机。

2015年4月，中共中央政治局审议通过《京津冀协同发展规划纲要》。纲要指出，推动京津冀协同发展是一个重大国家战略，核心是有序疏解北京非首都功能。这意味着，实现京津冀协同发展，有序疏解北京非首都功能是重要抓手，以此带动河北经济社会发展攀上新台阶。雄安新区是点，整个京津冀地区是面，以点带面，可充分发挥京津冀各自的比较优势，形成区域均衡发展、互利共赢的发展新格局，这对于解决我国其他地区发展的不平衡也具有积极的指导意义。

打造创新发展的新引擎

在新发展理念中,创新发展居于国家发展全局的核心位置。雄安新区的设立与即将开始的建设,与创新发展理念一脉相承。在规划建设雄安新区要突出的七方面重点任务中,建设绿色智慧新城,建成国际一流、绿色、现代、智慧城市和发展高端高新产业,积极吸纳和集聚创新要素资源,培育新动能,无一不是对创新理念的具体体现与落实。

雄安如同白纸一张,没有过多的历史包袱与束缚,这就为体制机制创新、科技创新等各种创新发展提供了大有作为的施展空间。承接北京非首都功能,可以让集聚在北京的研发资源适度向该区域分流,与此相关的产业、机构等就可能相应地随之落户于该区域。一方面,这符合雄安新区要"建设绿色智慧新城,发展高端高新产业"的要求;另一方面,也有助于通过实施创新驱动战略打造区域的新增长极。

将创新发展融入雄安新区建设中,将该区域建设成为京津冀的创新中心,既有利于为当地可持续发展增添源源不竭的动力,又能为河北传统产业的改造升级起到辐射带动作用。通过雄安新区的创新发展实践,将大大有助于补上河北经济社会发展的短板,如此才能圆满实现京津冀协同发展的目标。当然,创新发展不仅体现在诸如科技创新这样的"硬件"上,更体现在体制机制创新这样的"软件"上,在即将开始的雄安新区建设中,应以体制机制创新为引领,以"软"带"硬"、"软""硬"兼顾,才能更好地突出雄安新区作为创新驱动发展引领区的示范作用。

推进改革开放的新坐标

与深圳经济特区和上海浦东新区相比,雄安新区具有明显的后发优势。经过改革开放近40年的发展,中国已成为世界第二大经济体,逐渐探索出了一条适合中国国情的发展道路。与改革开放初期"摸着石头过河"显著不同的是,如今我们更加强调顶层设计。雄安新区的四个定位和七大方面的建设重点任务,都是从顶层设计出发，体现了新形势下以习近平同志为核心的党中央治国理政新理念新思想新战略。

深圳经济特区和上海浦东新区在不同历史时期具有不同作用，雄安新区在新的历史时期也将具有承前启后的新作用。坚持世界眼光、国际标准、中国特色、高点定位，推进体制机制改革，发挥市场在资源配置中的决定性作用和更好地发挥政府作用，扩大全方位对外开放，打造扩大开放新高地和对外合作新平台等，这是着力打造改革开放升级版或加强版的一个缩影。

雄安新区的设立与建设，承载了新时期推进改革开放的新探索，其一系列新的改革开放实践，有望对全国其他地区的改革开放实践产生借鉴意义。深圳经济特区在珠三角，浦东新区在长三角，雄安新区在京津冀核心位置，三大改革开放重点区域，各有侧重，相互呼应，将共同谱写新时期中国改革开放的新篇章，从而使全面贯彻落实新发展理念有了新的有力支撑。

周宏仁 国家信息化专家咨询委员会副主任,研究员,博士生导师。研究领域:战略规划与信息管理、电子政务和信息应用等。

互联网+与制造业融合的发展趋势

周宏仁

进入21世纪以来,中国大规模国家信息化发展开始起步。由于有发达国家几十年积累起来的许多信息化成果和经验可资借鉴,中国利用"后发优势",采取"跟随战略",比较快、比较顺利地在各个领域完成了大量的、重要的信息化应用系统建设,在电子商务、电子政务、两化融合、三农信息化、现代信息服务业、新兴产业发展、居民信息化素质提升等等方面,都取得了举世瞩目的成就,产生了巨大的经济社会效益,极大地推动了中国经济社会的发展。就信息化而言,中国与发达国家的差距正在逐步缩小。相应地,中国的"后发优势",也已经所剩无几。

与之同期,全球信息化的发展正进入一个新的阶段,在经历了数字化和网络化的快速发展之后,智能化正在成为全球信息化向高端发展最主要的特征之一。信息化发展的过程中有几个关键步骤,我们不能错过,否则和发达国家信息化水平的差距可能再一次被拉大。最近几年,媒体对服务业中"互联网+"发展有了较多的宣传,但是对制造业中"互联网+"发展的重视程度远远不够。制造业是国民经济的脊梁,如果没有制造业的发展,即使其他行业有巨大的发展,对中国这样一个大国来讲也是一件危险的事情。

一、制造业信息化的发展

制造业的发展首先关心的是企业，一个制造企业的内部信息化和外部信息化都存在着诸多值得研究的问题，下图给出了一些思考的方向。

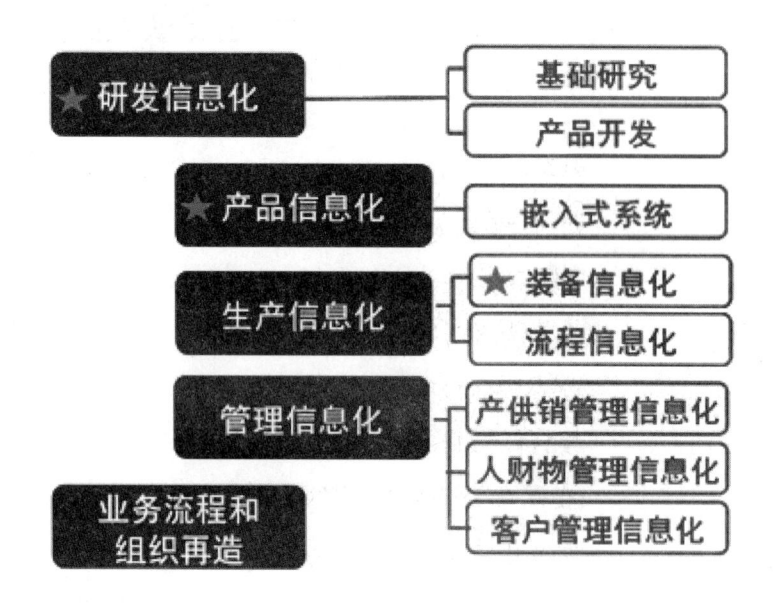

图1 企业内部信息化的内涵

企业内部信息化的内涵（如图1所示），包括研发的信息化，产品的信息化，生产的信息化，管理的信息化，以及信息化所带来的业务流程和组织再造。上述每一个方面的信息化，都有自己丰富的内涵。例如研发信息化覆盖基础技术研究和产品研发；产品信息化包括嵌入式系统的应用，促进产品智能化的发展；生产信息化包括生产装备的信息化，以及生产流程管理的信息化；而管理信息化则包括产供销、人财物、客户关系的信息化等等。

任何一个企业，除了内部的各种业务关系以外，还有广泛的外部联系（如图2所示）。企业外部的输入有原材料、零部件、装备、人员等等；企业产出的外部联系包括销售、银行、协作单位、客户等等。

企业内部和外部的环境加在一起，构成企业信息化的全部内涵。

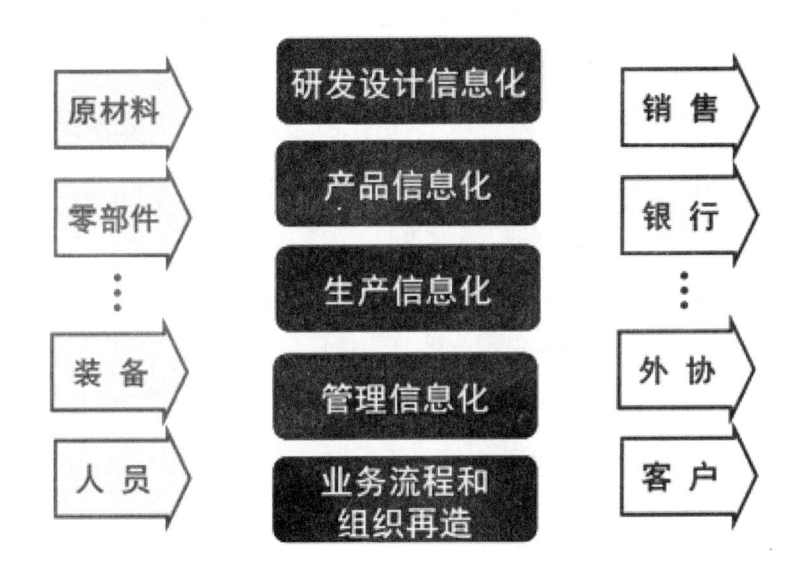

图2 企业外部信息化的内涵

（一）企业数字化的发展

工业软件支撑了企业数字化的发展，如：计算机辅助设计、辅助工艺、辅助工程，产品数据管理，全生命周期系统；生产制造过程也有很多软件。值得一提的是ERP系统，ERP在企业数字化的发展中，扮演了整合不同数字化系统的关键性角色。

数字化对传统企业的改造，一步一步走得非常清楚。1974年，第五代使用微处理芯片和半导体存储器的计算机数控装置研发成功，数控机床随之在制造业大量应用，对工业化升级产生了革命性的影响；20世纪50年代，美国诞生了第一台计算机绘图系统，成为最早的计算机辅助绘图系统，催生了60年代初的计算机辅助工程；60年代末，挪威开始研发计算机辅助工程设计；1971年，法国雷诺公司率先成功实现计算机辅助制造（汽车车身的设计和加工）。数字化对传统工业的改造，从接到订单开始，产品设计、工业设计、主生产计划制订、备料和加工产品装配，直到交付，所有的这些环节，全部实现计算机化。

全三维数字化和数字仿真,是工业数字化向高端的发展。数字化的目标,是要形成一个完全数字化的企业,包括:数字化的研发体系、数字化的设计体系、数字化的制造体系、数字化的管理体系和数字化的产品服务体系。同时,企业信息化向数字化大系统集成、最优能力集成的方向转变,向高度并行、多组织协同转变。实现完全数字化,不仅国外的先进企业已经做到,国内也有一些先进的制造企业能够做到。

工业软件的重要性,非常值得重视。从 2010 年开始,中国的制造业总量已经位居全球第一,在全球制造业的份额为 20.9%;美国排名第二,约 20.7%;位于第三和第四位的日本和德国,分别只占 10.4% 和 6.26%。但是,中国工业软件市场仅占全球工业软件市场的 1.7%。中国制造业的信息化水平由此可见一斑。目前,中国高端的工业软件 90% 以上依赖进口,而且价格非常昂贵。制造业工业软件应用水平的低下,反映了制造业计算机、网络、数据的应用水平很低。工业软件是当前我国企业数字化发展的主要瓶颈之一。

抓制造业信息化的发展,工业软件是一个非常重要的抓手。必须认识到,工业软件并不单纯是一个软件,而是多种学科交叉的研究结果。只有制造行业的优秀专家和工程师与软件科学家的结合,才能够开发出一流的工业软件。高端工业软件是科学研究和技术创新成果的软件表现,学术、技术水平很高。

(二)企业网络化的发展

企业网络化的快速发展发生在 20 世纪 90 年代初。随着互联网应用在全球的普及,制造企业不断努力实现企业信息系统的网络化,也就是"互联网+"。许多企业开始构造企业的内部网和外部网。内部网就是把企业内部的各种不同功能的信息系统通过联网而"打通";外部网则是把企业和外部的合作单位通过联网而"打通"。前者是企业内部信息系统的垂直整合,后者则是企业之间信息系统的横向整合。企业内部信息系统的一体化就是要把研发设计信息化、产品信息化、生产信息化、管理信息化和业务流程与组织再造这五部分打通,共享数据和信息。企业外部信息系统的一体化就是要把企业与外部合作单位的信息交换打通。例如,供货方可以查阅本企业的原材料和零部件消耗,确定是否需要立即及采取何种方式向本企业供货;销售方可随时了解企业的生产情况及新品生产形势,考虑相关销售活动的安排和市场策略；企业所在的银行也可以进入外部网，了解企业财务状况，并在网上完成企业与银行之间的各种财务交易手续，等等。

"互联网+"在20世纪90年代末给企业带来了非常显著的效益。美国福特汽车公司的内部网连接了全球范围内的12万台计算机工作站；日立公司的外部网在1997年已经覆盖了全球2100家和它有联系的公司。另外，在利用互联网做电子销售方面，戴尔和思科是当时最为成功的企业，它们通过外部网大幅度地增加了销售金额。

以下列举三项比较先进的网络制造技术。第一个是全三维的数字化、网络化的协同平台，可以使企业集团所有的下属企业和研究所，利用这个平台协同工作，完全打造成一个整体，数据通过协同平台实现集成，生产流程通过协同平台实现网络集成。协同平台可以支持跨地域、跨企业的联合研制和生产。多场所、一体化、最优能力集成的研制生产新模式，提高了集团的协同创新能力。波音公司的全球协同环境，空客公司的混合并行工程环境都是这样的协同平台。一个全三维的数字化协同平台，对提高设计效率和质量，改善专业设计方式，提高设计能力非常重要，这是典型的、十分先进的"互联网+制造"。

第二个是关联设计系统。关联设计系统通过和虚拟现实系统的集成，实现虚拟现实环境下的设计协调，干涉检查和分析，可以支持成百上千的在线用户进行实时并行设计。利用这个技术，任何一个系统或一台装备的总体、各子系统、机械结构等三维设计的结果均可相互关联。只要在整体结构图上对零件进行了更改，就可以自动地完成零件图的修改，对相关零件进行必要的调整，从而缩短设计迭代周期，有效提高设计效率。

第三个是全三维标注技术。原来设计作图，只能做到二维，三维就非常困难了。利用这项技术，任何一个产品零件都是三维的，在全三维的模型中可以传递所有零部件的制造信息，保证所有产品单一数据源；还可以使设计制造并行工程效率大大提高，通过基于成熟度数据的并行，工艺设计、工装设计几乎可以同步开展，生产准备周期因而大幅缩短。显然，这个基于全三维模型定义的设计制造系统，也完全依赖于网络化。

上述的这些技术代表了现代制造业的先进水平，但是这些技术依托的核心技术就是各种各样的工业软件。这些软件的开发费用非常昂贵，有着"投入很大，用户很少"的特点。因此，这些软件的研发离不开国家的支持和帮助。

（三）企业智能化的发展

智能制造的核心问题有两个：一个是产品，制造业生产的产品必须智能化，尤其是装备制造企业生产出来的装备；另一个是生产过程，即生产过程必须智能化。生产过程的智能化，包括使用各种各样的信息技术、传感器技术，还有高性能计算来完成建模、模拟分析，也包括机器人、过程监测、自动化等等。生产制造的智能化，早在数字化时期已经开始。早期的二维CAD技术，就是一种智能化的设计技术，三维CAD软件，更是一项高度智能化的产品。网络制造，如"数字化、网络化协同平台"、"关联设计系统"、"全三维标注技术"等，都是带有高度智能化特征的产品，是集数字化、网络化、智能化于一体的，高度信息化的技术和产品，仍然是"互联网+"时代企业信息化必须追求和努力实现的目标。目前，企业的智能化正在向更新和更高的目标发展，具有代表性的就是德国提出的工业4.0和美国提出的工业互联网。二者殊途同归，最终目标是要构造一个实现人、（计算）机、物一体化集成的、智能化的系统，这是企业信息化向高端发展和创新的方向。

我们回顾下过去几十年制造业信息化的发展历程。20世纪60年代，产生了很多的工业软件，推动了制造业数字化的发展，并且已经开始有了一些自动化的产品，如数控机床、嵌入式系统；到了80年代中期以后，开始走向网络化，即局域网、广域网等，同时也产生很多相应的工业软件，随着网络化的发展有了内部网和外部网，还有互联网；在智能化方面出现了全三维标注、关联设计、全球协同平台等等。21世纪以来，企业信息化进入方框里的关注焦点区域内，如业务智能技术的应用。近年来，全球物联网成为全球信息化的一个热点，同时，智能产品、工业互联网、智能互联网系统都成为新一代企业信息化发展的核心问题。

二、认识工业互联网系统

未来企业信息化的发展，现在有两个说法，一个是工业4.0，一个是工业互联网。工业互联网与工业4.0，在提法上有不同的侧重点，但本质上是一回事。强调的都是实现企业信息系统的一体化、智能化、自动化。工业互联网和工业 4.0 都是过去几十年企业信息化成就的总结，而且提出了未来 10 至 15 年企业信息化追逐的更高层次的目标。通过研究这两个新概念和新思想，我们可以看到，新一代的企业信息化将往哪里走，在企业实现了网络化、全三维数字化平台、关联设计等等之后，企业信息化又要关注什么，最终的目标又是什么。

从我国大多数企业信息化的实际情况来看，不可能奢求在几年之内就完全实现工业 4.0 提出的各种设想和功能目标。当前企业应该审慎思考和评估的是，企业该做的、基础的、重要的信息系统是否都已完成，应用得好不好。企业必须在工业 4.0 或者工业互联网这个大方向的引导之下，抓紧企业数字化建设的"补课"。

（一）工业 4.0

工业 4.0 不仅强调了内、外网的一体化，还强调了智能物理系统（CPS，Cyber-Physical System）在企业的应用，核心是推动企业的智能化和数字化的自动化。智能物理系统与嵌入式系统是两个不同的概念。嵌入式系统为产品的计算机化服务，强调在产品中增加新功能，提高产品性能。智能物理系统解决的是如何使企业的各种计算机系统和企业的各个物理系统协同工作，从而实现劳动生产率的最高化，系统运行的最优化，以及管理有效性的最大化。现有的系统工程理论中，还没有一套系统的、完善的、关于智能物理系统的理论体系。美国国家自然科学基金会认为，CPS 是系统工程理论未来一二十年重大的发展方向；早在 2006 年，就将这个领域作为信息时代系统工程理论的一个重大研究方向给予资助。无疑智能物理系统将促进理论研究的发展，也带来很多创新的空间。

（二）工业互联网

早在 2000 年 8 月，就有美国学者提出了工业互联网的概念，基本思路是把复杂的物理设备和网络，包括传感器和软件等，构造成一个系统化的整体，将大数据、机器学习、M2M 等全部整合在一起，利用所得的数据和信息，控制和调整设备，以得到最优化的结果。最终目的是构造企业级的一体化的系统。工业互联网是一个综合性的企业信息化总体解决方案，包含一整套内置的核心技术，一定会成为一个综合性的技术大类。工业 4.0 和工业互联网这两个提法，我个人比较倾向于工业互联网，因为它把未来企业界的网络，以及全球网络化的发展，描述得比较清楚。

工业互联网具有 5C 架构（图 3）。5 层中的第一个字母都是一个"C"。最底层是智慧的连接层（Connection），即一个企业所需要的数据都必须能够无障碍地获取。第二层是转换层（Conversion），即将数据转化为信息，对获得的数据进行数据挖掘和分析，得出对决策有用的信息。第三层是计算网络层（Cyber），是企业信息中心的枢纽，在这一层，将取自第二层的信息与原来设定的期望值进行对比，发现企业运行中的问题或机会。第四层是认知层（Cognition），由第三层获得的信息，以及监控资产和设备状况，以可视化的方式，向决策者提供关于企业目前存在问题的认知，并使决策者能够做出相应的决策。第五层是配置层（Configuration），目的是通过网络空间，把决策信息送到物理空间，送到相应的子系统中，完成对相应的设备或系统做出调整的实际操作。

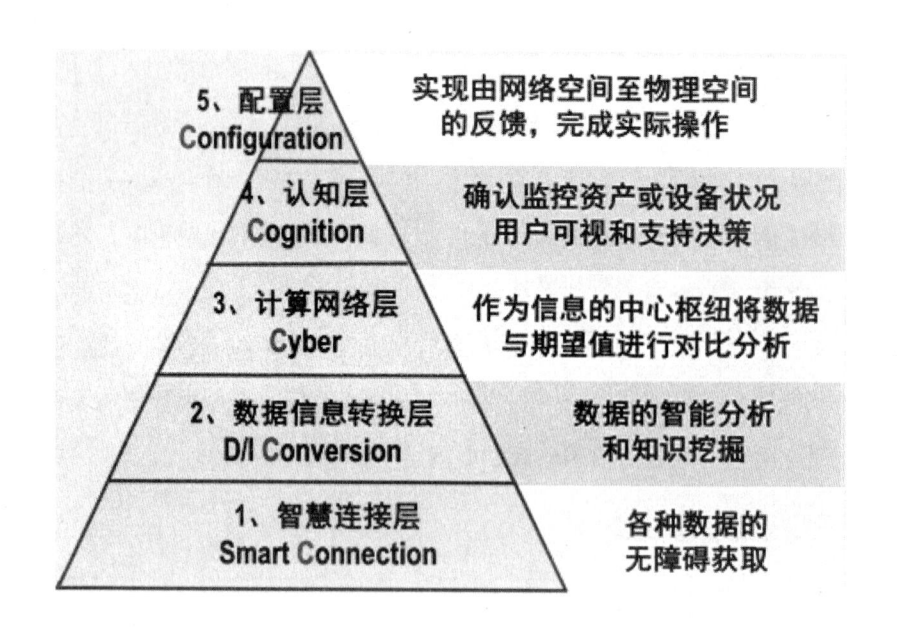

图 3　工业互联网的 5C 架构

这个 5C 的架构，实际上是一个企业级的反馈控制系统，一个包括人、（计算）机、物在内的反馈控制系统。系统的控制对象，无论是人、机、物，其现况信息都是通过C1（第一层）来获取的。获取后，送到反馈器，即C2（第二层），进行数据挖掘和分析，所得出的整个企业状况的实际值和期望值在C3（第三层）进行比较，比较后得出决策信息C4（第四层），指示在什么地方需要做出怎样的调整或改变，最后是由控制器C5（第五层）发出指令，实施对人、机、物的控制。反馈控制是自动控制理论最核心的思想之一，只有反馈控制才能达到最理想的控制效果。在人、机、物一体化的大系统情况下，反馈系统的一体化和优化设计，确实有很多重大的理论和创新问题。

认识工业互联网非常重要，尤其要抓住它的本质和内涵，对中国企业信息化的发展意义非凡。工业互联网系统不仅涉及信息技术的各个方面，而且也涉及很多相关的科学技术领域，世界上没有一个企业能够承担工业互联网的全部研发任务。为此，美国几个IT巨头牵头组织了工业互联网联盟。2015年6月，美国工业互联网联盟发布了一个工业互联网系统的参考架构，对工业互联网的构成要素，各要素之间的相互关系等，都进行了比较系统的探讨和研究，为工业互联网的系统架构、解决方案架构和应用架构提供了一个开发指南，具有重要指导意义。

工业互联网提出了分析系统功能的四个维度，包括业务的维度、用户的维度、系统功能的维度、系统实现的维度，对每一个维度都做了详细的需求分析，研究了必须要考虑的基本问题。

工业互联网系统的参考架构将工业互联网系统分成内外三层：外缘层、平台层和企业层。企业需要的所有数据，通过外缘层进入企业的数据平台，在平台层进行数据的转换和分析，在完成一系列操作运算后，产生决策所需的数据，并送入企业层；企业层接收这些数据之后，根据决策系统设定的规则决定企业下一步怎么做，并将决策产生的控制信息流返回到平台层，平台层对控制流进行分析后，再送到外缘层，包括企业外部的相关企业。整个过程中，核心的部分是数据的分析和处理，包括终端数据的获取、先进的数据处理、决策的执行模块、系统输出的产生等等，各种模型的构建和数据的分析计算，是数据处理系统的核心。

工业互联网系统涉及很多核心技术。第一层涉及物联网技术及应用；第二层用的是业务智能和大数据技术；第三层是云计算技术；第四层离不开计算科学技术；第五层则是网络化的自动控制技术。

不难看出，工业互联网所需要的技术支撑，实际上把当前信息技术发展的热点几乎都概括其中。目前，我国大数据、云计算、物联网等都炒得很热，但是，如果这些热门技术不围绕一个主题，朝着一个共同方向努力的话，是形不成竞争优势的。

2016年3月2日，工业互联网和工业4.0这两个技术平台，在瑞士苏黎世做了对接。双方达成协议，必须实现工业4.0参考架构模型和工业互联网系统架构模型的兼容性和互操作性，这是二者得以共享全球市场的一个重要步骤。中国也已推出自己的工业互联网架构模型，但总体来看，我们的步子还是慢了一些。如果我们的步子能够更快一些，工业互联网系统的竞争有可能形成三足鼎立的局势。特别是，其中涉及很多标准和规范问题，如果我们不参与前期标准的制定，就会非常被动。中国必须尽快建立团队，推出自己的工业互联网系统"参考架构（IIRA）"，并与"工业4.0平台"和"工业互联网联盟"展开协调行动，以避免被边缘化。

（三）全球物联网

工业互联网系统的快速发展，使全球物联网成为业界关注的焦点。如果一个企业进来的和出去的产品都具有联网功能的话，物联网的问题还只限于一个企业的内部，对产业影响不大。但是，如果全世界绝大多数的企业都需要将输入和输出的产品联网的话，这个物联网就变成了一个全球物联网（the Internet of Things），与几年前讲的物联网的概念不一样，它是一个第一个字母大写的物联网。全球物联网因之提上了全球信息化发展的议事日程。英特尔公司估计，到2020年全球物联网大概要提供一个500亿物品互联的互联网基础架构。现在的互联网，是人的互联网，总共连接的只是30亿到40亿人，物联网将带来互联网络十几倍甚至几十倍的扩张。Gartner公司估计，到2025年，全球互联的物品大概有2000亿个。这样一个庞大的物联网，给互联网未来的发展带来了巨大的挑战。不难看出，工业互联网本身就是一个人、机、物的互联网，全球物联网就是一个全球的人、机、物的互联网，这个网络在现有互联网的基础上生长起来，必将会带来巨大的经济和社会变革。

全球物联网覆盖所有的重要领域，包括各种各样的业务活动、能源、消费、健康与生命、IT技术和网络、安全和公安、零售业和交通制造等等，由此将产生一个智能互联的世界。一些重要的行业，如通信、零售、汽车、医疗等等，将发生重大的变革。这就是未来15至20年可能产生的新的前景。

物联网、大数据和云计算将走向融合。对于全球物联网，大数据可以帮助各行各业提升业务洞察力，推动全球基于数据驱动的经济发展，进而推动国家治理和社会发展。全球物联网成为全球最重要的数据采集和数据共享平台，形成新一轮的海量数据增长浪潮，成为衍生无数个具有真正商业价值和业务洞察力的大数据平台。这是工业互联网和全球物联网真正的价值所在。大数据和云计算的发展，将视物联网的发展而确定其方向和重点。各种形态的"云"和"云联网"，将为物联网和大数据提供不同类型的服务和所需要的不同的商业模式。

全球物联网不是一个垂直的或水平的、局域的物联网，而是一个人、机、物的互联网，这是一个必然的发展结果。意识到这一点，就知道全球信息化的发展方向发生了重大转变。现在最重要的是，我们必须转变思想和观念，迎接全球物联网带来的这种革命性变革。

大数据的发展也会面临很多挑战。上千亿物品的数据在网上流动，这些数据存在哪里，需要什么样的数据中心，什么样的分析技术，什么样的隐私保护等等，都是新生的问题。云计算也是一样，怎样在云与云之间实现互联，如内部网和外部网，未来就是云和云的互联，一个企业和很多其他关联企业的私有云的互联。云网络、云安全、云服务的管理等等，也会带来一系列需要解决的问题。

应该看到，工业互联网系统的基本思想，不仅适用于任何制造企业，而且适应于政府和其他企事业单位。不仅对大型或跨国企业赢得国际竞争力极为重要，而且对国家信息化和信息产业的发展影响十分深远。工业互联网系统是一个"改朝换代"的系统和产品，市场需求极大，目前虽然是针对企业设计的，但全社会的每一个领域都会被"裹挟"进来。因此，工业互联网是全球信息化进入一个新时代的表征，中国决不可掉以轻心。未来10至15年，全球信息化在很大程度上将围绕推动工业互联网系统的发展而发展。全球信息技术和产业的生态将发生重大变革。

张永军 中国国际经济交流中心研究员、副总经济师。
张影强 中国国际经济交流中心高级经济师、博士。

"互联网+": 发展分享经济的引擎

张永军　张影强

在经济新常态下,党和国家高度重视发展分享经济,提出要实施"互联网+",发展分享经济。习近平总书记在第二届世界互联网大会开幕式上指出,我国将发展分享经济,支持基于互联网的各类创新,提高发展质量和效益。李克强总理在2015年夏季达沃斯论坛上指出,分享经济是拉动经济增长的新路子。党的十八届五中全会指出,要实施"互联网+"行动计划,发展分享经济。

一、分享经济是经济发展的新趋势

(一)分享经济是全球经济的新亮点

全球产出增长在2008年金融危机期间大幅下滑,自金融危机以来,许多经济体一直面临生产力增速放缓局面。国际货币基金组织(IMF)预测,2015年至2020年,发达经济体的潜在经济增长率将从金融危机后六年的1.3%回弹至1.6%,但仍远低于危机前2001年至2007年期间2.25%的平均值。相比之下,新兴经济体的状况更加严峻。2015年至2020年,新兴经济体的平均潜在增长率将从2008年至2014年的6.5%进一步下滑到5.2%,比危机前水平下降近两个百分点。正当全球经济低迷之时,分享经济却一枝独秀。全球分享经济的领军企业美国的UBER(优步)和

Airbnb（空中民宿），中国的电子商务，最近几年均呈现了爆发式增长，并带动快递等行业的蓬勃发展，引发了分享经济模式在房屋租赁、交通出行、家政、酒店、餐饮等多个领域的创业潮。

（二）分享经济是我国经济转型升级的重要动力

从 2008 年全球金融危机以来，全球市场萎缩，我国面临产能过剩、老龄化凸显和资源环境约束增强等方面的问题，经济下行压力加大，投资回报率降低，也造成了社会资源闲置浪费和产业结构失调。十八届五中全会提出"创新、绿色、协调、开放、共享"成为"十三五"时期及未来更长时期内我国经济发展的基本理念，中央经济工作会议确定 2016 年主要任务是"去产能、去库存、去杠杆、降成本、补短板"。分享经济依托互联网技术，能有效减少供给和需求的信息不对称问题，在去产能、去库存和降成本等方面具有天然的优势。因此，分享经济尽管在中国起步较晚，在"大众创业、万众创新"的国家战略鼓舞下，在短短几年时间内就涌现了"滴滴出行""途家""小猪短租""回家吃饭""陪爸妈"等体现分享经济理念的企业。我国将是下一阶段体量最大、最受关注的市场，分享经济给我国经济转型升级带来新动力，也必将成为中国经济新的增长极。国家信息中心发布数据显示，2015 年我国分享经济规模约为 1.95 万亿元，参与分享经济活动人数已经超过 5 亿人；预计未来五年分享经济年均增长速度在 40% 左右，到 2020 年市场规模占 GDP 比重将达 10% 以上。

（三）分享经济是"供给侧"和"需求侧"两端同时进行的革命

分享经济是"供给侧"和"需求侧"两端的革命。在"供给侧"，通过互联网平台，可以实现社会大量闲置的资金、土地、技术和时间有效供给，解决当前我国资源紧张和大量闲置浪费并存的现象，将居民私有资源转化为社会的公共供给。比如，可以将赋闲的专业技术人才转化为社会的有效供给，缓解当前我国教育、医疗、养老等政府公共服务有效供给不足等问题。在"需求侧"，分享经济则能有效匹配消费者的需求，以最低的成本满足需求。消费者节省了大量的"搜寻成本"，能及时了解其他消费者对商品和服务的真实评价，提高了整个社会消费者的福利水平。

二、分享经济集中体现"五大发展理念"

坚持创新、协调、绿色、开放、共享"五大发展理念",发展分享经济是重要举措。

(一)创新发展是分享经济的根本动力

分享经济是伴随着物联网、云计算、大数据、移动互联网等信息通信技术的创新应用而兴起的,以生产资料和生活资源的使用而非拥有为产权基础,通过以租代买等模式创新,实现互通有无、人人参与、协同消费,充分利用知识资产与闲置资源的新型经济形态。当前分享经济的领头羊优步、空中民宿和滴滴快的等公司,无一例外是互联网高科技公司。这些公司均搭建了互联网第三方平台,能精确地动态匹配闲置资源的供需双方,实现闲置资源使用权交易。通过互联网平台,消费者可以便捷地约车、搭车,价格明确,支付方便;可以租住私人住宅,更好地获得本地化的旅行体验。另一面,资源提供者可以用私家车或家中闲置房间获取收益。这样的商业模式创造出全新的用户体验、供应源及市场,同时减少了浪费,提高了社会资源使用率,有助于节能减排、保护环境。上述模式,为住宿、出行等传统行业存在已久的供求难题提出解决方案,打破了传统规则。本质上则是源于技术创新、制度创新和商业模式创新。

(二)绿色发展是分享经济的重要特征

分享经济是一种新的生产方式,能有效减少投入和节约成本,实现消费模式从"扔掉型"转变为"再利用型",通过社会存量资产调整实现产品和服务的合理分配和资源及商品最大程度的利用。从全社会看,分享经济增加了有效供给,节约了资源,保护了环境,将有效推动绿色发展。分享经济通过物尽其用,实现了经济增长与环境保护的统一,顺应了绿色消费、绿色生产和可持续发展的大趋势。面对住房、汽车、书籍等多类商品,变单独占用为共同分享,使物尽其用,成本低廉。我国人口众多，人均资源相对匮乏，分享经济无疑对节约资源能源、缓解资源环境压力、促进经济可持续发展具有重大的意义。

（三）协调发展是分享经济的内在要求

分享经济强调人人参与，互联网平台打破了地域、城乡、国别、性别等限制，对参与人平等开放。不管你身处富裕的沿海地区，还是在沿边落后地区，只要有条件接入互联网，分享平台对所有符合规则的人都是平等的。互联网的公平接入特性使得分享经济能有效地缩小城乡差距，就业和提供商品及服务的门槛降低了，边远和落后地区也能有同样的机会参与，减少了机会不平等，能提高弱势群体的收入水平。比如，在优步、淘宝和空中民宿等互联网平台上，所有企业和个人都能共享全球市场，消费者也能选择全球各地的商品和服务。在移动互联网时代，分享经济更是减少了区域间的不均衡现象。

（四）开放发展是分享经济的基本理念

唯有开放，分享经济才更加具有生命力。互联网、智能终端和物联网的发展使得任何人和物都具备了互联的条件。分享经济与传统经济相比，开放度大大提升，通过开放不断降低成本，持续创新，促进快速增长。比如，全球最大的移动交通平台滴滴快的仅用3年时间，移动出行平台上就活跃着3亿乘客和超过1000万的注册司机，占有中国专车市场份额的80%、中国出租车召车市场99%的份额、用车次数是优步全球规模的3倍。再比如，空中民宿对所有想出租自己房产的人开放，从2008年创立仅用了7年时间，就已经在全球190个国家34000多个城市提供了6000多万个独一无二的客房，这一数字已经远远超过了万豪、希尔顿、喜达屋等任何一家经营多年的全球连锁酒店集团。

（五）共享发展是分享经济的落脚点

分享经济使所有参与人共享财富，实现人人参与、人人分享的目标。美国有关机构调查显示，在美国多数城市，空中民宿上的公寓价格要比一般酒店便宜21%左右，消费者乐意从海量的个人租户那里寻求房源。滴滴快的公司提供的顺风车服务价格是出租车价格的 40%，社会也实现了绿色出行和碳排放减少，车主分摊了出行成本，乘客降低了乘车成本，所有参与方实现了共赢。在我国，共享理念的实质是坚持以人民为中心的发展思想，体现的是逐步实现共同富裕的要求。共享应该是分享经济的落脚点和归宿，唯有多方受益，才能保证可持续发展。

三、"互联网＋"是分享经济发展的引擎

（一）互联网普及是分享经济发展的基础

早在 20 世纪 70 年代，分享经济便作为"协同消费"或"合作式消费"的概念而被提出，但发展并不快。随着互联网的普及，尤其是移动互联网快速普及，分享经济在全球快速发展，创新不断涌现，企业规模呈几何倍数的增长，参与的人数迅速上升。互联网使得任何人和物可以不受时间和空间约束实现互联互通。可以说，分享经济快速发展的基础是互联网的发展。国际电信联盟（ITU）发布的全球互联网使用情况报告显示，到 2015 年底，全球网民数量达 32 亿左右，而在 2000 年全球仅有 3.61 亿网民。中国网民规模达到 6.88 亿，互联网普及率达到 50.3%。其中，我国手机网民规模达 6.20 亿，有 90.1% 的网民通过手机上网。移动互联网迅速普及与深化应用，极大地推动了分享经济的创新发展。

（二）"互联网＋"是分享经济发展的助推器

互联网是分享经济的基础，互联网与产业的深度融合、在社会生活和政务服务等领域的深度应用是分享经济发展的土壤。"互联网＋"战略在 2015 年《政府工作报告》中正式提出后，得到各部委和地方的高度重视，国家密集出台文件部署推进工作。围绕"互联网＋"，政府在推动电子商务、大数据、云计算、智能制造等方面出台了一系列政策，并全力推动"大众创业、万众创新"活动。政府也在协同制造、现代农业、智慧能源、普惠金融、公共服务、高效物流、电子商务、便捷交通、绿色生态、人工智能等领域，着力推动互联网与相关产业（领域）的深度融合。在"互联网＋"新环境下，从互联网、物联网到人联网必将有力促进分享经济的可持续发展。

（三）健全的互联网社会治理机制是分享经济发展的保障

分享经济在全球范围内是新事物，我国也正处于发展的起步阶段。现行法律和法规既无法规范分享经济的发展，也无法有效解决发展过程中产生的新争端。以交通出行为例，互联网平台企业调动私家车参与营运，存在税收和监管方面的缺失，对传统出租车司机和公司的利益带来影响。此外，部分互联网平台企业准入门槛不高，约束不足，员工一般不具备相应运营许可或职业认证，平台企业很难确保安全保障义务和服务质量。如果没有一个与互联网社会相适应的治理机制，就无法保障分享经济健康发展。

四、创新治理方式，助推分享经济发展

（一）更新理念 创新监管

分享经济是大众参与的商业模式，政府的监管对象庞大并有一定的虚拟性，监管内容快速增长，需要及时调整监管和治理模式。市场监管部门要积极地适应新常态，解放思想，转变监管理念，塑造互联网监管思维，发挥大众评价、企业治理、行业自律等多方作用，建立多方协同治理机制。创新监管方式，利用大数据技术等加强监督检查和违规处置，建立健全以信用为基础的事中事后监管体系，加大失信惩戒力度。诚信是分享经济发展的基石，信息技术确实有助于减少信息不对称，但无法从根本上保证双方信息的真实可靠，需要各参与方恪守诚信。英国、美国等分享经济发展快，很重要的原因是建立了较完善的社会诚信体系，分享平台企业可以充分利用政府信息资源。我国政府应整合分散在各个部门的信用信息，利用已有认证系统。另外，向分享经济平台开放电子化的犯罪记录等相关信息，并降低开放的门槛和费用，使参与者能低成本获取相关信用信息。要培育专业的信用服务公司，构建用户信用评级系统，将分享经济中的诚信者和欺诈者纳入目录，并对信用极差的个人或企业进行披露。

（二）拥抱创新 趋利避害

分享经济是大势所趋。当前我国经济下行压力大，产能过剩、库存严重和杠杆过高等问题突出，分享经济能有效利用产能和降低库存，破解资源和环境双重约束。政府首先要鼓励创新，不仅要营造企业创新发展的环境，更需要创新治理方式来适应分享经济发展的要求。当然，任何新事物都有两面性，有利也有弊。分享经济的发展，导致个人信息和隐私暴露的风险加大、传统企业收入减少、一些人失业、新的法律纠纷增加等。这些不稳定、不安全因素也使有的部门不会管、不敢管，导致新的风险不断聚集；有的部门对新事物"严加看管"，对任何不符合现有法规的"一棍子打死"，阻碍了创新。作为市场监管者，要科学认识新生事物，最大限度地保护创新；同时也要坚守监管的底线，在最大限度保护创新的同时，将风险降到最低。

（三）完善法规 保障发展

在分享经济模式下，现有法律和规范存在模糊边界，相关的保险、税收、劳动法等法律法规也不尽符合分享经济发展要求。应及时修改相关法律法规，这是当前全球分享经济发展亟须解决的共性问题。英国提出了要建设"全球分享经济中心"的战略目标，率先修改了税收政策。美国旧金山政府也就网上短租修改了相关法律。对我国而言，亟须制定适应分享经济的法规，并对网络平台和专业从事分享经济的中介公司加强监管。修改现有涉及分享经济的民法、商法、合同法、保险法等相关法规。加强商品和服务提供者的资质审查，调整分享经济模式下的财税政策，规范交易行为，保护交易双方和政府的合法权益，有针对性地对民办分享设施建设进行财政补贴。

杨　东　中国人民大学法学院副院长、教授、博士研究生导师，教育部首批青年长江学者。著有《互联网金融＝众筹金融》、《金融服务统合法论》、《金融消费者保护统合法论》等。

互联网金融治理新思维

杨　东

随着"互联网+"经济的长足发展，我国互联网金融也逐步成熟，形成了以第三方支付、网络借贷、电商信贷、股权众筹、互联网保险和在线基金销售六大行业为中心的互联网金融产业体系。在这一背景下，打击行业乱象、推动行业的持续健康发展实有必要。为此，国务院办公厅及相关部委10月13日发布了《互联网金融风险专项整治工作实施方案》《非银行支付机构风险专项整治工作实施方案》等指导意见，针对各互联网金融行业中存在的诸如挪用备付金、客户资金管理不规范、机构主营业务混乱等行业乱象，以打击非法机构、保护合法机构为主要方针，对互联网金融行业实施整顿，以期实现促进行业有序发展、推动投资者保护机制建设等目标。本次互联网金融整顿的展开是非常及时且必要的，具有重大意义。此次互联网金融风险整治方案充分体现出法律治理与技术治理相结合的最新治理理念和治理思维，随着互联网金融行业的逐步成熟，相应的治理模式遵循互联网金融的内在逻辑，逐渐从"准入监管"向"技术治理"的思路转变，不断适应互联网金融及其发展模式。

准入式监管不能适应我国互联网金融的发展

传统上，我国金融行业的监管主要采取准入式监管，监管机构重点关注金融机构能否满足特定的准入条件，对于不同类型的金融业务设立特定的准入门槛，不满足特定条件则不能从事特定类型的金融服务。笔者认为，这一为金融企业"设门槛"的方式并不能适应我国互联网金融的发展。

首先，互联网金融是科技创新引发的金融革命，其本身带有浓重的"技术驱动"色彩，这是互联网金融的核心优势所在。传统金融高运作成本的特征决定了其很难为中小微企业和个人提供有效的金融服务；而互联网金融的技术驱动则依托于大数据、云计算等成熟技术，通过提高信息计算和识别能力、完善信用机制和风险评估机制等，大大降低了信息不对称程度以及由此引发的高成本。由此可见，互联网金融的核心竞争力在于其技术创新能力，其主要风险在于能否持续保证其数据优势和技术优势，而准入式监管本身则关注金融机构的能否满足特定的财务条件、风控条件等，既不关注企业的技术能力，亦不关注企业的持续运营，与互联网金融企业的运营模式背道而驰。

其次，互联网金融业态呈现出多元化、混业化、场景化、生态化的趋势。互联网金融的多元化，是指其业务模式日益丰富，细分市场日渐完善，除发展较快的网络借贷行业、第三方支付行业外，网络证券、网络理财、互联网保险等行业也呈现出快速发展的势头，互联网金融逐步成为推动我国经济发展的重要产业之一。互联网金融的混业化，是指互联网金融机构的经营业态呈现出交叉的现象，由于互联网本身具有强烈的"马太效应"，在特定细分领域内具有一定知名度和核心竞争力的企业，可以凭借其强大的技术优势、数据优势和品牌优势向其他行业以较低成本进行业务拓展，因此互联网金融企业布局呈现"犬牙交错"的形式也是商业逻辑下的必然。互联网金融的场景化则与互联网行业本身的特征有关；由于互联网服务本身需要依托于特定的介质和商业环境进行，因此互联网金融也需要依托于特定的场景进行布局；互联网金融服务的生态化，则是指互联网金融企业依托于资源优势，往往会形成针对客户的全方位服务，自主向业务上下游进行拓展，形成全方位的高效服务。而准入式监管则强调每一类金融服务应取得相应的牌照，按照特定行业划分进行"资质供给"，难以与互联网金融的上述业态趋势相契合。

最后，互联网金融模糊了传统金融下直接金融和间接金融的区分。依照传统金融下的定义，直接金融主要是指以企业发行证券的方式进行的融资；间接金融则是以银行机构进行存贷款业务为核心。然而，互联网金融背景下这一分类界限日趋模糊，最为典型的就是网络借贷行业。传统上，借贷行业隶属于间接金融的范畴，而网络借贷则直接打通了借款方与贷款方之间的信息桥梁，从而属于直接金融的范畴。这一商业模式的转变也影响监管思路的变化，在《网络借贷信息中介机构业务活动管理暂行办法》（以下简称"网贷管理办法"）中也有较为明显的体现。网贷管理办法的监管思路放弃了传统银行业监管中以机构监管为核心的监管思路，借鉴证券监管的思路代之以"行为监管"理念下的投资者保护和信息披露等制度，是监管思路上的一次创新，有力地推动了行业发展。由此可见，准入式监管难以适应互联网金融的发展，而监管层亦认识到了这一点。

笔者以为，基于分业监管格局下的"准入监管"的传统金融监管思路，已不能完全适应互联网金融的监管需要。因此，革新金融监管理念，以技术驱动型监管代替传统金融监管思路。

技术驱动型监管的主要内涵

笔者认为，所谓技术驱动型监管，是指监管机构在对互联网金融企业进行监管时，不仅应关注金融机构的技术基础设施，设立相应的技术指标对企业进行指引；同时在进行行为监管时，也应及时采纳行业内最先进的技术进行监管，以此降低监管成本，提高监管效率。

首先，技术驱动型监管强调应当监管完善的金融机构技术基础设施标准指引、风险预警、风险评估和风险规制措施。互联网金融最重要的特定即为技术驱动，通过持续的技术创新推动信用机制的建立和完善，从而进一步完善金融市场内的"信用—风险"定价机制。

具体而言，大量基于互联网的交易和社交活动，为互联网金融机构积累了大量的信用数据；随着数据系统的逐步完善，借助于较为全面的信用信息；依托于大数据技术和云计算技术提供的强大计算能力，金融机构可以对各方信用风险做出评估，从而带来新的信息不对称解决方案。类似地，区块链技术的逐步应用将使得每一笔系统内交易都将被记录且难以被篡改，从而彻底改变传统机制中依托各方自身进行信息披露并借助于中介机构和监管机构进行审核信息的高成本模式，大大降低各方之间的信息不对称程度，从而实现"风险—收益"相匹配的目标。由此可见，技术优势本身已经成为衡量特定互联网金融企业风险控制能力的重要指标之一；此外，由于互联网金融企业高度依赖信息技术，维护信息安全和网络安全的能力本身也成为影响互联网金融企业生存能力和风险控制能力的重要组成部分。如前不久发生的著名以太币交易平台"The DAO"被攻击的事件，直接导致了该平台的关闭，同时给投资者带来了数千万美元的损失。由此可见，建立完善且持续的技术风险预警、评估和整顿机制，具有重要的现实意义。

其次，技术驱动型监管应当及时采纳行业内最先进的技术，充分发挥行业内领军企业和行业自治机构的能力。笔者以为，在逐步摒弃传统"准入监管"的同时，应系统地构建基于互联网技术特别是大数据和云计算技术为核心的监管体系，以数字化监管、即时监管和动态监管的方式，进行全方位的监管，以期提高监管效率。例如，在支付清算领域内，如何实现对非银行支付机构的有效监管一直是监管层面临的重要挑战之一。笔者以为，依托于现有机构的技术力量，借助于大数据和云计算系统，足以构建完善的资金流向和资金存管监管系统，从而有效地实现监管目标。再如，在网络借贷领域，依托于行业内企业和行业协会等，亦可以构建较为完善的投资者和借款方的信用风险识别、评估系统，机构风险评估系统和资金流向监管系统。上述系统的建立，不仅避免了"准入式监管"带来的高成本、低效率的监管思路，也避免了我国金融监管中常常出现的"过犹不及""一放就乱、一管就死"的怪象，有助于监管机构实现精准式监管，既能有效规制系统性风险，又不至于对行业发展形成掣肘。

实现技术驱动型监管的路径

笔者以为,监管机构应树立技术驱动型监管的思维,建立和完善技术基础设施监管方案,在行业内业已成熟的大数据和云计算技术上建立实时、动态的监管系统,并结合既有金融监管规则推动技术驱动型监管方落实。

首先,监管机构应树立技术驱动型监管的思维。技术驱动型监管要求监管机构重点关注金融企业的持续运营能力和风险控制能力,并以大数据和云计算等技术实现对风险及企业运营能力的精准评估。目前,监管层的监管思路已逐步从"准入监管"向"行为监管"转变,更加关注企业的信息披露、合规运行、风险控制等,这是我国金融监管的一大进步。笔者以为,应在此基础上加强监管机构运用先进技术进行持续监管能力,依托行业力量建立完善的技术监管系统。

其次,监管机构应重点关注企业的技术基础设施监管,对企业的基础性和关键性信息系统定级备案和等级测试,要求企业建立防火墙、入侵检测、数据加密以及灾难恢复等网络安全设施和管理制度,完善技术风险规章制度,采取完善技术手段和管理制度保障信息系统安全稳健运行,并进行定期检查监督。

最后,监管机构应关注企业其他技术相关风险,如数据信息真实性验证风险、第三方签名风险、电子认证风险、数据使用风险;鼓励行业自律组织建立和完善行业内信息数据和技术共享机制,建立技术监督管理机制,推动行业技术及其管理制度的创新。

李勇坚 中国社会科学院财经战略研究院信息服务与电子商务研究室主任、研究员。主要研究方向为：服务经济增长理论、服务业生产率。著有《即将来临的大逆转》、《制度变革与服务业成长》（合著）、《增长、就业与公共政策》（合著）、《迎接服务经济时代来临》（合著）等。

以"互联网+"推进医疗体制改革

李勇坚

自从1985年启动医疗卫生体制改革以来，我国医疗体制改革已进行了30多年，其间，各种方案、试验层出不穷，但从医疗体制的效率提升来看，收效甚微。

医疗卫生体制改革要从医疗、医药、医保三个方面来看，前二者的核心是效率问题，后者解决公平问题，三个方面的问题与成就不能互换。2009年启动新医改以来，取得的成就主要在医保方面，也即是公平方面。医疗体制（包括医药），从现状看，看病难、看病贵的问题没有得到缓解，过度医疗问题依然故我，医患矛盾日益尖锐。

从本质上看，医疗体制的主要问题在于医患之间、医疗机构与管理部门之间、医疗机构与社保部门之间，均存在着严重的信息不对称问题。而互联网是迄今为止解决信息不对称问题的最好工具，因此，以"互联网+"推进医疗体制改革，或许是未来医疗体制改革的一个重要方向。

笔者认为，当前，我国医疗体制所存在的主要问题是供给效率低下，这既有医疗固有的信息不对称问题，又有现有的公立医院体制问题。通过引入"互联网+"，能够建立多方参与的、透明的医疗信息机制，为深化医改建立良好的基础。医疗体制引入"互联网+"的主要措施包括：建立医疗卫生云，使整个医疗过程实现数据化,解决医疗过程中的信息不对称问题;建立医药电子商务系统,解决药价虚高问题;推进基于互联网的医疗评价系统,使医疗质量评价更为客观,解决患者盲目选择大型医疗机构的问题。

全面深入分析医疗体制所存在的问题

当前社会上热议的"医疗改革",其实质分为三个方面,即医疗、医药、医保三个方面。例如,2015年5月,国务院办公厅印发《深化医药卫生体制改革2014年工作总结和2015年重点工作任务》,实质上就包括了这三个方面的问题。正是这三个方面的问题纠缠在一起,使医改方案出台之后,容易受到各个方面的批评,且难以抓住问题的真正症结。自2009年新医改启动以来,中国式医改已经取得了成效,包括全民覆盖的医保网络,逐步健全的基层医疗卫生体系和公共卫生服务体系,以及全面推开的基本药物制度。从本质上看,这些成效都是医保方面的,在医疗效率改进方面,乏善可陈。因此,未来改革的重点,应该放在医药与医疗方面。

医疗体制所存在的问题,在于医疗供给效率低(据测算,如果能够提高医疗体系的效率,在政府现有的医疗费用支出水平下,能够实现免费医疗)。这主要体现在以下几个方面。

大型公立医院看病难,看病贵问题一直未能得到缓解;各种重复检查、过度医疗、过度用药、以药养医等问题仍然普遍存在。

基层医疗卫生机构因为缺乏信息传递机制,不能解决患者过度规避风险问题,而未能获得患者的认可;现有的改革在提升基层卫生机构的吸引力方面,过多地强调了经济激励(即报销比例),而在信息透明度方面缺乏动作,这在本质上忽略了医疗的本质,即医疗关乎人的生命健康,患者一般会过度谨慎,对风险进行过度规避。

药价虚高问题未能得到控制。2015年5月5日,国家发改委宣布,自6月1日起取消绝大部分药品政府定价,未来药品价格将主要由市场竞争来形成。随即,多地媒体报道心脏病药物地高辛片价格暴涨10倍。这说明解决药品这种特殊商品的定价机制问题,不能一放了之。

以"互联网+"推进医疗体制改革的主要措施

解决医疗体制方面所存在的低效率问题,通过"互联网+"医疗的模式,是一个有效的解决方案。

政府出资,建立"医疗卫生云"。云主要包括以下几个方面的数据:医院数据、患者数据、居民健康数据、政府管理数据等,并依托云建立电子商务平台。

政府要做好医疗卫生云的基础工作,除了硬件之外,还需要行政主管部门对各类数据进行全方位收集,放到云上。

在医疗卫生云的基础上,实现医疗全面数据化,以数据化破解信息不对称。所有的医疗机构,都应加入医疗卫生云,作为其开业的一个基础条件。

而患者到任何医疗机构的就诊过程,全部实现数据化,实时同步到云上。每个患者在云上都以其社会保障号为基础,建立唯一个人数据库。患者在医疗机构挂号、检查、诊断、治疗、处方等各个方面的数据,均存放于其个人数据库。

这样,一方面,患者可以全过程掌握自己的医疗数据;另一方面,也利于政府主管机构对医疗过程进行监管,避免过度医疗问题。

对药品进行分类管理,以电子商务化推进医药改革,破解药价虚高难题。完善国家基本药物制度,村卫生室、乡镇卫生院、社区医院实行药品统一招标采购、统一配送制度,零差价销售。采购过程依托电子商务平台,实行全面招标。

鼓励发展医药电子商务,国家建立医药电子商务平台,任何具备经营资质的企业,均可到医药电子商务平台上开店售药。特别鼓励药品经营企业实行O2O(线上线下联动)经营。

原则上,除了急救用药、手术用药以及政府进行特殊管制的药品之外,其余处方药品与非处方药品的销售均实现电子商务化。

患者到医疗机构就诊时,医生开具的处方将生成一个唯一的处方号。处方所涉及的药品,应尽可能使用通用名。该处方号同步到云端,患者凭借该处方号,可以到医院药房、实体药店以及医药电子商务平台,自行选择卖家,购买药品。医疗机构不得对患者在何处或者以何种方式选购药品进行任何形式的限制。

医疗质量评价互联网化,解决患者盲目选择大型医疗机构问题。当前患者盲目选择大型医疗机构,是导致看病难的重要原因。出现这一问题的原因,除了患者过度风险规避的心态之外,缺乏客观公正的医疗质量评价机制也是一个重要原因。通过建立医疗卫生云,可以获得医疗机构医疗质量的大数据,在此基础上,国家可以资助相关科研机构建立基于医疗服务大数据的医疗质量评价系统。该数据结合患者的主观评价,就可以实现医疗质量评价的数据化与客观化。患者可以根据该数据,综合就诊距离、挂号难度、费用等诸多因素,选择相关医疗机构。

建立用户生成内容(UGC),并结合专家评价与专业数据的药品质量评价体系。在建立药品电子商务体系之后,鼓励患者积极对药品质量进行评价。由于药品大部分是一次性消费的,建立药品质量评价体系对降低药价具有重要意义。与此相对应,要求医生开具药方时,尽量使用通用名。患者可以根据质量评价体系,选择药品的生产厂家与经营者。药品质量评价还可以作为政府招标采购等各个方面的参考。

全面推动公立医院改革,鼓励社会力量办医。在前面所做的改革措施基础上,推动对公立医院系统进行全面综合改革。包括进一步理顺医疗服务价格,深化编制人事制度改革,建立符合医疗卫生行业特点的薪酬制度等。对于部分公立医院,可以考虑采用出售、承包经营等多种模式,鼓励多种资本进入医疗服务领域。

进一步完善社会办医政策。尤其是在人事制度、土地制度等各个方面,强化对社会力量办医的政策支持。

相关政策建议

以"互联网+"推进医疗体制改革,需要相关政策进行支持,以避免改革过程中存在的问题。

利用"互联网+"强化基层医疗机构。"互联网+"推进医疗体制改革,对基层医疗机构是一个挑战。一方面,要推进基层医疗机构的数据化与互联网化;另一方面,要强化其利用互联网提升医疗服务水平的能力。在实践中,还可以通过医疗卫生云,积极发展远程医疗,提升基层服务能力。

强化对医药电子商务的管理。医药全面电子商务，必然带来管理上的各种难题。至少应在以下几个方面加强管理：强化对医药电子商务线下管理，对电子商务的物流、配送等相关环节，出台相应的标准，加强管理；建立医药电子商务纠纷快速仲裁机制；建立医药电子商务相关的各种服务标准；鼓励发展各种医药相关的责任保险；对医药领域的各种违法犯罪行为加大打击力度。等等。

建立与医疗事故相关的政策体系。包括建立医疗事故大数据系统，以客观数据破解医患矛盾；推行医生医疗责任保险。

巩胜利 中国金融智库研究员，国家发改委《财经界》专家学术委员会常务秘书长。

美中贸易战的学问与因果

巩胜利

上篇 中国

2017年2月16日上午，中国国家商务部召开例行发布会，在发布会上，新闻发言人孙继文给出了几个比较敏感的数字，第一个数字是FDI的使用数据，另一个数据是中国对外投资的数据。根据孙继文的表述，中国1月实际使用外资金额801亿元，同比下降9.2%，而对外直接投资金额532.7亿元，同比下降35.7%。这就是说，对中国改革开放近40年投资环境开始发生逆转了……

据中国国家商务部网站的商务数据中心报道，从2016年1月到2017年2月来看，2016年6月份FDI数据最大，但之后猛然下降，据此研究：2017年7月份FDI数据较6月份直接跌近50%，之后才慢慢恢复投资数额。根据图表显示的信息，整个2016年度共有27900家外商投资企业设立，同比仅增加4.1%，而最近公布的2017年1月份设立2010家，占2016年度数量比重7.2%。

根据孙继文的表述，今年1月我国吸收外资下降的原因，主要是上年同期到资比较集中，基数较高。其实理由很牵强，因为这个数据较去年同期1月还下降了9.2%，两个年份基数集中程度是一样的，而投资的数额下降说明中国对外资的吸力在减弱。不过按环比来看，这个数据从去年6月份开始有一个缓慢的恢复过程。

在2016年度，对华的外商投资中，前四名有中国香港、新加坡、韩国和美国，其中中国香港占据了半壁江山。2016年6月，国际形势发生了很大的变化，英国举行脱欧公投，紧接着10月份美国进行了总统竞选演讲，而美国加息言论要甚嚣尘上，国际形势较为复杂。而中国方面，外汇储备流失较为严重，一度紧逼3万亿美元大关，到2017年1月突破3万亿美元至2.998万亿美元。

根据商务部公布的数据，外商投资的服务业比重高达73.9%，制造业才25.2%。可见外商更看重中国的服务行业，而香港投资的服务行业大部分投资于金融类行业。中国去年在金融去杠杆以及金融监管上做了很多功夫，善用股权投资的方式，通过资本运作达到获利的目的路子越来越窄。外商直接投资的下降或以证监会加强了资本监管措施有很大关系。

不过中国对外投资下滑的更大，2017年1月，中国境内投资者共对全球108个国家和地区的983家境外企业进行了非金融类直接投资，累计实现投资532.7亿元人民币，同比下降35.7%。中国对外投资数据比FDI要糟糕得多。究其原因，对于国际因素，比如美国特朗普上台发表对华的言论以及英国脱欧影响，导致国外资产价格波动具有很大的不确定性，而且存在很大的政策风险。因为对外投资的企业大部分是以国有资本形式出现，出于投资政策的布局，政府选择少对外投资，这也是理所当然的。而对于国内因素，因为近月来外汇储备流失较为严重，引发了监管部门的注意，因此政府加强了资金流进流出的监管措施，并设定了资金流出的限制，导致非国有部门资产很难通过资金夹缝跑到国际投资。

这是中国改革开放近40年的最大变化。总的来说，国内经济环境目前较缺乏吸力，这值得引起政府部门的注意。外商直接投资需要的是回报支撑，因此投资成本很重要，中国在加大对外引进资金时，应该充分考虑投资成本的问题，给予外商一定的优惠条件，以此对抗美国的减税政策，吸引更多的外资。

同时资金限额流出会阻碍"财政优惠"的传导，而且这种限制会让外商觉得交易成本增加的程度要比优惠要大，从而不会加大对华的投资。而且中国在对外引资太依赖于香港，这说明两个问题的最新变化：一是，中国整体引资政策具有较大的倾斜性；二是，除香港外的其他经济体不愿来中国投资。香港和其他经济体投资金额差距这么大，其根源的情况最有可能。不过是中国要强大，经济大门应该更加向全球开放，向世界不同的经济体引进更多的资金和技术才对。

中篇　美国

特朗普喊得最响的是将美国企业所得税降至15%，他在2月初的第一次施政发布会上说，在两三周内公布（也就是2月末）企业政策出笼。若成真，那么这将令全球企业发展的大环境将发生根源之变；美国则真有可能成为全球企业税率的最低点。

如果美国果真要开展对华贸易战，最有可能卷入其中的行业包括计算机和电子产业；汽车及零部件行业；服装、皮革及相关产品；家具行业。而为这些行业提供配套的纺织印染、包装印刷、五金模具、塑胶油漆等行业也必定受到影响。

特朗普上任不久，立即推倒了据称是专门围堵中国的TPP，国内一片欢呼，"中必赢"又一次响起。然而，就在大家忙着举杯欢度鸡年的这三四天里，特朗普一口气签署了对我国客车卡车轮胎、家电洗衣机类商品接近50%的关税惩罚，两者前后只隔了一天！当满怀希望的人们醉意朦胧中睁开眼睛一看，中美贸易战已经开打！在雄鸡之国的鸡年，我们迎来了比2016雾霾和涨价风潮更严峻的考验。

2017年1月28日，中国农历新年期间，特朗普迫不及待地打响对华贸易战。

（1）美国华盛顿时间1月18日，美国商务部一口气做出三起反倾销和反补贴终裁。对中国出口美国的非晶织物征收162.47%反倾销税和48.94%~165.39%的反补贴税。对中国普碳与合金钢板征收68.27%的反倾销税率和251%的反补贴税。对硫酸铵征收493.46%的反倾销税率为和206.72%的反补贴税。

（2）1月30日，美国国际贸易委员会做出最终裁决，将对中国进口的大型洗衣机产品收取反倾销税，收取幅度约为33.12%至52.51%。根据美国商务部所出示的数据显示，2015年中国向美国出口的大型洗衣机产品总金额达到11亿美元。而在中国商务部贸易救济调查局官网称，1月以来，仅该网页上公布的就有多达近十起贸易救济调查相关案件，包括美国对华液晶电子手写板、弓形刀片箭头产品以及篮板组件和产品提起的三起337调查申请。

（3）在1月9日、1月13日，中国商务部还分别就美国对华双向土工格栅反倾销反补贴终裁、美国在世贸组织起诉中国对原铝相关补贴措施发表谈话。

特朗普兑现竞选承诺，对华贸易战几乎不可避免。早在特朗普竞选美国总统时，就宣称将对中国中国进口的产品实施惩罚性关税，并将中国列为汇率操纵国。因此，特朗普的当选，全球各国、几乎所有华人精英认为这或许是2017中国经济最大的一只黑天鹅。果然，特朗普胜选后，提名经济顾问Peter Navarro领导新组建的白宫全国贸易委员会，其最为人所知的特点是对中国持"鹰派立场"，此外任命钢铁反倾销强硬派Robert Lighthizer为美国贸易代表。这些人事安排非常明显地表明了特朗普即将对中国采取强硬的贸易立场。在特朗普正式入主白宫前的达沃斯论坛上，中国国家主席习近平也警告说"打贸易战的结果只能是两败俱伤"。

然而，种种迹象表明，特朗普为了兑现竞选承诺，将削减贸易赤字、提振经济增长、增加就业为其新官上任的前三把火。不幸的是，这三把火直接烧到了中国头上。中美贸易，中国每一年顺差平均达6000亿美元，这就是商人总统开火第一大目标。

计算机、电子、汽车及零部件、纺织服装、皮革、家具等行业将受冲击。既然商人特朗普的削减贸易赤字、提振经济增长、增加就业三大目标将直接与中国稳经济求发展的诉求发生直接对抗，那么，中国的哪些行业会受到涉及呢？从贸易赤字来看美国的计算机、化工产业、电子产业、汽车及零部件产业是赤字规模最大的行业，而造纸业、林业和渔业赤字规模较小。美国要想迅速缩减对中国贸易的巨大逆差，很可能对这几个行业实施精确打击。但考虑到化工的环境污染因素和对进口的极端依赖程度，短时间内这个行业可保无虞。

综合各种因素来考虑，权衡是否要开打一场贸易战，特朗普需要考虑的因素包括：

A）贸易赤字规模；B）国内生产将能承受多大程度的进口减少冲击；C）随时间而发生的变化。因此，如果美国果真要开展对华贸易战，最有可能卷入其中的行业包括计算机和电子产业；汽车及零部件行业；服装、皮革及相关产品；家具行业。而为这些行业提供配套的纺织印染、包装印刷、五金模具、塑胶油漆等行业也必定受到影响。

而中国经济正面临巨额负债、经济疲软、楼市泡沫、环境污染、人口老化、资源枯竭等诸多问题之际，特朗普这个"大恶人"出现了。仍然留恋于春节祥和气氛中的人们，是时候迅速回归到工作状态，抓紧应对中美对撼引发的剧烈风暴了。

特朗普班底重臣班农自称是"经济民族主义者"（economy nationalist），注重美国第一（America First），反对全球化和自由贸易。政治上，班农对中国在南海的活动一向敌视。在 2016 年 3 月的一次电台采访中，就曾经说过"我们将在 5 到 10 年内和中国于南中国海有一战"（"We're going to war in the South China Sea in five to 10 years, aren't we？"）。

若中美在南海有任何擦枪走火，我们绝对不希望 NSC 作战室里面有班农坐在那里(读者可以脑补一下美剧里面每次 NSC 开会讨论是否攻击对方时鹰派鸽派争论的场面)。事实上，班农在 NSC 的任命就被美国政界多名人士反对，理由是有政治立场的官员/顾问不应该进入 NSC 这种决定战争和重大人员伤亡的决策委员会里面，而是应该由无预设政治立场的专职官员去处理以及给总统提意见。例如小布什就明确地不让他的首席策略顾问常列 NSC 会议。

特朗普目前对中国在经济方面的指责主要有三个方面，他称中国操纵汇率贬值人民币，补贴出口，在某些领域不向外国开放市场或设置贸易壁垒。他执政后无外乎要把这三个领域作为对中国贸易战的主战场，即压人民币升值，又要对美国进口的中国货物征收高额反倾销高额关税，并设置进口配额。

贸易战会抑制两国的比较产业优势，使本国居民无法在本国购买到对方的相对便宜的产品导致生活支出增加。美国的谷物咨询公司 Informa 就对特朗普的强硬对华政策表示担忧，预计 2016/2017 年度美国大豆总产量为 3.405 亿吨，由于中国从美国大量进口大豆，使大豆价格得以保持在每蒲式耳 10 美元。如果中美贸易战打响，中国限制进口美国大豆必重创美国农业。从中国方面来讲，由于无法得到价格较低的美国大豆，中国居民购买大豆及其制品就要支付更高的价格。同样，如果美国限制从中国进口服装、鞋帽、玩具、家具等产品，这在打击中国制造业的同时，也增加了美国居民的日常消费支出。但中美之间贸易市场的份额损失必然会被其他国家瓜分，正所谓"鹬蚌相争，渔翁得利"。

下篇　中美贸易战

上周四（2月24日），美国总统特朗普在接受采访时称中国是"货币操纵的'总冠军'"，表态之强硬可谓是前所未有。特朗普表示，虽然他没有按照此前承诺的那样，在上任第一天就给中国贴上"汇率操纵国"标签，但他从未改变这一想法。

贸易战。美国对中国管理汇率方法一直更是颇有微词，随着中国出口的急速发展，几乎每一届美国总统在任期内都会重提此事，但一直都没有任何改观，甚至连总统候选人也会将其作为重要竞选筹码。然而，自从1994年美国将中国列为"汇率操纵国"以来，每一次"叫嚣"都无疾而终，无一例外都是"雷声大、雨点小"。但商人总统特朗普不这么看，每一年美中贸易逆差6000亿美元，就等于特朗普做生意亏的连裤子都提不起来，这是特朗普的心头之患。

如果将中国列为"汇率操纵国"真如特朗普所言，可以给美国带来诸如贸易增长、振兴制造业等多重好处，那为何20年来美国仍然无动于衷？要知道，90年代末20世纪初，美国在世界的话语权和影响力要远大于现在。彼时都未能完成的事情，如今真的能做到吗？

细究"汇率操纵国"这件事，我们发现：也许美国不是不能做，而是从内心里不想做、不愿做。因为一旦将中国列为"汇率操纵国"，美国也会遭到反噬，这件事对美国经济的破坏力不亚于对中国的制裁。

中国有一句俗语讲求"投桃报李"。如果美国宣布中国为"汇率操纵国"，它就会据此对中国实施严厉的贸易制裁，而中国也不会无动于衷，在允许的范围内对美国进行反制裁是极有可能的。届时，中美两国爆发贸易战，全球都不能幸免于难。

2015年，中国首次超过加拿大，成为美国最大的货物贸易伙伴。包括出口和进口在内，2015年中美货物贸易总额达到5981亿美元。从体量上来说，中国的贸易制裁对美国具备足够的威慑力。除此之外，中国手中还握有几门利器，每一门都足以给美国致命性的打击。

一、减少与美国贸易往来。这将打击美国企业在华销售额,大量飞机、汽车、手机订单将从美国溜走,特朗普誓言振兴的制造业也将会遭遇重挫。二、大量抛售美国国债。长期以来,中国是美债的最大持有国,虽然2016年中国大幅减持美债,就连"最大债权国"的称号也旁落日本,但作为第二大债权国,中国依然拥有1.25万亿美元美债。如果中国大规模抛售,将对美债价格造成致命性打击。当然,这一招对于本身持有美债的中国来说,也有不小的反噬作用(影响所持债券的价值),所以一般都会抛售有度。三、即使中国不作反抗,美国一样无法独善其身。一旦实施贸易制裁,从中国进口的产品价格上涨,这对于已经被边境税闹得焦头烂额的零售业来说,无疑是火上浇油。

特朗普新政以来,他的一系列政策措施都透露出了明确的倾向:重制造、轻零售。不管是边境税,还是"汇率操纵国",最大的受益者都是制造业。在这样的背景下,零售业或将迎来发展寒冬,就业也会受到严重的影响。

货币战。货币战是为贸易战服务的,但贸易战是为了收获美元的。人民币还不是美元的对手,美元占全球货币总额的61%,人民币只占1.8%。国际货币基金组织的数字说:每一天在全球流通美元达4.6万亿,而人民币每天流通只有2000亿美元。美国果真宣布中国为"汇率操纵国"的话,那么人民币有两种走势情况:(a)是应对美国的控诉,人民币升值;(b)是受累于美国的控诉,人民币大幅贬值(因为进入SDR都有一个由贬值到升值的漫长过程)。然而,不管是哪种情况,美国都无法独善其身。

在第一种情况下,人民币不断升值,美元走软,危及美元的霸权地位。有人曾断言:如果特朗普坚持贸易保护主义,肯定会终结美元作为全球唯一的准备货币的时代。70余年来,美元承担着世界货币的唯一职能,这给美国带来的利益无须多言,让它一朝放弃,美国不可能。

在第二种情况下,人民币不断下跌,这不仅违背了美国将中国列为"汇率操纵国"的初衷,也给中国抛售美债提供了更多理由。美国国债是中国外汇储备的重要组成部分,在人民币贬值压力较大之时,通过在境外市场卖出美元,买入人民币,可以有效缓解人民币贬值压力。

这件事在 2016 年就已经得到印证，人民币逼近 7.0 "铁底"时，中国大幅减持美债，外汇储备不断缩水，截至 2017 年 1 月底，中国外汇储备跌破 .99 万亿美元，创 2011 年 2 月来新低。不同于特朗普，美国新任财政部长努钦对美元和人民币有着完全相反的态度。努钦认为，强势美元反映人们对美国经济的信心，美元升值长期而言是件好事。他甚至直接表态称，在 4 月汇率报告出炉前，美国不会将中国列为货币操纵国。特朗普政府的美国财长说："我将遵循正常程序对美国主要贸易伙伴的货币行为进行分析，利用财政部一年两次的汇率报告的机会，来决定是否将中国定为汇率操纵国。"与此同时，美联储耶伦发出"鹰派"言论，1 月货币政策会议纪要暗示"很快"加息，1 月 CPI 创新高，成屋销售升至 10 年高位……太多信号都在说明：美联储 3 月加息可能性很大。如果美联储 3 月采取行动，美元再度走强，特朗普"弱势美元"的希望将再度落空。正是基于此，特朗普政府将中国列为"汇率操纵国"是一件吃力不讨好的事情，如果特朗普一定要做，就要做好承担后果的准备。也许正是明白这一点，努钦和耶伦才没有像特朗普一样抓住人民币不放。

言论先导、行动未动。2 月 28 日，美国总统特朗普上任 1 个多月，对国会进行就职后的首次演讲，称他对美国移民体系整体改革持开放态度，一改他竞选造势时的强硬言辞。特朗普强调他希望将重心放在国内问题上，通过税改、1 万亿 (兆) 美元基建支出及整改奥巴马医保 (Obamacare) 推动美国经济成长。

特朗普入职首月因禁止七个穆斯林国家民众入境引发强烈抗议，他希望能重新调整，度过这段令其有效治理能力受到质疑的混乱期。美国股指期货在特朗普演讲开始时上涨，但稍后回吐部分涨幅。

特朗普表示，若国会共和及民主两党议员愿意妥协，有可能提出一个全面的移民改革计划。他称，美国移民应该是基于积分制度 (merit-based)，而非仰赖低技能的移民。前两任总统都回避了全面的移民改革，因为国会内部以及美国民众对于此议题存在高度分歧。特朗普表示，改革将有助于提升薪资，并协助陷入困境的家庭进入中产阶级。

"只要我们着重于改善美国民众就业及薪资、增强国家安全、并恢复守法精神，我相信实质且有利的移民改革是有可能实现的，"特朗普说道，他在竞选期间严词批评非法移民。特朗普在短短上任数周时间内一再宣示要在美国—墨西哥边界筑起高墙，并强化对犯罪非法移民的遣返。在此同时，他对于那些没有取得适当授权就和父母一同进入美国的儿童表示怜悯，这些所谓的"追梦者"至今仍受到奥巴马所签署的行政命令保护。

"大幅减税"何时出台？美国总统大选后，特朗普声称需要劝服美国民众支持他的计划，但他在"开启美国伟大的新篇章"方面，行动落后于言论。特朗普表示，希望为中产阶级提供"大幅税收减免"——将企业所得税降至15%，并下调公司税率。但他未给出具体细节和时间表，而且未就国会所面临的最迫切的税收问题 -- 调整边境税以提振出口——发表意见。

特朗普呼吁共和党领导的国会推翻奥巴马医保(Obamacare)，代之以有选择更大、渠道更多、成本更低的医保改革方案。对于如何完成这个目标，共和党人仍有分歧，而民主党人则强烈反对修改奥巴马医保体系。奥巴马医保为数以百万计的低收入美国民众提供医疗保险。前肯塔基州州长 Steve Beshear 在民主党对特朗普演讲的回应中称，"你和你在国会中的盟友似乎决意从数百万最需要平价医保的美国民众手中将其夺走。"

特朗普新政正在制定针对中国的新经济策略。美国总统特朗普上台后致力于对美国的贸易政策，包括对中国的贸易政策进行大幅调整。消息人士透露，白宫正在探讨促使中国不要采取贬低人民币的新策略，以挑战它的一些贸易做法但同时又避免与之发生直接的对抗。刚刚上任的财政部长努钦以及还在等待参议院确认的商务部长人选罗斯。他们在对华经贸决策中有重要作用。

据有关了解内情的消息人士对《华尔街日报》表示，根据白宫正在考虑的计划，美国商务部长将会把任何一个国家操纵货币的做法定为不公平的补贴。美国公司然后可以向美国商务部提出针对这些国家的反补贴行动。这个货币计划是白宫新成立的全国贸易委员会正在制定的中国策略的一部分，希望在挑战中国的同时仍然使美国对华关系处于平稳这两个目标之间获得平衡。要做到这一点的话，任何针对中国的措施也适应于其他国家。这个做法的一个好处是，它将至少在目前使特朗普政府避免做出中国在操纵货币的对抗性宣称。

计划仍需其他内阁成员审核。了解内情的人强调说，这个货币计划以及其他的改变需要得到包括刚刚上任的财政部长努钦以及还在等待参议院确认的商务部长人选罗斯等内阁成员的审核。美国在货币问题上的两个选择。美国企业研究所的学者史剑道（Derek Scissors）在接受美国之音采访时表示，在货币问题上，美国有两个选择：（一）是针对某一个操纵货币的国家采取报复措施，（二）是把一些被指控进行货币操纵的国家列为打击对象。针对某一个国家采取行动的坏处是这会显得不太公平，但好处是这种做法更容易驾驭；而对一些国家采取行动看起来是公平的，因为并不是只针对某一个国家，但是如果打击的对象太多的话，这会使美国在经济上陷入孤立。

每年，美国财政部需要对美国的主要贸易伙伴的汇率政策进行审核并在4月和10月份向国会提交每半年一次的汇率政策报告。特朗普在竞选期间表示，他在上任的第一天会将中国列为货币操纵国。目前他还没有这样做。他也曾经威胁说要对来自中国的进口产品征收高达45%的关税，而他最近也没有再提起这件事。

等着做出一个大的宣布。华盛顿智库国际战略与研究中心东亚经济高级顾问古德曼（Matthew Goodman）在接受美国之音采访时分析了特朗普还没有在贸易上对中国采取行动的原因。他说："他也许选择在整体上针对中国的经济问题做出一个大的宣布。我认为这个时候还没有到。"

特朗普上星期五在与日本首相举行的联合记者会上谈到有关中国货币的问题时说，"我们最终可能比很多人理解的或是认为的都要快得多，我们都将处于一个公平竞争的场地"，以实现公平。但他没有说如何使美中等国的货币处于公平竞争的场地。他有可能指的就是白宫目前正在考虑的这个货币计划。

会积极并创造性使用美国的贸易法。托纳尔森认为，特朗普政府会更多以及更有创造性的利用美国现有的贸易法，来对中国等国家采取行动。他说："毫无疑问的是，从纯粹的行政角度来看，可以最先采取的行动将是行政部门可以单方面采取的那些行动。这意味着，美国的贸易法体系将会比以往任何时候都会得到更为宽泛和更加积极的使用。"

美国现有贸易法授予总统的权力有哪些？根据美国的贸易法，国会授予总统退出贸易协议、对不公平贸易做法施加额外的关税并指定货币操纵国等广泛的权力。

美国1930年的关税法第338款规定，总统有权对那些歧视美国商品的国家进口到美国的商品征收"新和额外的"高达50%的关税。

根据1974年贸易法的301条款，在总统的指示下，美国贸易代表有权对包括违反贸易协议等不公平的贸易做法，或者外国对美国的商业采取不合理、歧视性以及带来负担或是限制美国商业的行为、政策或是做法做出反应。尽管美国贸易代表办公室把301（a）条款解读为要求它把潜在的违反贸易协议的行为提交到世界贸易组织，而且在以往不愿意使用301（b）条款对世贸组织规则没有涵盖的"不合理"做法提出挑战，但是如果贸易代表办公室要这样做的话，没有什么可以阻止它。

1974年的贸易法第122有关支付平衡的条款授予总统通过对进口产品征收不超过15%的临时性从价进口附加费或是临时性的配额，或是二者的结合。这些关税的有效期是150天，除非国会延长这个期限。

根据1962年的贸易扩大法第232（b）有关国家安全的条款，商务部长有权调查美国的进口产品是否对美国的国家安全构成威胁。基于商务部长的报告，总统有权进行谈判，对进口进行限制或是采取必要的措施来调整这些进口产品，使之不对美国的国家安全造成威胁或是损害。

还有就是，国际紧急经济权力法授予总统广泛的权力对部分或是全部来自美国以外的对美国的国家安全、外交政策或是经济构成"不寻常且特别的威胁"采取行动。尽管总统必须与国会进行咨询并提交报告，但这个权力并不需要国会的批准，而且这些措施可以无限期地执行下去。正是根据这个法，美国维持了几十年的出口管制体系。

美应鼓励中国的经济转型而不是采取制裁。不过，曾经担任过白宫国安会国际经济事务主任的古德曼认为，美国与中国、德国、日本和墨西哥等国之间存在的巨额贸易不平衡从根本上来看是这些国家宏观经济状况的一种体现，只要美国的消费和投资大大超过它的储蓄，那么它就会出现经常项目赤字，因此解决贸易赤字的最佳途径不是对进口施加障碍，或是指责其他国家为货币操纵国，而是试图解决消费与投资之间的不平衡，即鼓励他们多消费，少储蓄，尤其是中国。他说："中国自己制定了一套改革方案，目的是使其严重依赖投资与出口的经济模式转变成基于国内消费的增长模式。中国的经济改革就是关于这方面的。我认为，鼓励这种改革是美国应当采取的最佳办法，即鼓励向基于国内需求尤其是国内消费的经济增长的转变。"

对中国采取行动时需要考虑到对美国经济的影响。特朗普政府在考虑如何针对中国的货币问题采取措施时需要慎重，以避免对问题重重的中国经济造成进一步的损害，因为中国经济受损将会影响到全球经济，也不利于美国经济。

没有结局：中美贸易战开打。2017年1月30日，美国终裁对从中国进口的大型洗衣机征收反倾销税，税率为32.12%至52.51%；2月2日，美国再次裁定，对从中国进口的不锈钢板带材征收反倾销税和反补贴税，反倾销的税率为63.86%至76.64%，反补贴税的税率为75.6%至190.71%。特朗普的高级顾问安东尼·斯卡拉穆奇扬言，特朗普对中国进口产品实施惩罚性关税，如果中国进行报复，那中方遭受的损失将远远超出美国的损失，这场贸易战美国必胜——美国要打平中国每一年从美国得来的6000亿美元贸易逆差，也就是中国外汇储备每一年超过6000亿美元的流动性。近两年来，中国出口持续下滑。据中国海关总署公布的数据显示，中国2016年出口比上一年度下降7.7%，贸易顺差额缩水了845亿美元。对外向型经济占很大比重的中国来说，中国需要国际市场，"全球化"会让中国受益，中国当然不想打贸易战——可没有美国得来6000亿美元的贸易顺差，中国凭什么进军国际市场？

中美贸易战是一把"双刃剑"：这一边刃是，中美贸易战会重创中国制造业，让一些在中国的美国企业撤资回美国本土设厂生产，也让美国商人夹在中美两国日益强硬的贸易立场之间而搁置在中国的投资计划。另一边刃是，中美贸易战的赢家不可能只是美国，而是美国的企业与老板，过去产品价格高卖不出去，特朗普限制低价的中国产品进入美国就把这些企业给盘活了，美国消费者高价购买国货，企业老板们赚个盆满钵满，可百姓的腰包却被掏得空空如也。同时，低价也严重摧毁了美国整体商品市场。所以说，中美贸易战让美国消费者受到的伤害最为惨重。

虽然说特朗普上台中美贸易战不可避免，但如果贸易战让美国农业和某些产业为此付出的代价过大，必然导致利益受损方的抗议，游说国会给贸易战降温，所以说，这场贸易战不会是场持久战。在国际贸易方面，合作符合两国人民的利益，发动贸易战则两败俱伤。

文化生态

汪曾祺 （1920年3月5日—1997年5月16日） 江苏高邮人，中国当代作家、散文家、戏剧家、京派作家的代表人物。被誉为"抒情的人道主义者，中国最后一个纯粹的文人，中国最后一个士大夫"。汪曾祺在短篇小说、散文创作上颇有成就，对戏剧与民间文艺也有深入钻研。作品有《受戒》《晚饭花集》《逝水》《晚翠文谈》等。

故乡的食物（节选）

汪曾祺

炒米和焦屑

小时读《板桥家书》："天寒冰冻时暮，穷亲戚朋友到门，先泡一大碗炒米送手中，佐以酱姜一小碟，最是暖老温贫之具"，觉得很亲切。郑板桥是兴化人，我的家乡是高邮，风气相似。这样的感情，是外地人们不易领会的。炒米是各地都有的。但是很多地方都做成了炒米糖。这是很便宜的食品。孩子买了，咯咯地嚼着。四川有"炒米糖开水"，车站码头都有得卖，那是泡着吃的。但四川的炒米糖似也是专业的作坊做的，不像我们那里。我们那里也有炒米糖，像别处一样，切成长方形的一块一块。也有搓成圆球的，叫作"欢喜团"。那也是作坊里做的。但通常所说的炒米，是不加糖黏结的，是"散装"的；而且不是作坊里做出来，是自己家里炒的。

说是自己家里炒，其实是请了人来炒的。炒炒米也要点手艺，并不是人人都会的。入了冬，大概是过了冬至吧，有人背了一面大筛子，手执长柄的铁铲，大街小巷地走，这就是炒炒米的。有时带一个助手，多半是个半大孩子，是帮他烧火的。

请到家里来，管一顿饭，给几个钱，炒一天。或二斗，或半石；像我们家人口多，一次得炒一石糯米。炒炒米都是把一年所需一次炒齐，没有零零碎碎炒的。过了这个季节，再找炒炒米的也找不着。一炒炒米，就让人觉得，快要过年了。

装炒米的坛子是固定的，这个坛子就叫"炒米坛子"，不作别的用途。舀炒米的东西也是固定的，一般人家大都是用一个香烟罐头。我的祖母用的是一个"柚子壳"。柚子，——我们那里柚子不多见，从顶上开一个洞，把里面的瓤掏出来，再塞上米糠，风干，就成了一个硬壳的钵状的东西。她用这个柚子壳用了一辈子。

我父亲有一个很怪的朋友，叫张仲陶。他很有学问，曾教我读过《项羽本纪》。他薄有田产，不治生业，整天在家研究易经，算卦。他算卦用蓍草。全城只有他一个人用蓍草算卦。据说他有几卦算得极灵。有一家，丢了一只金戒指，怀疑是女佣人偷了。这女佣人蒙了冤枉，来求张先生算一卦。张先生算了，说戒指没有丢，在你们家炒米坛盖子上。一找，果然。我小时就不大相信，算卦怎么能算得这样准，怎么能算得出在炒米坛盖子上呢？不过他的这一卦说明了一件事，即我们那里炒米坛子是几乎家家都有的。

炒米这东西实在说不上有什么好吃。家常预备，不过取其方便。用开水一泡，马上就可以吃。在没有什么东西好吃的时候，泡一碗，可代早晚茶。来了平常的客人，泡一碗，也算是点心。郑板桥说"穷亲戚朋友到门，先泡一大碗炒米送手中"，也是说其省事，比下一碗挂面还要简单。炒米是吃不饱人的。一大碗，其实没有多少东西。我们那里吃泡炒米，一般是抓上一把白糖，如板桥所说"佐以酱姜一小碟"，也有，少。我现在岁数大了，如有人请我吃泡炒米，我倒宁愿来一小碟酱生姜，——最好滴几滴香油，那倒是还有点意思。另外还有一种吃法，用猪油煎两个嫩荷包蛋——我们那里叫作"蛋瘪子"，抓一把炒米和在一起吃。这种食品是只有"惯宝宝"才能吃得到的。谁家要是老给孩子吃这种东西，街坊就会有议论的。

我们那里还有一种可以急就的食品，叫作"焦屑"。糊锅巴磨成碎末，就是焦屑。我们那里，餐餐吃米饭，顿顿有锅巴。把饭铲出来，锅巴用小火烘焦，起出来，卷成一卷，存着。锅巴是不会坏的，不发馊，不长霉。攒够一定的数量，就用一具小石磨磨碎，放起来。焦屑也像炒米一样。用开水冲冲，就能吃了。焦屑调匀后成糊状，有点像北方的炒面，但比炒面爽口。

我们那里的人家预备炒米和焦屑，除了方便，原来还有一层意思，是应急。在不能正常煮饭时，可以用来充饥。这很有点像古代行军用的"糒"。有一年，记不得是哪一年，总之是我还小，还在上小学，党军（国民革命军）和联军（孙传芳的军队）在我们县境内开了仗，很多人都躲进了红十字会。不知道出于一种什么信念，大家都以为红十字会是哪一方的军队都不能打进去的，进了红十字会就安全了。红十字会设在炼阳观，这是一个道士观。我们一家带了一点行李进了炼阳观。祖母指挥着，特别关照，把一坛炒米和一坛焦屑带了去。我对这种打破常规的生活极感兴趣。晚上，爬到吕祖楼上去，看双方军队枪炮的火光在东北面不知什么地方一阵一阵地亮着，觉得有点紧张，也觉得好玩。很多人家住在一起，不能煮饭，这一晚上，我们是冲炒米、泡焦屑度过的。没有床铺，我把几个道士诵经用的蒲团拼起来，在上面睡了一夜。这实在是我小时候度过的一个浪漫主义的夜晚。

第二天，没事了，大家就都回家了。

炒米和焦屑和我家乡的贫穷和长期的动乱是有关系的。

端午的鸭蛋

家乡的端午，很多风俗和外地一样。系百索子。五色的丝线拧成小绳，系在手腕上。丝线是掉色的，洗脸时沾了水，手腕上就印得红一道绿一道的。做香角子。丝线缠成小粽子，里头装了香面，一个一个串起来，挂在帐钩上。贴五毒。红纸剪成五毒，贴在门槛上。贴符。这符是城隍庙送来的。城隍庙的老道士还是我的寄名干爹，他每年端午节前就派小道士送符来，还有两把小纸扇。符送来了，就贴在堂屋的门楣上。一尺来长的黄色、蓝色的纸条，上面用朱笔画些莫名其妙的道道，这就能辟邪么？喝雄黄酒。用酒和的雄黄在孩子的额头上画一个王字，这是很多地方都有的。有一个风俗不知别处有不：放黄烟子。黄烟子是大小如北方的麻雷子的炮仗，只是里面灌的不是硝药，而是雄黄。点着后不响，只是冒出一股黄烟，能冒好一会。把点着的黄烟子丢在橱柜下面，说是可以熏五毒。小孩子点了黄烟子，常把它的一头抵在板壁上写虎字。写黄烟虎字笔画不能断，所以我们那里的孩子都会写草书的"一笔虎。"还有一个风俗，是端午节的午饭要吃"十二红"，就是十二道红颜色的菜。十二红里我只记得有炒红苋菜、油爆虾、咸鸭蛋，其余的都记不清，数不出了。也许十二红只是一个名目，不一定真凑足十二样。不过午饭的菜都是红的，这一点是我没有记错的，而且，苋菜、虾、鸭蛋，一定是有的。这三样，在我的家乡，都不贵，多数人家是吃得起的。

我的家乡是水乡。出鸭。高邮大麻鸭是著名的鸭种。鸭多，鸭蛋也多。高邮人也善于腌鸭蛋。高邮咸鸭蛋于是出了名。我在苏南、浙江，每逢有人问起我的籍贯，回答之后，对方就会肃然起敬："哦！你们那里出咸鸭蛋！"上海的卖腌腊的店铺里也卖咸鸭蛋，必用纸条特别标明："高邮咸蛋"。高邮还出双黄鸭蛋。别处鸭蛋有偶有双黄的，但不如高邮的多，可以成批输出。双黄鸭蛋味道其实无特别处。还不就是个鸭蛋！只是切开之后，里面圆圆的两个黄，使人惊奇不已。我对异乡人称道高邮鸭蛋，是不大高兴的，好像我们那穷地方就出鸭蛋似的！不过高邮的咸鸭蛋，确实是好，我走的地方不少，所食鸭蛋多矣，但和我家乡的完全不能相比！曾经沧海难为水，他乡咸鸭蛋，我实在瞧不上。袁枚的《随园食单·小菜单》有"腌蛋"一条。袁子才这个人我不喜欢，他的《食单》好些菜的做法是听来的，他自己并不会做菜。但是《腌蛋》这一条我看后却觉得很亲切，而且"与有荣焉"。文不长，录如下：

腌蛋以高邮为佳，颜色细而油多，高文端公最喜食之。席间，先夹取以敬客，放盘中。总宜切开带壳，黄白兼用；不可存黄去白，使味不全，油亦走散。

高邮咸蛋的特点是质细而油多。蛋白柔嫩，不似别处的发干、发粉，入口如嚼石灰。油多尤为别处所不及。鸭蛋的吃法，如袁子才所说，带壳切开，是一种，那是席间待客的办法。平常食用，一般都是敲破"空头"用筷子挖着吃。筷子头一扎下去，吱——红油就冒出来了。高邮咸蛋的黄是通红的。苏北有一道名菜，叫作"朱砂豆腐"，就是用高邮鸭蛋黄炒的豆腐。我在北京吃的咸鸭蛋，蛋黄是浅黄色的，这叫什么咸鸭蛋呢！

端午节，我们那里的孩子兴挂"鸭蛋络子"。头一天，就由姑姑或姐姐用彩色丝线打好了络子。端午一早，鸭蛋煮熟了，由孩子自己去挑一个，鸭蛋有什么可挑的呢！有！一要挑淡青壳的。鸭蛋壳有白的和淡青的两种。二要挑形状好看的。别说鸭蛋都是一样的，细看却不同。有的样子蠢，有的秀气。挑好了，装在络子里，挂在大襟的纽扣上。这有什么好看呢？然而它是孩子心爱的饰物。鸭蛋络子挂了多半天，什么时候孩子一高兴，就把络子里的鸭蛋掏出来，吃了。端午的鸭蛋，新腌不久，只有一点淡淡的咸味，白嘴吃也可以。

孩子吃鸭蛋是很小心的，除了敲去空头，不把蛋壳碰破。蛋黄蛋白吃光了，用清水把鸭蛋里面洗净，晚上捉了萤火虫来，装在蛋壳里，空头的地方糊一层薄罗。萤火虫在鸭蛋壳里一闪一闪地亮，好看极了！

小时读囊萤映雪故事，觉得东晋的车胤用练囊盛了几十只萤火虫，照了读书，还不如用鸭蛋壳来装萤火虫。不过用萤火虫照亮来读书，而且一夜读到天亮，这能行么？车胤读的是手写的卷子，字大，若是读现在的新五号字，大概是不行的。

咸菜茨菇汤

一到下雪天，我们家就喝咸菜汤，不知是什么道理。是因为雪天买不到青菜？那也不见得。除非大雪三日，卖菜的出不了门，否则他们总还会上市卖菜的。这大概只是一种习惯。一早起来，看见飘雪花了，我就知道：今天中午是咸菜汤！

咸菜是青菜腌的。我们那里过去不种白菜，偶有卖的，叫做"黄芽菜"，是外地运去的，很名贵。一般黄芽菜炒肉丝，是上等菜。平常吃的，都是青菜，青菜似油菜，但高大得多。入秋，腌菜，这时青菜正肥。把青菜成担的买来，洗净，晾去水气，下缸。一层菜，一层盐，码实，即成。随吃随取，可以一直吃到第二年春天。

腌了四五天的新咸菜很好吃，不咸、细、嫩、脆、甜、难可比拟。

咸菜汤是咸菜切碎了煮成的。到了下雪的天气，咸菜已经腌得很咸了，而且已经发酸，咸菜汤的颜色是暗绿的。没有吃惯的人，是不容易引起食欲的。

咸菜汤里有时加了茨菇片，那就是咸菜茨菇汤。或者叫茨菇咸菜汤，都可以。

我小时候对茨菇实在没有好感。这东西有一种苦味。民国二十年，我们家乡闹大水，各种作物减产，只有茨菇却丰收。那一年我吃了很多茨菇，而且是不去茨菇的嘴子的，真难吃。

我十九岁离乡，辗转漂流，三四十年没有吃到茨菇，并不想。

前好几年，春节后数日，我到沈从文老师家去拜年，他留我吃饭，师母张兆和炒了一盘茨菇肉片。沈先生吃了两片茨菇，说："这个好！格比土豆高。"我承认他这话。吃菜讲究"格"的高低，这种语言正是沈老师的语言。他是对什么事物都讲"格"的，包括对于茨菇、土豆。

因为久违，我对茨菇有了感情。前几年，北京的菜市场在春节前后有卖茨菇的。我见到，必要买一点回来加肉炒了。家里人都不怎么爱吃。所有的茨菇，都由我一个人"包圆儿"了。

北方人不识茨菇。我买茨菇，总要有人问我："这是什么？"——"茨菇。"——"茨菇是什么？"这可不好回答。

北京的茨菇卖得很贵，价钱和"洞子货"（温室所产）的西红柿、野鸡脖韭菜差不多。

我很想喝一碗咸菜茨菇汤。

我想念家乡的雪。

萝　卜

杨花萝卜即北京的小水萝卜。因为是杨花飞舞时上市卖的，我的家乡名之曰："杨花萝卜。"这个名称很富于季节感。我家不远的街口一家茶食店的屋下有一个岁数大的女人摆一个小摊子，卖供孩子食用的便宜的零吃。杨花萝卜下来的时候，卖萝卜。萝卜一把一把地码着。她不时用炊帚洒一点水，萝卜总是鲜红的。给她一个铜板，她就用小刀切下三四根萝卜。萝卜极脆嫩，有甜味，富水分。自离家乡后，我没有吃过这样好吃的萝卜。或者不如说自我长大后没有吃过这样好吃的萝卜。小时候吃的东西都是最好吃的。

除了生嚼，杨花萝卜也能拌萝卜丝。萝卜斜切的薄片，再切为细丝，加酱油、醋、香油略拌，撒一点青蒜，极开胃。小孩子的顺口溜唱道：

　　人之初，
　　鼻涕拖；
　　油炒饭，

拌萝菝。注：我的家乡萝卜为萝菝。

　　油炒饭加一点葱花，在农村算是美食，所以拌萝卜丝一碟，吃起来是很香的。

　　萝卜丝与细切的海蜇皮同拌，在我的家乡是上酒席的，与香干拌荠菜、盐水虾、松花蛋同为凉碟。

　　北京的拍水萝卜也不错，但宜少入白糖。

　　北京人用水萝卜切片，氽羊肉汤，味鲜而清淡。

　　烧小萝卜，来北京前我没有吃过（我的家乡杨花萝卜没有熟吃的），很好。有一位台湾女作家来北京，要我亲自做一顿饭请她吃。我给她做了几个菜，其中一个是烧小萝卜。她吃了赞不绝口。那当然是不难吃的；那两天正是小萝卜最好的时候，都长足了，但还很嫩，不糠；而且我是用干贝烧的。她说台湾没有这种小萝卜。

　　我们家乡有一种穿心红萝卜，粗如黄酒盏，长可三四寸，外皮深紫红色，里面的肉有放射形的紫红纹，紫白相间，若是横切开来，正如中药里的槟榔片（卖时都是直切），当中一线贯通，色极深，故名穿心红。卖穿心红萝卜的挑担，与山芋（红薯）同卖，山芋切厚片。都是生吃。

　　紫萝卜不大，大的如一个大衣扣子，扁圆形，皮色乌紫。据说这是五倍子染的。看来不是本色，因为它掉色，吃了，嘴唇牙肉也是乌紫乌紫的。里面的肉却是嫩白的。这种萝卜非本地所产，产在泰州。每年秋末，就有泰州人来卖紫萝卜，都是女的，挎一个柳条篮子，沿街吆喝："紫萝——卜！"

　　我在淮安第一回吃到青萝卜。曾在淮安中学借读过一个学期，一到星期日，就买了七八个青萝卜，一堆花生，几个同学，尽情吃一顿。后来我到天津吃过青萝卜，觉得淮安青萝卜比天津的好。大抵一种东西第一回吃，总是最好的。

　　天津吃萝卜是一种风气。五十年代初，我到天津，一个同学的父亲请我们到天华景听曲艺。座位之前有一溜长案，摆得满满的，除了茶壶茶碗，瓜子花生米碟子，还有几大盘切成薄片的青萝卜。听"玩艺儿"吃萝卜，此风为别处所无。天津谚云："吃了萝卜喝热茶，气得大夫满街爬"，吃萝卜喝茶，此风亦为别处所无。

　　心里美萝卜是北京特色。一九四八年冬天，我到了北京，街头巷尾，每听到吆喝："哎——萝卜，赛梨来——辣来换……"声音高亮打远。看来在北京做小买卖的，都得有条好嗓子。卖"萝卜赛梨"的，萝卜都是一个一个挑选过的，用手指头一弹，当当的；一刀切下去，咔嚓嚓的响。

我在张家口沙岭子劳动，曾参加过收心里美萝卜。张家口土质于萝卜相宜，心里美皆甚大。收萝卜时是可以随便吃的。和我一起收萝卜的农业工人起出一个萝卜，看一看，不怎么样的，随手就扔进了大堆。一看，这个不错，往地下一扔，叭嚓，裂成了几瓣，"行！"于是各拿一块啃起来，甜，脆，多汁，难可名状。他们说："吃萝卜，讲究吃'棒打萝卜'。"

张家口的白萝卜也很大。我参加过张家口地区农业展览会的布置工作，送展的白萝卜都特大。白萝卜有象牙白和露八分。露八分即八分露出土面，露出土面部分外皮淡绿色。

我的家乡无此大白萝卜，只是粗如小儿臂而已。家乡吃萝卜只是红烧，或素烧，或与臀尖肉同烧。

江南人特重白萝卜炖汤，常与排骨或猪肉同炖。白萝卜耐久炖，久则出味。或入淡菜，味尤厚。沙汀《淘金记》写幺吵吵每天用牙巴骨炖白萝卜，吃得一家脸上都是油光光的。天天吃是不行的，隔几天吃一次，想亦不恶。

四川人用白萝卜炖牛肉，甚佳。

扬州人、广东人制萝卜丝饼，极妙。北京东华门大街曾有外地人制萝卜丝饼，生意极好。此人后来不见了。

北京人炒萝卜条，是家常下饭菜。或入酱炒，则为南方人所不喜。

白萝卜最能消食通气。我们在湖南体验生活，有位领导同志，接连五天大便不通，吃了各种药都不见效，憋得他难受得不行。后来生吃了几个大白萝卜，一下子畅通了。奇效如此，若非亲见，很难相信。

萝卜是腌制咸菜的重要原料。我们那里，几乎家家都要腌萝卜干。腌萝卜干的是红皮圆萝卜。切萝卜时全家大小一齐动手。孩子切萝卜，觉得这个一定很甜，尝一瓣，甜，就放在一边，自己吃。切一天萝卜，每个孩子肚子里都装了不少。萝卜干盐渍后须在芦席上摊晒，水气干后，入缸，压紧、封实，一两月后取食。我们那里说在商店学徒(学生意)要"吃三年萝卜干饭"，谓油水少也。学徒不到三年零一节，不满师，吃饭须自觉，筷子不能往荤菜盘里伸。

扬州一带酱园里卖萝卜头,乃甜面酱所腌,口感甚佳。孩子们爱吃,一半也因为它的形状很好玩,圆圆的,比一个鸽子蛋略大。此北地所无,天源、六必居都没有。

北京有小酱萝卜,佐粥甚佳。大腌萝卜咸得发苦,不好吃。

四川泡菜什么萝卜都可以泡,红萝卜、白萝卜。

湖南桑植卖泡萝卜。走几步,就有个卖泡萝卜的摊子。萝卜切成大片,泡在广口玻璃瓶里,给毛把钱即可得一片,边走边吃。峨眉山道边也有卖泡萝卜的,一面涂了一层稀酱。

萝卜原产中国,所以中国的为最好。有春萝卜、夏萝卜、秋萝卜、四秋萝卜,一年到头都有。可生食、煮食、腌制。萝卜所惠于中国人者亦大矣。美国有小红萝卜,大如元宵,皮色鲜红可爱,吃起来则淡而无味,异域得此,聊胜于无。爱伦堡小说写几个艺术家吃奶油蘸萝卜,喝伏特加,不知是不是这种红萝卜。我在爱荷华南朝鲜人开的菜铺的仓库里看到一堆心里美,大喜,买回来一吃,味道满不对,形似而已。日本人爱吃萝卜,好像是煮熟蘸酱吃的。

周国平 中国社会科学院哲学研究所研究员，当代著名学者、作家、哲学研究者。著有：《尼采：在世纪的转折点上》、《尼采与形而上学》，散文集《守望的距离》、《各自的朝圣路》《安静》、《善良丰富高贵》，随感集《人与永恒》、《风中的纸屑》、《碎句与短章》以及《人生哲思录》、《周国平人文讲演录》等。

真性情（外二篇）

周国平

我的人生观若要用一句话概括，就是真性情。我从来不把成功看作人生的主要目标，觉得只有活出真性情才是没有虚度了人生。所谓真性情，一面是对个性和内在精神价值的看重，另一面是对外在功利的看轻。

一个人在衡量任何事物时，看重的是它们在自己生活中的意义，而不是它们能给自己带来多少实际利益，这样一种生活态度就是真性情。

一个人活在世上，必须有自己真正爱好的事情，才会活得有意思。这爱好完全是出于他的真性情的，而不是为了某种外在的利益，例如为了金钱、名声之类。他喜欢做这件事情，只是因为他觉得事情本身非常美好，他被事情的美好所吸引。这就好像一个园丁，他仅仅因为喜欢而开辟了一块自己的园地，他在其中培育了许多美丽的花木，为它们倾注了自己的心血。当他在自己的园地上耕作时，他心里非常踏实。无论他走到哪里，他也都会牵挂着那些花木，如同母亲牵挂着自己的孩子。这样一个人，他一定会活得很充实的。相反，一个人如果没有自己的园地，不管他当多大的官，做多大的买卖，他本质上始终是空虚的。这样的人一旦丢了官，破了产，他的空虚就暴露无遗了，会惶惶然不可终日，发现自己在世界上无事可做，也没有人需要他，成了一个多余的人。

在我看来，所谓成功是指把自己真正喜欢的事情做好，其前提是首先要有自己真正的爱好，即自己的真性情，舍此便只是名利场上的生意经。而幸福则主要是一种内心体验，是心灵对于生命意义的强烈感受，因而也是以心灵的感受力为前提的。所以，比成功和幸福都更重要的是，一个人必须有一个真实的自我，一颗饱满的灵魂，它决定了一个人争取成功和体验幸福的能力。

人做事情，或是出于利益，或是出于性情。出于利益做的事情，当然就不必太在乎是否愉快。我常常看见名利场上的健将一面叫苦不迭，一面依然奋斗不止，对此我完全能够理解。我并不认为他们的叫苦是假，因为我知道利益是一种强制力量，而就他们所做的事情的性质来说，利益的确比愉快更加重要。相反，凡是出于性情做的事情，亦即仅仅为了满足心灵而做的事情，愉快就都是基本的标准。属于此列的不仅有读书，还包括写作、艺术创作、艺术欣赏、交友、恋爱、行善等等，简言之，一切精神活动。如果在做这些事情时不感到愉快，我们就必须怀疑是否有利益的强制在其中起着作用，使它们由性情生活蜕变成了功利行为。

"君子喻以义，小人喻以利。"中国人的人生哲学总是围绕着义利二字打转。可是，假如我既不是君子，也不是小人呢？

我相信，在义和利之外，还有别样的人生态度。在君子和小人之外，还有别样的人格。套孔子的句式，不妨说："至人喻以情。"

义和利，貌似相反，实则相通。"义"要求人献身抽象的社会实体，"利"驱使人投身世俗的物质利益，两者都无视人的心灵生活，遮蔽了人的真正的"自我"。"义"教人奉献，"利"诱人占有，前者把人生变成一次义务的履行，后者把人生变成一场权利的争夺，殊不知人生的真价值是超乎义务和权利之外的。义和利都脱不开计较，所以，无论义师讨伐叛臣，还是利欲支配众生，人与人之间的关系总是紧张。

如果说"义"代表一种伦理的人生态度，"利"代表一种功利的人生态度，那么，我所说的"情"便代表一种审美的人生态度。它主张率性而行，适情而止，每个人都保持自己的真性情。你不是你所信奉的教义，也不是你所占有的物品，你之为你仅在于你的真实"自我"。生命的意义不在奉献或占有，而在创造，创造就是人的真性情的积极展开，是人在实现其本质力量时所获得的情感上的满足。

你说，得活出个样儿来。我说，得活出个味儿来。名声地位是衣裳，不妨弄件穿穿。可是，对人对己都不要衣帽取人。衣裳换来换去，我还是我。脱尽衣裳，男人和女人更本色。

人生中一切美好的事情，报酬都在眼前。爱情的报酬就是相爱时的陶醉和满足，而不是有朝一日缔结良缘。创作的报酬就是创作时的陶醉和满足，而不是有朝一日名扬四海。如果事情本身不能给人以陶醉和满足，就不足以称为美好。

我的确感到，读书、写作以及享受爱情、亲情和友情是天下最快乐的事情。"定力"不是修炼出来的，它直接来自所做的事情对你的吸引力。人生有两大幸运，一是做自己喜欢做的事，另一是和自己喜欢的人在一起。所以，也可以说，我的"定力"来自我的幸运。

此生此世，当不当思想家或散文家，写不写得出漂亮文章，真是不重要。我唯愿保持住一份生命的本色，一份能够安静聆听别的生命也使别的生命愿意安静聆听的纯真，此中的快乐远非浮华功名可比。

简　单

在五光十色的现代世界中，让我们记住一个古老的真理：活得简单才能活得自由。

自古以来，一切贤哲都主张过一种简朴的生活，以便不为物役，保持精神的自由。

事实上，一个人为维持生存和健康所需要的物品并不多，超乎此的属于奢侈品。它们固然提供享受，但更强求服务，反而成了一种奴役。

现代人是活得愈来愈复杂了，结果得到许多享受，却并不幸福，拥有许多方便，却并不自由。

如果一个人太看重物质享受，就必然要付出精神上的代价。人的肉体需要是很有限的，无非是温饱，超于此的便是奢侈，而人要奢侈起来却是没有尽头的。温饱是自然的需要，奢侈的欲望则是不断膨胀的市场刺激起来的。富了总可以更富，事实上也必定有人比你富，于是你永远不会满足，不得不去挣越来越多的钱。这样，赚钱便成了你的唯一目的。即使你是画家，你哪里还顾得上真正的艺术追求；即使你是学者，你哪里还会在乎科学的良心？

仔细想一想，我们便会发现，人的肉体需要是有被它的生理构造所决定的极限的，因而由这种需要的满足而获得的纯粹肉体性质的快感差不多是千古不变的，无非是食色温饱健康之类。殷纣王"以酒为池，悬肉为林"，但他自己只有一只普通的胃。秦始皇筑阿房宫，"东西五百步，南北五十丈"，但他自己只有五尺之躯。多么热烈的美食家，他的朵颐之快也必须有间歇，否则会消化不良。多么勤奋的登徒子，他的床笫之乐也必须有节制，否则会肾虚。每一种生理欲望都是会餍足的，并且严格地遵循着过犹不足的法则。山珍海味，挥金如土，更多的是摆阔气。藏娇纳妾，美女如云，更多的是图虚荣。万贯家财带来的最大快乐并非直接的物质享受，而是守财奴清点财产时的那份欣喜，败家子挥霍财产时的那份痛快。凡此种种，都已经超出生理满足的范围了，但称它们为精神享受未免肉麻，它们至多只是一种心理满足罢了。

一切奢侈品都给精神活动带来不便。

人活世上，有时难免要有求于人和违心做事。但是，我相信，一个人只要肯约束自己的贪欲，满足于过比较简单的生活，就可以把这些减少到最低限度。远离这些麻烦的交际和成功，实在算不得什么损失，反而受益无穷。我们因此获得了好心情和好光阴，可以把它们奉献给自己真正喜欢的人，真正感兴趣的事，而首先是奉献给自己。对于一个满足于过简单生活的人，生命的疆域是更加宽阔的。

许多东西，我们之所以觉得必需，只是因为我们已经拥有它们。当我们清理自己的居室时，我们会觉得每一样东西都有用处，都舍不得扔掉。可是，倘若我们必须搬到一个小屋去住，只允许保留很少的东西，我们就会判断出什么东西是自己真正需要的了。那么，我们即使有一座大房子，又何妨用只有一间小屋的标准来限定必需的物品，从而为美化居室留出更多的自由空间？

许多事情，我们之所以认为必须做，只是因为我们已经把它们列入了日程。如果让我们凭空从其中删除某一些，我们会难做取舍。可是，倘若我们知道自己已经来日不多，只能做成一件事情，我们就会判断出什么事情是自己真正想做的了。那么，我们即使还能活很久，又何妨用来日不多的标准来限定必做的事情，从而为享受生活留出更多的自由时间？

在人的生活中，有一些东西是可有可无的，有了也许增色，没有也无损本质，有一些东西则是不可缺的，缺了就不复是生活。什么东西不可缺，谁说都不算数，生养人类的大自然是唯一的权威。自然规定了生命离不开阳光和土地，规定了人类必须耕耘和繁衍。最基本的生活内容原是最平凡的，但正是它们构成了人类生活的永恒核心。

不占有

所谓对人生持占有的态度，倒未必专指那种唯利是图、贪得无厌的行径。据我的理解，凡是过于看重人生的成败、荣辱、福祸、得失，视成功和幸福为人生第一要义和至高目标者，即可归入此列。因为这样做实质上就是把人生看成了一种占有物，必欲向之获取最大效益而后快。

但人生是占有不了的。毋宁说，它是侥幸落到我们手上的一件暂时的礼物，我们迟早要把它交还。我们宁愿怀着从容闲适的心情玩味它，而不要让过分急切的追求和得失之患占有了我们，使我们不再有玩味的心情。在人生中还有比成功和幸福更重要的东西，那就是凌驾于一切成败福祸之上的豁达胸怀。在终极的意义上，人世间的成功和失败，幸福和灾难，都只是过眼烟云，彼此并无实质的区别。当我们这样想时，我们和我们的身外遭遇保持了一个距离，反而和我们的真实人生贴得更紧了，这真实人生就是一种既包容又超越身外遭遇的丰富的人生阅历和体验。

一般来说，人的天性是习惯于得到，而不习惯于失去的。呱呱坠地，我们首先得到了生命。自此以后，我们不断地得到：从父母得到衣食、玩具、爱和抚育，从社会得到职业的训练和文化的培养。长大成人以后，我们靠着自然的倾向和自己的努力继续得到：得到爱情、配偶和孩子，得到金钱、财产、名誉、地位，得到事业的成功和社会的承认，如此等等。

当然，有得必有失，我们在得到的过程中也确实不同程度地经历了失去。但是，我们比较容易把得到看作是应该的，正常的，把失去看作是不应该的，不正常的。所以，每有失去，仍不免感到委屈。所失愈多愈大，就愈委屈。我们暗暗下决心要重新获得，以补偿所失。在我们心中的蓝图上，人生之路仿佛是由一系列的获得勾画出来的，而失去则是必须涂抹掉的笔误。总之，不管失去是一种多么频繁的现象，我们对它反正不习惯。

　　道理本来很简单：失去当然也是人生的正常现象。整个人生是一个不断地得而复失的过程，就其最终结果看，失去反比得到更为本质。我们迟早要失去人生最宝贵的赠礼——生命，随之也就失去了在人生过程中得到的一切。有些失去看似偶然，例如天灾人祸造成的意外损失，但也是无所不包的人生的题中应有之义。"人有旦夕祸福"，既然生而为人，就得有承受旦夕祸福的精神准备和勇气。至于在社会上的挫折和失利，更是人生在世的寻常遭际了。由此可见，不习惯于失去，至少表明对人生尚欠觉悟。一个只求得到不肯失去的人，表面上似乎富于进取心，实际上是很脆弱的，很容易在遭到重大失去之后一蹶不振。

　　为了习惯于失去，有时不妨主动地失去。东西方宗教都有布施一说。照我的理解，布施的本义是教人去除贪鄙之心，由不执着于财物，进而不执着于一切身外之物，乃至于这尘世的生命。如此才可明白，佛教何以把布施列为"六度"之首，即从迷惑的此岸渡向觉悟的彼岸的第一座桥梁。俗众借布施积善图报，寺庙靠布施敛财致富，实在是小和尚念歪了老祖宗的经。我始终把佛教看作古今中外最透彻的人生哲学，对它后来不伦不类的演变深不以为然。佛教主张"无我"，既然"我"不存在，也就不存在"我的"这回事了。无物属于自己，连自己也不属于自己，何况财物。明乎此理，人还会有什么得失之患呢？

　　当然，佛教毕竟是一种太悲观的哲学，不宜提倡。只是对于入世太深的人，它倒是一帖必要的清醒剂。我们在社会上尽可以积极进取，但是，内心深处一定要为自己保留一份超脱。有了这一份超脱，我们就能更加从容地品尝人生的各种滋味，其中也包括失去的滋味。

　　我们总是以为，已经到手的东西便是属于自己的，一旦失去，就觉得蒙受了损失。其实，一切皆变，没有一样东西能真正占有。得到了一切的人，死时又交出一切。不如在一生中不断地得而复失，习以为常，也许能更为从容地面对死亡。

　　另一方面，对于一颗有接受力的心灵来说，没有一样东西会真正失去。

　　我失去了的东西，不能再得到了。我还能得到一些东西，但迟早还会失去。我最后注定要无可挽救地失去我自己。既然如此，我为什么还要看重得与失呢？到手的一切，连同我的生命，我都可以拿它们来做试验，至多不过是早一点失去罢了。

一切外在的欠缺或损失，包括名誉、地位、财产等等，只要不影响基本生存，实质上都不应该带来痛苦。如果痛苦，只是因为你在乎，愈在乎就愈痛苦。只要不在乎，就一根毫毛也伤不了。

守财奴的快乐并非来自财产的使用价值，而是来自所有权。所有权带来的心理满足远远超过所有物本身提供的生理满足。一件一心盼望获得的东西，未必要真到手，哪怕它被放到月球上，只要宣布它属于我了，就会产生一种愚蠢的欢乐。

耶稣说："富人要进入天国，比骆驼穿过针眼还要困难。"对耶稣所说的富人，不妨作广义的解释，凡是把自己所占有的世俗的价值，包括权力、财产、名声等等，看得比精神的价值更宝贵，不肯舍弃的人，都可以包括在内。如果心地不明，我们在尘世所获得的一切就都会成为负担，把我们变成负重的骆驼，而把通往天国的路堵塞成针眼。

萧伯纳说："人生有两大悲剧，一是没有得到你心爱的东西，另一是得到了你心爱的东西。"我曾经深以为然，并且佩服他把人生的可悲境遇表述得如此轻松俏皮。但仔细玩味，发现这话的立足点仍是占有，所以才会有占有欲未得满足的痛苦和已得满足的无聊这双重悲剧。如果把立足点移到创造上，以审美的眼光看人生，我们岂不可以反其意而说：人生有两大快乐，一是没有得到你心爱的东西，于是你可以去寻求和创造；另一是得到了你心爱的东西，于是你可以去品味和体验？

有一个人因为爱泉水的歌声，就把泉水灌进瓦罐，藏在柜子里。我们常常和这个人一样傻。我们把女人关在屋子里，便以为占有了她的美。我们把事物据为己有，便以为占有了它的意义。可是，意义是不可占有的，一旦你试图占有，它就不在了。无论我们和一个女人多么亲近，她的美始终在我们之外。不是在占有中，而是在男人的欣赏和倾倒中，女人的美便有了意义。我想起了海涅，他终生没有娶到一个美女，但他把许多女人的美变成了他的诗，因而也变成了他和人类的财富。

大损失在人生中的教化作用：使人对小损失不再计较。

"无穷天地，那驼儿用你精细。"张养浩此言可送天下精细人做座右铭。

数学常识：当分母为无穷大时，不论分子为几，其值均等于零。而你仍在分子上精细，岂不可笑？

颜廷君 上海交通大学公共管理创新研究所所长，教授，作家，电影编剧、导演。主讲课程《国学智慧与人生哲学》、《法德管理》、《新文化生态》等。著有哲学专著《给人生插花》、长篇小说《彼岸》、中篇小说集《爱到不能爱》等。管理学作品有《关于现代企业管理哲学的思考》、《是非圈外看分配》、《人性假设的误区》等。

新文化生态（节选）

颜廷君

第八章 法德管理

《宇宙全息统一论》中有一个观点："每一门科学都包含着其他所有科学的信息。这样，每门科学都成为科学整体的全息元，这一全息元中凝聚着整个科学发展的信息。"

整体包含着部分，部分也包含着整体。譬如克隆技术，用你的一个细胞，就可以克隆出一个和你一模一样的人；当你明白一粒沙子，你就明白了整个世界。个人管理、家庭管理、组织管理、地方管理乃至国家管理本质是相通的。

法德管理原则上汲取儒家法家思想之精华，融西方管理学之精髓，融会贯通，中西合璧，内外兼修，亦道亦器。法德管理是自我管理、组织管理乃至国家管理行之有效的管理原则。

法德管理是我学习、思考、教授管理学二十年的心力结晶，本想把法德管理铺陈开来写成一本书，但因事务太多、精力有限而写成一篇文章。这篇文章有如下几个方面的内容：

一、法德管理历史实践概述

二、儒、法思想的基本特点

三、什么是法德管理

四、制度化建设

这样一来很难做到面面俱到，但框架清晰。有档次的人读书举一反三，节省了阅读的时间，何尝不是件好事？至于在学识上不上档次的人，纵然面面俱到也没用，因为他们根本就不读书，跟我的书没有交集点。反过来说，我的书也不是为这些人写的。

对于教学，我不满足于采撷，呈现"花和草"，意欲奉献"奶与蜜"。

——像一头奶牛，把草变成奶；像一只蜜蜂，把花变成蜜。相信对管理学、管理实践有兴趣的人——无论是哪个层面的管理者，读此文不会感到失望。

一、法德管理历史实践概述

中国式的管理是法德管理。法德管理是行之有效的管理原则。为什么这样说？这就得"从头说起"——阅读需要耐心。

周族以蕞尔小邦，人力物力远逊于殷商，逐渐"三分天下有其二"，最后据有中原，这不仅仅是战略的运用，也不仅仅是依据强大武力的征服，而是一个"天下归仁"的过程，亦即实行"礼治"的结果。

历史进入春秋战国，大一统的周王朝早已名存实亡。大国要争霸，小国要保土，都需要争取民心，以实现各自不同的政治目的。而新兴的政治势力，更是将讨好、争取民心作为要务。

在晋国历史上，晋文公与晋悼公两度使国家强盛，称霸于世，都是实施仁政的结果。晋国政治最终被几家强大的宗族把持，他们纷纷实行经济改革，废除了"百步为亩"的井田制，以争取民众扩大实力。其中范氏、中行氏以一百六十步为亩，智氏以一百八十步为亩，韩氏、魏氏，以二百步为亩，而赵氏采用最大亩制，以二百四十步为亩。晋国最终为韩赵魏三家瓜分。

齐国的田氏在借贷时，不仅没有高利贷，反而采用大斗借出小斗收回，造成"公弃其民"，而田氏则得到民众的爱戴，"其爱之如父母，归之如流水"。田氏家族最终取代国君，成为新君。

鲁国国君被三家贵族势力联合赶出国外，死在异乡，鲁国人民不认为这是大逆不道，反而评说"社稷无常奉，君臣无常位"。鲁国国君失去民心，从而失去天下。

于是，孟子笃信"仁者无敌"，但事实并非如此，实行法治的秦国在与实行道德政治的六国博弈中取得了优势。战国七雄博弈的结果是"虎狼之师"秦国统一了中国。

强秦统一中国，说明法治在强化权威取得兼并战争胜利方面的积极作用，也让我们看到了道德政治的局限性，但是否据此可以说"法治"是理想的政治模式呢？秦始皇曾合计着做皇帝的事，要从"一世二世以致万世"。但结果呢？"戍卒叫，函谷举，楚人一炬，可怜焦土"。陈胜、吴广起义，并引发六国贵族的复国运动，刘邦、项羽高举反秦大旗，秦国"二世而亡"。

对于秦王朝覆灭的原因，杜牧在《阿房宫赋》里说："灭六国者，六国也，非秦也。族秦者，秦也，非天下也。嗟乎！使六国各爱其人，则足以拒秦。使秦复爱六国之人，则递三世可至万世而为君，谁得而族灭也？"

杜牧认为六国所以灭亡是因为六国不能爱其民，这种观点有待商榷。而秦国的灭亡在于不能"爱人"，亦即缺乏"德治"，则无可争议。

秦国的灭亡证明法治的政治模式，在治理国家方面同样行不通。

传统的法治与道德政治都存在着自身无法克服的矛盾，同时也都有其积极的方面与合理的内核。从主观上积极地推动法德两种智慧融合的，是战国后期的一位哲人荀子。荀子是大名鼎鼎的李斯和韩非子的老师，受业于儒家，但他没有拘泥于儒家思想范畴，批判地继承了先秦诸子百家的思想，甄别各种政治智慧的优劣，从而提出了自己的"儒法并重，以法为主"的观点。

荀子非常欣赏秦国的政治，当他到秦国参观后，对社会的公私分明，治理井然有序发出了由衷的赞叹：政治简明，百业兴旺，国力昌盛，真是治国有方。只可惜，如果从"王道仁政"的角度去衡量还差得很远，为什么呢？看来是缺乏道德政治啊！故而要王霸兼施，儒法并重，缺少其一，政治就不稳定，这正是秦国所短啊！

"秦末楚汉相争,并归于汉"。汉王朝统治者对秦国的灭亡有着清醒的、深刻的认识。汉高祖得天下,废除暴秦的严刑峻法,"约法三章",深得民心。汉武帝采纳了董仲舒提出的"德治"的主张:政治上实行君主专制制度,在思想文化上"贬黜百家,独尊儒术"。

汉代的"德治"(政治特征)汲取了儒家、法家两种政治智慧,其实质是"阴法阳儒""刚柔相济""王霸杂用",表明一度对立的儒家与法家的政治思想经过长期的冲撞与磨合,最后联姻、融合。这两种政治智慧的合流是历史的客观选择,是中国传统文化两极自我完善与自律发展的必然结果

但是,汉代所实施的"德道政治",不同于先秦的礼治,先秦的礼治是只重教化、重礼,不用刑罚,不重法度。而汉以后的"德治",是"以德为主,以刑罚为辅"的德治。重教化、正法度,教化与刑罚并用。汉王朝实行的道德政治其实质是法德并重,亦即所谓"法德管理",之所以当时不叫"法德政治",是因为暴秦的严刑峻法给人民留下了极其恶劣的印象,所以即便汲取的是儒法两家的政治智慧,也避而不谈"法"字。

自汉高祖后两千多年,就总体而言,"法德管理"是历代王朝的政治特征,时至今日,"以德治国"和"以法治国"的方针,深深地打上传统的法家与儒家思想的烙印。

历史的实践证明,"法德管理"是一种行之有效的政治模式。

对中国历史有所研究的人或许会问:既然"法德管理"是一种行之有效的管理原则,自汉朝开始历代王朝就总体而言实行的都是"法德管理",那么,汉朝为什么还会灭亡?历代王朝何以频繁地更替?——精通《二十四史》的黄炎培先生的答案是:周期律。

关于周期律,我在别的文章中介绍过,这里不节外生枝。

中国传统的儒家与法家的文化及管理智慧,对自我管理、企业管理以至于现代国家管理都具有重要的借鉴意义。

中国传统文化、文明是世界文明的瑰宝,我们理应继承与发扬,但传统文化不是包医百病的"祖传秘方",有精华也有糟粕,且世事沧海桑田,时过境迁,即使是优秀的传统文化,也会有一些不合时宜。所以,我们对历史文化理应采取审慎的

"批判继承"的态度。

同时，中国文化应该是开放型的、动态的和不断发展的文化体系。事实上，在世界经济一体化的今天，各种背景的文化都是开放的、动态和不断发展的，是"不以人的意志为转移的"。

傲慢与偏见，掩耳盗铃最终吃亏的是自己。我们对待历史文化和西方文化的态度，应该是"古为今用"，"洋为中用"；既不崇洋媚外、全盘西化，也不自我封闭、妄自尊大。

——听起来像老生常谈，但却是我们学习借鉴传统文化与西方文化的不二法门。

当然，我们现在提出的"法德管理"，不是翻版、克隆汉朝的"阴法阳儒"的道德政治，而是在此基础上的创新与发展，我们赋予它与时俱进的新内容，亦即"法德管理"。什么是"法德管理"？要透彻理解，就必要了解、回顾儒家的思想特点和法家的思想特点。——这对于国学修养好的来说有些多余，阅读时这一节可以跳过。

二、儒、法思想的基本特点

1. 儒家思想的基本特点

儒家学派的创始人是孔子，是春秋战国时期最重要的思想流派之一，主要人代表人物有孔子、孟子、荀子。儒家认为人生的意义在于追求道德完善。"大学之道在明明德，在亲民，在止于至善。""德"不仅是人们实践应遵循的原则，达到目的的手段，更是人生的终极目的——人生的终极目的就是道德的完善。

儒家思想的特点之一：崇尚礼治。

在实行宗法分封制的周朝（先秦），虽同为姬姓，由于割据一方，天长日久也易造成离心势力，在这样一种族群林立，中央政权力量并不强大，还不能建立起严密政治控制体系和强大军事力量的前提下，要想建立起大一统的相对稳定的国家，必须有一种凝聚力，这种凝聚力就是共同的血源。基于血缘关系从伦理、亲情等道德因素出发的行为规范，符合诸侯及人民的利益，可以被广泛地接受，从而能够得以实行，这就是礼治，道德政治是在礼治的基础上发展起来的。

道德是政治的灵魂，礼就是政治的载体。在中国古代，"经礼三百，曲礼三千"，经礼是国家正式制定与实施的大礼——相当于宪法，曲礼是日常生活中普遍运用的礼节，社会各阶层都有其明确的责任与义务，事无巨细，皆有礼可依。

儒家思想的特点之二：重视伦理道德的作用。

儒家思想的重要特征是对伦理关系的重视，崇尚"仁、义、礼"。仁者爱人，义就是使自己达到仁的境界，礼是仁义的表现形式。"仁、义、礼"是儒家学说中的核心思想。

儒家思想的这两个基本特点，到汉武帝时，董仲舒把它概括为"三纲五常"。三纲是：君为臣纲，父为子纲，夫为妇纲。五常是：仁、义、礼、智、信。

儒家把道德作为政治的根本，"为政以德"，就是以道德高下作为衡量政治好坏的标准，就是将政治的实施过程等同于道德的感化过程。道德不仅是实现目的手段，更是人生的终极目的，道德政治在不同思想家那里有不同的表达方式，孔子称为"有道"，孟子称为"仁政"，墨子称为"兼爱"。

儒家思想的特点之三：重教化、推己及人。

"德禁于未然之前"，——道德的作用在于行为之前，通过教化，使人们在思想上接受"德"观念，在行为合于礼，禁恶行于未然，从而实现人与人之间的关系和谐、进而达到社会的和谐。

"德治"是沿着"修身、齐家、治国、平天下"这样一个推己及人的过程来实现的，这是个由自我管理到组织管理再到国家管理的过程。

道德政治的局限性。

道德政治所追求的境界是国家与国民处在一种和谐、稳定、互动的关系中，国君以仁待民，国民以礼事君，虽然不否认等级制度和贫富差别的存在，但政治却以道德的尽善尽美作为终极的追求目标。道德政治在先秦是政治的主流。

孟子曾说："仁者无敌"——道德政治无敌于天下，但是事实证明并非如此。道德政治本身存在着许多悖论，隐含着自身无法克服的巨大矛盾。

六国废除"井田制"的经济改革，可以讨好民众（不能不说是爱民吧？），它可以实现"藏富于民"，可以赢得国内人民的民心，但却是一柄双刃剑：经济改革无法实现国力强盛，不利于富国强兵，又如何能抵挡强秦的入侵呢？——这应该是道德政治的一大悖论。

"仁者能仁与人，而不能使人仁；义者能爱于人，而不能使人相爱。"（《商子画策》）。——你用爱心对待他人，不能使他人有爱心；你爱别人，但是不能使人与人之间彼此相爱。好心未必得到好报，良好的愿望未必有良好的结果。在社会发生动荡时期，面对乱臣贼子，道德显得无能为力。对此，孔子也是徒唤奈何，于是说出下面的话来："危邦不入，乱邦不居。天下有道，则现；天下无道，则隐。邦有道，贫且贱，耻也；邦无道，富且贵，耻也。"——"危险的国家不要去，混乱的国家不要住。天下太平，政治清明，就出山；天下不太平，政治黑暗，就隐而不出。国家大治，你无所作为，丢人；国家大乱，你却发达了，丢人！"

——这是道德政治的又一悖论。

道德政治既不能实现富国强兵，又对乱世无能为力，这是它的软肋。

2. 法家思想基本特点

前期法家的代表人物有李悝、商鞅、慎到、申不害，后期法家思想的代表人物是韩非。

法家思想的特点之一：主张实行极端的君主专制统治。

君主专制制度是独裁统治，君主利益至上，民众必须绝对服从君主的意志。通过系统的社会管理，将民众组织起来，通过法令法规监督和强化国民的责任与义务。

法家主张君主操法、术、势三柄，驾驭群臣，统治人民。

法家思想特点之二：重视法治的作用。

法家主张治国"一断于法"，这里的法是"法治"。中国古代社会不存在实质意义上的法律制度，法家的所谓"法治"是刑罚和行政命令。法家执法可以用六个字来概括：一赏、一刑、一教。

"一赏"，就是利禄、官爵的赏赐只集中于战功，而不问其他。不论贫富贵贱，不论聪明愚笨，不论有无德才，"不管是白猫黑猫，抓到老鼠的就是好猫"。只要全心全意、出生入死地为国家效劳，就能得到相应的利禄与官爵。这就必然要彻底地革除依赖门第获得地位与富贵的传统政治格局，突破以往政治大门只对贵族敞开、不许百姓染指的狭隘传统，为所有社会成员提供了建功立业的机会。

"一刑"，就是废除"刑不上大夫，礼不下庶人"的旧俗，无论贵贱高低，从上到下，有法必依，违法必纠，"王子犯法与庶民同罪"，不是"将功折罪"，不是"将官折罪"，唯其如此，才能真正树立"法"的威信，使之在社会生活中发挥决定性的作用。商鞅不惜向违法的王太子开刀，将他的老师谷子虔割去了鼻子。

"一教"，法治的实施，首先要求制定统一、明确的赏赐、刑罚制度，这是相对容易做到的。

"一教"，就是"一赏"、"一刑"的法家思想教育推动和被广泛理解、接受的过程，这个过程也是把全民的思想和行为纳入法制轨道的过程。它要求破除世袭的政治传统和等级制度，它必然导致贵族势力的反弹、抵制，注定了"一教"过程的艰巨性。"一赏、一刑、一教"三者的有机统一是法治的基本思想。

法家思想特点之三：主张实行富国强兵。

法治社会有着确定的目标，那就是富国强兵，在兼并战争中获得最后胜利。秦国在一统天下这个远景目标激励下，通过严密系统的法令法规把国家管理得井井有条，使社会充满活力，社会矛盾被减小到最低限度，所有社会阶层都希望在兼并战争中改变自身的地位，获得更高的权位和财富。秦国故而能使国力保持高度的集中与强盛，在长达百年的战争中越战越强。东方六国因结构松散，缺乏管理，内部矛盾重重而越战越弱，最终被一一消灭。

"法治"的局限性。

"法治"同样有着难以克服的自身矛盾。

秦统一后不久，就爆发了以陈胜吴广为首的农民起义，并引发了东方六国旧贵族的复国运动，秦帝国迅速崩溃。

一度强盛无敌的秦国此时为何如此不堪一击？原因之一，秦国在统一目标完成的同时，最高的社会目标相应地丧失，为此目标而设置的种种法规失去了依附，民众失去了曾经源源提供的权位的吸引，社会失去了凝聚力量，民心涣散，无法集合起来抵御起义与六国暴动。

其次，秦国实行君主专制统治。这样的政治失去调节与监督，失去约束的结果就会走向极端。暴政法治的严刑峻法、沉重的劳役不得人心，人民难以忍受，揭竿而起。失民心者失天下，秦国"二世而亡"是历史的必然。

道德政治与法治一样，都是从君主利益出发的，这两种政治都不可能对君主的权力形成真正的约束，都不能克服自身的异化，这是中国先秦政治的最大缺憾。

三、什么是法德管理

下面我们用一个案例来形象地说明什么是法德管理。

火车道上来了一列火车。在正常行驶的铁道上有十个孩子在玩耍，在废弃的岔道上有一个孩子在玩耍，你是个搬道岔的，千钧一发之际有两种选择：搬和不搬。不搬，十个孩子完了；搬，一个孩子完了。搬还是不搬？

假设搬的话，我们问的第一个问题是，在废弃岔道上玩耍的孩子有过错吗？没有。唯独一个守规矩的你把他干掉了。这是不公平的；第二，这是什么车？货车还是客车？这是个废弃的岔道，搬上去会不会出轨？第三，谁让你搬了？没人让你搬你搬了，造成客车出轨人员伤亡惨重的结果，必定会受到法律的严厉制裁，即使只造成一个孩子的伤亡也会坐牢的。无论从国家的利益出发，还是从自身的利益出发，都不应该搬。不搬，十个孩子完了，但是，每个人都应该为自己的言行负责，这难道有什么问题吗？

在我讲学的职业生涯中，当我问到这个问题，多数人的回答搬，少数人认为不能搬。有一次例外。我在杭州为一家国企中高层管理人员讲课，我问搬还是不搬，一百多个高管异口同声回答：不搬！我问：有老师讲过这个案例？大家都说没有。我感到很惊讶，感叹：诸位的管理学学得太棒了！而且反应敏锐。有位学员说：我们是杭州铁路的，还不懂得这个？

按游戏规则办事，不能搬，这个道理很简单，一听就明白。但是，如果在废弃岔道上玩耍的十个孩子中有一个是你家的，你搬吗？只怕想都没想就搬完了！人是有血有肉有情有义的，而法律制度是不讲人情的。有情有义的人执行不讲人情的法律制度是相悖的。这是徇私枉法官官相护人情化管理的根本原因。难道这是个无法解开的"死结"吗？当然不是。解决这个问题有两个思路。

其一，通过教育培训，让大家明白这样一个道理：组织的经营管理就好比演一个电视连续剧，我们每个人都在这部戏中扮演一个角色。无论演员与演员之间是什么关系，但到台面上，我们就应该说角色说的话，做角色做的事，公私分明，不能把演员与角色的关系混淆在一起。这又引申出另一个概念——"团队学习"，领导懂得这个道理，部下不懂，领导奖励他，他会认为领导对自己不错；领导罚他，他会认为领导对他有意见。倘若通过团队学习，使部下理解并不难理解的角色与演员的关系，奖罚就变得相对容易。

其二，假设没有孩子在正常的行驶的铁路上玩耍，那就不会出现搬与不搬的尴尬局面。怎么才能让孩子们不到铁路上玩耍？铁路部门是怎么做的？首先设立护栏，果真有孩子在行驶的铁路上玩耍，列车也要开过去。这是制度化和规范化。制度化，体现的是人与人之间的关系，譬如国家的法律制度、公务员守则、员工守则。规范化，体现的是人与物之间的关系，譬如部门职责、个人的职务说明书、工作的方法与流程等。制度化、规范化恰是"法"的核心思想。此外，还要对孩子们进行宣传教育，让他们知道不能在火车道上玩耍，宣传教育叫文化管理；教育不是万能的，孩子们还必须自觉自律去遵守，自觉自律叫自我管理。自我管理与文化管理，恰是"德"的核心思想。我们把铁路部门管理铁路的原则叫"法德管理"，换一句话说，我们用铁路部门管理铁路的案例来形象地表达"法德管理"。

法者，就是制度化与规范化；德者，就是自我管理和文化管理。所谓法德管理就是制度化、规范化，自我管理、文化管理为一体的管理原则。

对于管理而言，除了法德管理之外，还有什么其他的管理原则？我听到最多的回答就是"人性化管理"。什么是人性化管理？要明白什么是人性化管理，首先要了解人性。管理的主体与客体都是人，对人性缺乏认识，管理就无从谈起。

管理学理论，是在对人性作某种假设的基础之上建构起来的。

熟悉两种文明的学者一致认为：欧美文明的基本谬误是对人性的错误认识，即人性本恶的观念。欧美管理学理论是以人性本恶为假想前提的。管理学上的"X理论"就是一个典型，对人性本恶的假设，使其在人际互动中的行为趋向于恶的一面，以人性本恶为前提的，必然导致行为上的恶性互动。

中国传统文化，就总体而言是以"人性本善"作为假想前提的。以人性本善为前提，行为上表现为善良型（合作型），在博弈游戏中，以不变应万变的"以德报怨"策略行不通。

由于前提不是已经被证明的事实，而是某种假设，如果假设不成立——也就是说前提错误，那么在此基础上建立起来的理论体系就是不科学的，从逻辑上讲，这是显而易见的。

鉴于以上的认识，我们有理由认为：东方西方管理学都存在着先天的缺陷和局限性。如何克服这种缺陷和局限性？换一句话，管理学不以对人性的基本假设为前提，那么它以什么为前提？——以对人性的正确地认识为前提，在此基础上建立起来的管理理论才是科学的。

人性究竟是怎样的？人性既有恶的一面，又有善的一面——"一半是天使，一半是魔鬼"，不同的人（或群体）的善恶表现不同，同一个人（或群体）在不同的年龄时期善恶表现不同；在同一时期的不同的情境下表现也不尽相同。人性有两面性、呈动态的不确定性。

了解了人性，我们才可以探讨人性化管理。人性既有善的一面，又有恶的一面，对于这样的"人"，我们应该采取什么样的管理原则？——法德管理，法德管理就是人性化管理。

"德"治符合人性，它使人的自尊心、尊严得到了维护、满足了人们对情感的需要，使人的自尊得到呵护，又因法的存在规避人性的放纵，以至于触犯法律或惰性发作；法治，则有效地制约、规范人性恶的消极的一面，又因德的存在不至于陷入冷酷无情及工作的低效率。东方六国的灭亡让我们看到有"德"（礼）无"法"的结果，秦国的灭亡又让我们看到有"法"无"德"的悲剧。法德相辅相成，相得益彰。我们有理由相信：法德管理才是企业管理乃至国家管理应该遵循的管理原则。

《三国演义》里"诸葛亮挥泪斩马谡"是法德管理典型的案例。

孔明斩马谡是正法，挥泪是情是德。挥泪斩马谡是一方面要维持组织纪律，一方面要跟下属保持良好的关系，孔明之所以被现代管理学家推崇为中国历史上的管理大师，可谓名副其实。

不妨再打一个比喻："法德管理"如同大禹治水：大禹治水采取"导"的策略。顺应水往低处流的"水性"，把水"导"向东方大海，但与此同时，加高加固黄河堤岸，其实是"堵"其南北流向。大禹治水实际上采取的是"以导为主，以堵为辅，导堵结合"的策略。如果只导不堵，水就会向南北方向泛滥。人性如水，"法德管理"如同大禹治水。

法德管理是中国式的管理，无论是从人性的角度考察，还是中国政治的实践观察，它都是行之有效的管理原则。法德管理原则是制度化、规范化，是自我管理和文化管理。什么是制度化、规格化？什么是自我管理、文化管理？制度化、规范化、自我管理、文化管理的方法与流程是什么？对这些问题如果展开来讲——我以"法德管理"为题的讲座，如果展开来讲，需要一天时间，形成文字就是一本书了，这里不予展开。

寓德于法——"仁慈"的船主

澳大利亚从前只有土著人居住，后来英国把这里当作流放犯人的地方，这些犯人代代繁衍，久而久之，就形成了今天的澳大利亚国。而在运送犯人流放服刑的途中，发生过这样一个故事：

承担运送犯人任务的都是些私人船主，他们接受政府的委托，当然也要收取相应的费用。一开始，英国政府按照上船时的犯人的人数付费用，于是，船主为了牟取暴利，想尽种种办法虐待犯人，克扣犯人的食物，甚至把犯人活活地扔下海，导致运输途中犯人的死亡率最高时达到94％。

后来，英国政府想出一个办法：他们改变了付款规则，按照活着到达目的地的人数付费。于是，船主们又想尽办法让更多的犯人活着到达澳大利亚，饿了给饭吃，渴了给水喝，大多数船主甚至聘请了随船医生，"伺候"犯人就像伺候病中的父母或兄弟姐妹，犯人的死亡率最低降到1％。

在这里，我们看到只是付款规则的变化，但差之毫厘，本质上有天壤之别，后者便是"寓德于法"，换句话说，这一付款规则——"法"，体现了以人为本的价值理念。法与德一体两面，形神合一。

法德管理（人性化管理）误区

鲁大夫孟孙打猎，活捉一头小鹿，交门客秦西巴收管。秦西巴听到母鹿哀啼，动了恻隐之心，偷偷地将小鹿放了。孟孙一气之下，将秦西巴炒了鱿鱼。一年后孟孙又把秦西巴请回来做他儿子的老师。有人问孟孙为什么这么做，孟孙说，他对一头小鹿尚且如此，所以他绝对不会加害我的儿子，把儿子交给他我放心。

魏大将乐羊带兵进攻中山国，而乐羊的儿子在中山国做官。中山国告诫乐羊，再不停止进攻的话，就把他的儿子煮成汤"慰劳"他。乐羊不能因私废公。中山国将乐羊儿子煮汤送给乐羊喝，乐羊一饮而尽，中山国人吓得开城门投降了。魏王对乐羊拓疆之功予以重赏，但十分猜忌：一个连儿子做成汤都敢喝的人，什么事做不出来？

刘向就这两件事发表评论说："乐羊以有功而被猜疑，秦西巴有罪反而更加受到信任，原因就在于有没有一颗爱心。"

这里，一方面让我们看到先贤对"仁爱"的推崇，做人的重要性，但同时我们也看到了其中的局限性：重做人轻做事的倾向。试想：乐羊为了表达自己有仁爱之心，停止攻打中山国，或干脆投降中山国，反戈一击，攻打起魏国，如何？是"仁"还是背叛？秦西巴放了小鹿之后，孟孙大加赞赏，后果将会如何呢？他的门客纷纷效仿秦西巴，一门心思地做好人。孟孙不是天天打猎，没那么多小鹿可放，于是门客们就把孟孙家中的鸡鸭鹅兔马牛羊猪狗驴统统放跑了，那就乱套了！

重人品轻做事的倾向，是对人性化管理的误解，也不符合现代企业管理的精神。滥竽充数业绩低下的"好人"——在管理学是有个专用名词叫"瘦狗型员工"，是企业要淘汰的对象。人性化管理不是保护落后，企业不是福利院。

四、制度化建设

法德管理是制度化、规范化及自我管理、文化管理为一体的管理原则。

制度化建设在国家的层面上就是立法和司法，在组织层面就是规章制度的建立和执行。立法、建立规章制度应该遵循"科学、民主、透明、刚性、适度、平等"原则，并且要设立预警系统和监督机制。要深刻、详细理解这些原则及要求，需通读法学与管理学。不识庐山真面目，只缘身在此山中，从法学与管理学中跳出来，高屋建瓴，方可看清其全貌。下面一一分述之。

1. 科学原则

2012年公安部有关部门出台一个"条例"：闯黄灯视同闯红灯。对此，我不止于就事论事，还将通过这个案例来谈立法或制度规章建立的问题。

"条例"规定自2013年1月1日起开始实施，新的《机动车驾驶证申领和使用规定》，闯黄灯视同闯红灯都扣6分，闯两次红灯扣12分，公安交管部门将扣留驾驶证，驾驶人需要参加道路交通安全法律、法规学习并接受考试（2012年12月28日新华网）。

制定道路交通法规，目的是维护交通秩序，保护人民的生命安全，"条例"严格一些合情合理，但是，仅有良好的愿望是不够的。立法、制定规章制度必须建立在科学的基础上，必须有可行性。中央电视台越俎代庖做了一个粗糙的实验，请两个人——一个有二十年驾龄的教练，一个有十年驾龄的教练，驾驶车辆在道路限速规定内行驶，从看到黄灯时刹车，如果按照新"条例"，这两个教练，一天内就可能闯两次黄灯，扣12分，扣留驾驶证。何况一般的驾驶员。这车还怎么开？就是说，这项"条例"在实践中根本行不通。

有人说，倘"闯黄灯视同闯红灯"，那还要黄灯干什么？只要红灯和绿灯就行了——红灯停，绿灯行。其实，连绿灯也不需要，只留一个红灯就行了。红灯停，红灯灭了就行。在我看来，红灯绿灯只留一个就可以了：留红灯，就是红灯亮了就停，红灯灭了就行；留绿灯，绿灯亮了就行，绿灯灭了就停。

闯黄灯视同闯红灯，相当于取消黄灯。黄灯表示警示，红灯代表禁止通行。"老"交通法规定的"黄灯亮时，已越过停止线的车辆可以继续通行；红灯亮时，禁止车辆通行"。黄灯的指示作用是留出一个缓冲时段，如果没有黄灯，红灯突然亮起，驾驶员很有可能会因为反应不过来而采取急刹车或闯红灯的不当措施，导致撞车或其他危险事故的发生。有黄灯作为缓冲，给驾驶员留出一定的自由空间采取应对措施——有条件的停下来，反应不及的可以在红灯亮之前通过，这就减轻、消除驾驶员的紧张感，既有利于安全，又可以提高单位时间内道路车辆的流量。

闯黄灯视同闯红灯，形同取消黄灯，实践中行不通，理论上不科学，给驾驶人员增加无谓的难度与风险，使交通"添堵"，直接与间接威胁到道路交通安全。

既然如此，这样的一个"条例"为什么会出台呢？显而易见，这是"相关部门有关人员"，出于一种良好的愿望制定的，换一句话说，是从长官意志出发制定的。立法、制定规章制度，从长官意志出发，不考虑在实践中是否行得通，是常识性的错误。

2. 透明原则

十八大之后,要把老虎关进笼子里,让权力在阳光下运行。"公平、公正、公开"是透明应有的含义,换一句话说,大凡透明的,都是公平、公正、公开的。不透明就一定会衍生腐败。

曾在广州湛江讲学,接待我的处长得知我来自上海,随口说,湛江钢铁厂与上海宝钢关系密切。湛江市委为了上这个项目,跑发改委跑了十几年。当这个项目批下来的时候,市长捧着批文亲了又亲,新闻联播上都播出来了。我问:从中你看到了什么?答:我看到市长的口水把批文都湿了。我们从中看到了什么?——不透明!倘若发改委的决策是公平、公正、公开的,湛江市只要把可行性分析报告快递过去就行了,哪里用得着跑十来年?

我们不妨再看看干部晋升制度。

刘贞坚2006年以来,先后任山东省巨野县委书记,菏泽市政府副市长,菏泽市委常委、统战部部长。在任巨野县委书记期间,刘贞坚开始收钱卖官。在他主政巨野县后期,一些干部不再用心工作,而是一心忙于送礼跑官,严重破坏了当地的政治生态。据统计,向刘贞坚买官的干部中,有副县级干部7人,县直部门一把手10人。巨野18个乡镇党委书记中,只有一人没给刘贞坚行贿送钱。5年受贿116次,总额858万余元,其中收受41名下属买官贿赂739万余元,占其受贿总数的86%。

2014年12月底,中组部通报4起买官卖官案件,刘贞坚案排在首位。

刘贞坚案涉案的行贿买官人员已全部受到党纪国法的严肃追究。山东省提出,今后在买官问题上,实行买卖同查,涉及行贿买官,一律给予调岗、免职、降职等处分。

刘贞坚的个人悲剧令人扼腕。公诉人认为,刘贞坚走上犯罪道路固然有客观原因,但根本原因还在个人。我则不以为然,刘贞坚买官卖官案反映了晋升制度存在严重缺陷:一是晋升制度不透明,透明才能保证公平公正。二是缺乏监督机制。

3. 民主原则

民主，是指在一定的阶级范围内，按照平等原则和少数服从多数的原则来共同管理国家事务的国家制度。民主的核心理念是，权力源自人民、要由人民授予，权力要接受监督制约，要对掌权者进行定期更换，权力更换和运行的规则由多数人决定。

但是，真正的民主是一种妄想。为什么这么说？既然认定民主是一种妄想，那为什么还要谈民主？

自从1951年斯坦福大学教授肯尼斯·阿罗令人信服地论证了这个结论，即任何可以想得出的民主选举制度可以产生出不民主的结果，这一论证使数学家和经济学家感到震惊。阿罗的这种令人不安的对策论论证立即在全世界学术界引起了评论。

1952年，后来在经济科学方面获诺贝尔奖的保罗·萨谬尔森这样写道："这证明了探索完全民主的历史记录下的伟大思想也是探索一种妄想、一种逻辑上的自相矛盾。现在全世界的学者们——数学的、政治的哲学的和经济学的——都在试图进行挽救，挽救阿罗的毁灭性的发现中能够挽救出的东西。"

阿罗的论证，称之为"不可能定理"（因为他证明了完全的民主是不可能的），该论证帮助他于1972年获得了诺贝尔经济科学奖。对策论中最早的和最惊人的成果之一，也就是阿罗的"毁灭性的发现"所产生的影响至今还能感觉到。

在民主投票中所固有的不民主悖论可以用一个例子来进行解释。

甲乙丙丁四个人参加总统选举，甲乙各获得25%的选票，丙获得24%的选票，丁获得26%的选票，结果丁当选总统，但是支持甲乙丙的选民统统反对丁当选总统。就是说，74%反对的人当上了总统。民主投票得出一个不民主的结果。这种情况下，"民主是一种自我矛盾"。

有时候民主不存在。

譬如有一个三口之家，夫妻俩和一个宝贝女儿。女儿长得很靓，追求她的男生成群结队，相互之间争风吃醋。通过几轮海选，有三个男生进入最后一轮角逐。三个男生一个叫酷毙，一个叫帅呆，一个叫靓仔。酷毙幽默，帅呆浪漫，靓仔成熟。

老爸希望选择一个成熟的女婿，老妈想选择一个幽默的女婿，女儿想选择一个浪漫的老公。假设这是个民主的家庭，连女儿选择对象这样的事都进行民主决策。在这种情况下，民主不存在。这也是团体决策困境。

民主、民意不一定正确。

假设民主反映了民意，但不能保证民意就是正确的——民意并不必然正确。《组织行为学》研究表明，群体的理性小于个体的理性之和。希特勒就是民选出来的。"三个臭皮匠顶一个诸葛亮"，事实上三十个臭皮匠也未必顶上一个诸葛亮，真理往往掌握在少数人的手里。

概括起来说，"绝对的民主是一种妄想和自相矛盾"，民主有时候不存在，民主、民意不一定正确，此外，民主有吊诡和使诈的空间，民意容易被操纵，民意容易被收买。

上面说的都是民主的不足之处，但我不是说民主一无是处，而让人民屈从于暴政或者独裁统治，而是想说明：民主不是"救世主"。现在许多人热衷于"民主"，假如不是别有用心，或为了一己之私，那一定是高估了民主的作用。

上面是从国家制度的宏观层面谈民主，下面我从组织决策原则的视角，谈谈民主。

作为组织决策原则，有三种典型：一是集权，二是民主，三是协商。

组织如果能够通过协商达成共识，那是最理想的；如果协商无法达成共识，作为决策，要么集权，要么民主。集权决策，凭一人之智，难免会有疏漏，且一个人思考十次可能都是沿着一个思路，十个人思考一次可能就是十条思路。那么实行民主决策如何？民主的局限性上面有所触及，民主在组织决策中行不通最根本的原因是：谁对结果负责？譬如民营企业，总经理是法人代表，四个副总经理，讨论企业的发展战略，协商没有达成共识，实行民主决策，少数服从多数，四个副总为企业制定战略，决策失误导致企业破产，这个后果谁来承担？只能由法人承担。显而易见，不能对结果负责，就不具有做决策的资格。集权决策有局限性，民主决策又行不通，作为民营企业究竟该如何决策？

集思广益＋集权。集思广益，避免了集权决策可能出现的信息屏蔽，思路相对比较宽阔，集思广益的看法供总经理参考，而不是少数服从多数，这就是集思广益加集权。所谓的民主集中制原则与之相似。

倘若是股份制企业该如何决策？譬如有五个股东，且每个人都占20%的股份，如何决策？从理论上讲，应该实行民主决策，少数服从多数。因为决策者可以对后果负责。当然，这并不意味着民主决策能保证多数人的决策比少数人的决策好。

倘若是国有企业该如何决策？

国有企业的决策与国家决策相通，只是"具体而微者也"。简约来说就是：集思广益＋参数＋集权。这里的"参数"，或是"外脑"——相关的咨询机构、顾问，或者上级的指示精神等。

4. 刚性原则

刚性原则的第一层含义是法律制度（规章制度）弹性空间适度。

我在中国检察官学院（上海）为全国市级检察长轮训时讲授《法德管理》，抛出一个问题，贩毒50克当如何？——法律规定死刑。但我们在现行的法律实践中是怎么判决的？或判10年，或判15年、或无期、或死缓、或死刑。为什么会有这么大的差别？因为情况不一样，"立功"表现不一样，认罪态度不一样。有什么样的立功表现判10年？什么样的表现判15年？必须有清晰的量化标准，弹性太大——譬如，"贩毒50克，视其认罪态度及立功表现判处10年以上直至死刑"，就会给司法带来难度，也带来"空间"，依靠法官行使"自由裁量权"就不能保证公平，就可能滋生腐败。与刚性相对应的是"橡皮筋"。

刚性原则的第二层含义是"一刀切"。

譬如，组织制度规定迟到10分钟，罚款50元。某女士迟到10分钟，因为她的孩子感冒了，带到医院打点滴导致的。罚还是不罚？罚，似乎不近人情，设想不罚会如何？如果不罚，其他迟到的人同样不能罚。其他人的孩子不可能都感冒，但会有其他原因，没有任何让人理解和同情的理由（譬如只是想多睡一会觉）还可以编造一个。如此一来，规章制度形同虚设，所以必须罚。孩子生病，带孩子到医院打点滴当然可以请假，请假罚还是不罚？如果不罚的话，岂不是通过请假这个环节把迟到早退合法化了吗？所以，请假也要罚，只不过要少罚一点。不请假罚款50元，请假罚款 45 元，最少不低于 40 元，否则就弱化了奖罚的力度。

在规章制度量化标准清楚的前提下，执行时应不讲任何理由。"一刀切"是有弊端的，但是任何制度、决策有利就有弊，只有利没有弊的制度和决策不存在，一个制度、决策是否可行，首先要权衡利弊，弊大于利就不可行，利大于弊就是可行的。"一刀切"有弊端，但利大于弊，因而是可行的；"具体问题具体分析"，会把所有的普遍性变成特殊性，且加大制度执行的难度和成本，弊大于利，因而不可行。"具体问题具体分析"更多的时候是和稀泥，是随意、无原则的托词。

5. 适度原则

严刑厚赏是法家的智慧，遗憾的是法家最后走过了，成了严刑峻法。奖惩力度太小，跟搞平均主义差不多，积极的不再积极，消极的会更加消极。

上海公司上班时间一般都是九点，公司规章制度中规定，迟到十分钟罚款五元，二十分钟十元，以此类推，办公室三十余人，几年时间，每天大约有三分之一的人迟到。迟到的理由基本都是堵车。老领导退居二线，新领导上任，修改规章制度，制度规定，迟到十分钟罚款三十元，二十分钟六十元，以此类推，新的规章制度实施后，几乎没有人迟到了，好像上海的交通状况一天之内就改观了。

所谓"适度"，就是法律制度的制定，在奖优惩劣方面要能起到激励与震慑的作用。既不是美其名为人性化管理的人情化管理，也不是标榜以法治国的严刑峻法或缺乏文化建设的制度化管理。奖罚要有力度，不能让人感觉无所谓。奖要让人欣喜而积极为之，罚要让人生畏而不敢为之。唯其如此，制度才能产生作用。

6. 平等原则

什么是平等？

不平等现象贯穿于人类社会的发展历史，是一切社会形态的"社会问题"。平等是道家的一大理想。法家的思想可用六个字来概括："严刑、厚赏、一教"，其中的"一教"就是否定儒家的等级制度，平等思想是法家的理论基础，法家主张"王子犯法与庶民同罪"，人类对平等的追求与探索从来就没有停止过。没有平等就没有自由、民主和法制，而自由、民主、法制是现代文明的主要特征，因此可以说：

平等是现代文明的基础。

要解决人类的不平等问题，首先要探讨造成不平等的根源。

卢梭在《论人类不平等的起源和基础》中将不平等的原因分为两类：一是起点不平等，二是竞争过程中主客观条件不平等。由于人们与生俱来的譬如智力、形象、家庭背景、社会环境，以及努力程度等因素的不同，只要大家遵循相同的竞争规则，结果必然不一样。如果无论起点与竞争过程的主客观条件如何，结果都一样，说明竞争规则不公平。历史上历次"等贵贱，均贫富"的农民起义最终都没有成为现实，证明追求终点平等是一条死路。它扼杀了人的积极性、主动性和创造性。认同结果"不平等"——差距，则有利于调动人们的创造力和工作热情，有利于促进社会发展、进步。

一个人出生在什么样的国家民族家庭背景是男是女形象如何智商高低等等，我们无法选择无能为力，就是说起点的不平等是今世无法追求，结果的"不平等"，"不平等"才公平。那么，我们追求的平等究竟是什么？——人格平等，竞争规则公平，法律制度面前人人平等。

立法、司法实践中的"照顾弱势群体"，又一个常识性的错误。

平等的价值

唐高祖李渊曾率兵攻占隋朝的霍邑，军队中有一部分士兵是应募的奴隶。战争打得很惨烈，双方伤亡惨重。占领霍邑后，李渊决定召开庆功会，赏赐那些立下战功的将士，这时一位大臣奏道："随军之奴隶本为下贱之人，不宜论功得赏。"李渊说："矢石之间，不辨贵贱，论功之际，何有等差？"

在相同的时空背景和条件下，无论亲疏贵贱、身份背景如何，因罪量刑，论功行赏，奖罚分明，不因人而异，一碗水端平，一视同仁，这是游戏规则平等。设若李渊论功之时因身份的不同区别对待，那么，在此后的战争中，奴隶们谁还会冲锋陷阵？

法家的思想可用六个字高度概括："严刑、厚赏、一教"，"一教"是"一赏一刑"的法家思想教育推动和被广泛理解、接受的过程。"一赏"，就是利禄、官爵的赏赐只集中于战功，而不问其他；"一刑"，就是废除"刑不上大夫，礼不下庶人"的旧规，法律面前人人平等。平等是法家思想的核心。秦国之所以在长达百年的兼并战争中越战越强最后灭掉东方六国，是实行法治的结果。

要而言之，"上层"对"下层"的平等不仅是道德要求，而且还有"实用价值"，有利于创造共赢。

不平等意识

不平等意识的成因有三：一是诸多游戏规则不平等——现行的制度设计存在一些缺陷，二是"红眼病"——嫉妒，三是"自我歧视"。

到美国的许多亚洲新贵（通俗点说叫暴发户），发现身边少了已习惯的羡慕、景仰，多了一份失落。于是他们不失时机地发放印有董事长字样的名片，一掷千金地买了名车豪宅。但是，就连那些开破车美国佬也是视而不见，新贵们傲气顿失。一个访美的亚洲官员说：在国内，别人见了我都点头哈腰，可在美国这个鬼地方，连捡破烂的人腰板都挺得直直的。

开破车的美国佬对新贵们的名车、豪宅视而不见，捡破烂的人腰板都挺得直直的，于是"新贵们傲气顿失"。由此看来，权贵们的"傲气"与人们的眼神和腰板有关。换句话说，权贵们的"傲气"是人民点头哈腰、低眉折腰"惯"出来的。

如果反过来问：为什么会有这样的人民呢？一是文化熏陶，二是制度造成的。在专制政体下，权贵们掌握着特权，决定着影响着人民的生存权和发展权；处于从属、依附或被控制地位的人民，如果不"低眉折腰事权贵"，就会受到伤害，怎么能挺起腰杆呢？从这个意义上说：有什么样的领袖和制度，就有什么样的人民。

因而，要"平等"，需要从两个方面努力：其一，培养自身的平等意识，努力追求平等；其二，作为领袖要积极推进民主制度的建设与完善。

现实生活中，人们感觉不平等，一是现实的游戏规则的不平等，二是对起点不平等的无奈和对终点不平等的嫉妒，三是根植于人们内心深处的不平等意识——"自我歧视"。譬如："我是普通老百姓，所以别人瞧不起我。"认为别人歧视自己，本质上是"自我歧视"。

在克里姆林宫工作了60多年的清洁工波利雅，当有人问她做什么工作时，她说："我的工作和总统的工作差不多：总统拾掇俄罗斯，我拾掇克里姆林宫。"

波利雅是打扫卫生的，但是她不认为自己低人一等，没有感觉到"不平等"的存在。由此看来，平等与否，还是一种自我的心理感受，一种心理素质。而心理素质是可以培养的。

人性的黑洞

如果我们从人性的视角，对"平等与不平等"这一课题作"定性"考察，则全人类大体都是相同的。

《儒林外史》的人物胡屠户，当他的女婿范进中了秀才之后，他的平等意识受到了激发，说出这么一段话：

"你如今中了相公，凡事要立起个体统来。比如我这行的，都是些正经有脸面的人，又是你的亲长，你怎敢在我们面前做大？"

按照传统的等级观点，秀才虽说仅属于知识阶层最低一级，但其地位毕竟比杀猪屠夫小商小贩要高些，胡屠户对秀才女婿范进提出的平等要求，是完全可以理解的。但非常遗憾的是，他又流露出来强烈的不平等意识，要求秀才的女婿不要忘了端起架子：

"若是门口这些做田的，扒粪的，不过是平头百姓，你若是同他们拱手作揖，平起平坐，这就是坏了学校的规矩，连我的脸上都无光了。"

胡屠户这样屠夫与小商小贩，与"做田的、扒粪的平头百姓"有什么区别？然而胡屠户却认为自己高他们一等，这不免让人觉得可笑。小说家像我们深刻地揭示了人性中根深蒂固的不平等意识。

正如平等的意识原本是人性的需求一样，不平等的意识其实也是人性的一种要求。当人们面临比自己地位高的人时，人们常流露出强烈的平等意识，但是当人们面对比自己地位低的人时，又表现出强烈的不平等意识。平等意识与不平等意识的是人性的两个侧面，同时并存。

人性的黑洞换一个说法就是：人都是追求不平等的，对不平等的愤恨不是不平等的本身，而是因为觉得自己处于低下的地位，对不平等的仇视与抗争不是为了消除不平等，而是为了让自己处于让人仰视的地位。

比起上层阶级来，下层阶级的不平等意识使他们显得不仅可笑，而且可悲。对下的不平等意识，使得他们失去对上要求平等的理由，也就等于默认了别人对自己不平等的合理性。

电视剧《马大帅》中有一个人物"彪哥"，就是这样的一个典型的人物。在"维多利亚大酒店"总经理面前，是一副道道地地的奴才相，但是，在部下面前颐指气使、趾高气扬表现得像个主子，将人性的两面性演绎得淋漓尽致。

人既有平等意识，又有不平等意识，它给我们在人际交往中的提供的方法论意义是：

对于"上级"，我们尊重他，但不卑不亢。尊重，以满足人性要求不平等的一面。不要一厢情愿地认为跟谁都可以称兄道弟平起平坐，其结果必然是自取其辱。不卑不亢，在满足"上级"对人性不平等需求的同时也满足了自身对平等的要求。对于"下级"，我们应以平等的姿态对待他，以满足人性对平等的要求。这是一种修养、一种境界。

每个人都处在一个几乎没有两极的等级序列中，"上级"以平等的姿态与心态对待"下级"，"下级"尊重"上级"，这样，一种良性的人际互动就会形成。作为组织，和谐的文化氛围才能形成；作为国家，"全体人民平等友爱，融洽相处"的和谐社会才可能实现。

7. 统一原则

我以上访制度为例，谈立法司法（规章制度建立与实施）的统一性。

原来的上访制度和运作模式，在新的历史时期，已不再是维护社会治安行之有效的手段，而是"麻烦制造者"，如果不终结它的历史使命，就必须改变其"游戏规则"。

首先应该改变的是考评制度。

一票否决制的本意在于使主要领导重视信访工作，将群众反映的问题解决在基层。而有些地方把此项工作简单化，以堵为主。如有的乡镇为防止群众上访，只要一经发现，不是首先解决问题，而是让公安、派出所以"聚众滋事""妨碍公务"等罪名先抓起来。这种做法在基层相当普遍。这样一来，有的上访者被暂时压下去了，有的则激化了矛盾。使上访群众产生逆反心理，从而引起更大规模的重复上访、越级上访。

《国务院信访工作条例》第38条规定，信访人对违法犯罪行为的检举、揭发，对国民经济发展及保护社会公共利益是有贡献的，由有关行政机构或者单位给予奖励。从实践看，这一制度几乎没有得到落实。我国每年都有大量的基层单位侵害公众集体利益的行为和个人，因上访者的举报而暴露，有的并未引起有关部门的重视，有的虽然在当时将违法犯罪者予以处理，但风头一过，上访者总会因为种种"合法"的"理由"遭到打击报复。

现在一些基层政府，为了减少上访尤其是越级上访、进京上访，将其列为班子考核指标的重要内容，影响较大的实行一票否决制，即使其他工作做得再好，只要信访工作不达标，就不能参加评优。可以肯定地说，这对于当地政府现任领导人的考评，是不公平的。有些问题的产生不是现任政府领导人造成的，此外，并非所有上访者的诉求都是合理合法的。

怎么改革上访制度？

中共中央办公厅、国务院办公厅印发了《关于创新群众工作方法解决信访突出问题的意见》（下称《意见》），并发出通知，要求各地区各部门结合实际认真贯彻执行。《意见》包括两个方面的内容：一、着力从源头上预防和减少信访问题发生；二、进一步畅通和规范群众诉求表达渠道。

我反复阅读思考《意见》，《意见》从既治标又治本"标本兼治"的思路进行探索，可以说是有的放矢。如果"各地区各部门结合实际认真贯彻执行"，执行到位，上访事件根本就不会发生，但这只能是良好的愿望。

上访出现的问题，从技术层面观察，一是对地方政府的考评制度不合理，二是表达渠道的问题。从根本上说，则是上访制度是否还有存在的合理性、必要性的问题。

上访制度与法律制度并行，违背了管理学的"统一"原则。打一个比方，让一个人同时听命于两个人，如果两个领导人意见始终是统一的，说明有一个人纯属多余；如果两个人的意见不统一，部下会无所适从。

上访制度作为一种游离于法律与政治之间的制度，在法律制度很不完善的阶段，或许对法律有一定的辅助作用，它的存在一开始就是"权宜之计"，法律制度不断完善的过程，也是上访制度走向终结的过程。

"民告官",是把上访纳入法制化轨道的重要举措,通过法律手段解决所有上访问题,这才是正途。

8. 建立预警系统

一对儿女满堂的老夫妇正庆祝他们的金婚日。他们的老邻居——一位中年人问老先生:"从我记事时开始,就没听到过你们吵架的声音,难道你们之间从来就没有任何争执?你们是怎么做到这一点的?"老先生说:"争执自然是有的,不过都不会扩大到吵架的地步……这么说吧,我从蜜月旅行的时候,就懂得克制的好处。那时交通不便,我们到大峡谷去度蜜月。一人雇了一头驴子。她的驴子显然好吃懒做,没走多久就赖在路边不走了。我的太太向驴竖起一个指头,冷冷地说:'第一次。'驴子第二次偷懒的时候,太太向驴竖起两个指头,冷冷地说:'第二次。'当驴子第三次停下的时候,太太不慌不忙地掏出左轮手枪,对准驴头开了一枪,溅了我一身的血浆。"邻居说:"你太太真是太残忍了!"老先生说:"就是这样!我看不下去了,我指责她说:'你太冷酷了!怎么可以这样!'她并不跟我争辩,只是向我竖起一个指头,冷冷地说:'第一次……'于是,就有了这个金婚纪念日。"

原来,这桩金婚的"秘诀"是"恐怖平衡"。

企业的惩罚制度,就是用来维持"恐怖平衡"的,不然就成了一张废纸。

9. 强化监督机制

曾为某啤酒集团的百余名销售经理做培训。下午两点半上课,有三位大区经理迟到近半小时。制度规定,迟到十分钟罚款一百,二十分钟二百,以此类推。总经理对分管销售经理的李副总说:照章办事,每人罚款三百元,交现款,下课后就把罚款收上来。晚餐时,我问李副总:真要每人罚款三百元吗?李副总说:哪能呢!总经理就是这个脾气,罚款不是目的。我问:怎么处理这件事?李副总说:下不为例。我问:假如发生第二次呢?李副总说:告诫他,容忍是有限度的!我问:如果发生第三次呢?李副总说:四不过三!我问:超过三次呢?李副总说:绝对不会超过三次!我问:超过三次就把他开除?李副总道:这样的会议一年只开三次。

如此这般,规章制度形同虚设。怎么解决这个问题?监督者还要有监督者。如果李副总没有把罚款收缴上来,那么,这三个人的九百块钱罚款由李副总垫付,再罚李副总九百块钱,且公告全公司,让全公司人人都知道。假如制度这样设计,总经理照章办事,结果会怎样?副总会对总经理有意见?那样的话,说明副总太不称职。实际上副总高兴都来不及!试想,副总被罚九百元之后,三位没有交罚款的大区经理会如何?会乖乖地把三百块钱罚款还给李副总。从此以后,大区经理谁再违反规章制度,李副总行使权力,大家还会对李副总有意见吗?作为大区经理这点换位思考的能力是有的,如果李副总不履行监督职责,职务不保,大区经理即便被罚,也不会迁怒李副总,制度使然。怕的是,李副总不罚三位大区经理,总经理也不罚李副总,这样的话,从此以后,李副总罚谁谁对李副总有意见。李副总担心引起众怒,睁一只眼闭一只眼地和稀泥,权力被弱化,成为"多余的人"。

监督者缺乏监督者,制度就会沦为一纸空文。

他山之石

马腾·维勒奈（Matan Vilnai） 以色列前任驻华大使。

启迪创新：以色列的成功经验

马腾·维勒奈

在全世界领先的创新生态系统排名中，以色列一直被列为全球企业家和风险投资者的首选地之一，和美国加州的硅谷和欧洲的经济之都齐名。确实，以色列自称"创业国度"令人惊奇，因为以色列是个小国、经济起步较晚且族群文化多样。但是任何对以色列略知一二的人都知道以色列本身就属于"初创"型国家，勇于承担风险、持续寻求进步，并知道创新和创造力意味着未来之路。过去，以色列被称为"流着奶和蜜的地方"，但如果要反映以色列21世纪的地位的话，以色列的称号肯定会是"创新国度"。

一、创新之根

成为全球创新国度并不容易，需要长时间的经验积累，才能解决世界的各种知识和技术挑战，打开未来之窗。以色列尽管建国历史不长，但一直都是全球创新领域名列前茅的国家。以色列过去究竟有什么因素帮助形成了创新文化？

1. 移民国家

创新文化形成的因素之一就是以色列来自超过130个国家的多元化移民。以色列的移民来自不同背景，包括摩洛哥的沙漠，叙利亚的小镇，埃塞俄比亚，欧洲的中心都市，中美洲和南美洲的农场，以及北美洲。但移民最初到达时，面临一系列严峻挑战：如何最大化利用这个国家的自然资源和有形资产。

基布兹，作为集体社区，是以色列为应对这些挑战而建立的首批机构。基布兹利用当时有限的资源去应对挑战，将企业家精神和冒险精神注入了以色列国民的内心。

1870年，第一个农业学校"米克维以色列学校"由农民建立，以分享如何应对恶劣的以色列气候。作为第一个农业点子"孵化器"，农民学到了各种从未听过的农业工具试验、可以养活全国人口的新型作物，以及适宜以色列气候的革命性种植方法。从最初分享农业经验的农民组织，"米克维以色列"最终发展成为以色列的大型农业研发机构"农业研究所"。

因为缺少基础设施，以色列的首批移民不得不想出新办法加速进程。正如 Gidi Grinstein 在以色列高科技成功秘诀《创新国度》中所说，"移民从不反对白手起家，他们本身就是冒险家，一个移民国家就是企业家国家。"

由于移民不怕承担风险并有各种技能，以色列很多行业在短期内发展起来。从农业和纺织制造业到工程和计算机领域，以色列移民集中所有的技能，众志成城，携手共建繁荣的国家。

2．学习"Chutzpah"精神

以色列移民来自各种不同的社会背景和成长经历，到了新的国家后，不同群体之间差异较大，但和彼此打交道时，以色列人很快学会了"Chutzpah"精神（"厚脸皮""不达目的誓不罢休"的意思）。有了这种精神，以色列人从小就学会了拒绝失败——这一特征对企业家至关重要，帮助他们坚定意志，或者说固执己见，不达目的誓不罢休。"我们的驱动力就是想要提高、超越，同时也想要亲自建立新事物"，以色列非常成功的高科技公司 Check Point 的创始人、董事长和 CEO Gil Shwed 如是说。

3．精英部队与初创企业

以色列人在部队服役时学会了挑战极限。来自社会各行各业的士兵需要解决问题、挑战权威、团队协作，以达成共同目标——打造具有创新思维的部队。在《创新的国度》一书中，Singer 和 Senor 指出，以色列年均出现上千家的初创企业，其中很多公司之所以创立，是因为得益于以色列人在二十多岁时部队服役期间的打交道、经历和学习。士兵们"从上级得到很少指导，但却被要求进步、完善，尽管这也意味着打破一些规矩"，他们如此描述。

"精英 8200 情报部队"被称为以色列成功企业家的"摇篮"。在 8200 部队学到的技能帮助他们建立自己的大数据、网络安全或信息技术企业，其中有些企业如 Gil Shwed 创立的 Check Point 和 Miralbilis 创立的 ICQ 通讯系统成为了价值上亿的公司。Yossi Vardi 对此评价道，"以色列 8200 部队创立的高科技亿万富翁比任何商学院还要多。"

二、从"基布兹"到风险资本帝国

以色列社会的各种因素为企业家的诞生创造了平台，以色列世界一流的学院、创新支持项目和充满机会的风险投资环境帮助成千上万的以色列人实现了创业梦想。庞大的企业家支持网络让以色列自称为"第二个硅谷"，是仅次于美国加州硅谷的正在蓬勃发展的初创公司生态系统。

1. 培养以色列的爱因斯坦们

优秀的创新人士知道初次尝试通常很难成功，这个情况也适用于在以色列创建的第一个高等教育学院——以色列理工学院（Technion）。该校 1924 年建校时称为"Technikum"，宗旨是让新到的犹太移民有机会学习技术知识，他们从欧洲移民前无法学到这些知识。不同背景的人们来到 Technion 海法校区，学习工程、理科、医学和技术研究。此后，Technion 成为中东领先的科技和工程学校，培养出来许多诺贝尔奖获得者、世界知名的企业家和顶级科学家。

Technion 在中东作为领先的科技学院，其地位仅受到了一个学校的挑战：位于以色列 Rehovot 的魏茨曼科学研究学院。该院 1934 年由哈伊姆·魏茨曼（Chaim Weizmann）创建，魏茨曼学院的众多工程师发明了全球最早的大型存储式电子计算机之一：魏茨曼自动计算机（WEIZAC）。这项成就被国际电气电子工程师学会认可为电气工程和计算领域历史上的里程碑事件。

以色列学者接受的一流教育启发了新的思想和创新性概念，其中很多继续发展为蒸蒸日上的公司或专利，包括耶路撒冷希伯来大学的 Yissum 公司，特拉维夫大学的 RAMOT 公司和 Technion 的 T3 公司，这些是以色列和全世界一流的技术转让公司，其技术为众多创新提供支持，如防止车辆碰撞的技术"移动眼"由希伯来大学教授发明，还有革命性纳米科技 StoreDot，为智能手机充电只需 30 秒，为汽车充电只需 5 分钟。

2．诺贝尔奖获得者众多

以色列虽然是小国，但诺贝尔奖获得者比例尤为集中。800 万人口中就有 12 位诺贝尔奖，以色列的诺贝尔奖获得者不仅是所在领域的佼佼者，而且他们所涉及的领域也非常广泛。以色列的诺贝尔奖获奖者成绩斐然。其中 Ada Yonath 在发现核酸糖小体结构方面的开拓性工作得到了国际认可；诺贝尔奖化学奖获得者 Dan Shechteman 在准晶体的本质上作出了重要发现；另有 Robert J. Aumann 因根据博弈论模型提出冲突与合作重要理论而获诺奖。

三、全球技术巨头企业转向以色列

以色列的新型政府体系为企业家和创新人士的创新能力提供了支持，这已得到国际认可。这种政府支持网络培养了发明精神，让众多国际知名公司对以色列的科技和解决方案感兴趣，并有很多公司进驻以色列开发他们的一流产品。

1．高科技孵化模型

以色列政府经济部是世界上第一个任命"首席科学家"的政府机构，以鼓励和支持产业研发。该部门如同当今的初创企业技术孵化器，为新型领域公司的建立提供 50%~80% 的资金支持，却并不要求签订占股或管理人员协议。

首批接受此类资金的公司之一包括以色列航空工业公司，由前总统西蒙·佩雷斯（Shimon Peres）和艾·施维莫（Al Schwimmer）建立的私营公司，致力于以色列航空技术创新。任何一家初创企业家都会告诉说，哪怕在今天，这种灵活、开放地给予加速器资金的情况也很罕见。事实上，自从1993年政府孵化器项目出现的第一批公司后，61%的公司得到了后续资金，其中40%的公司至今仍然活跃。

以色列政府也建立了国家技术创新局，该局引导政府的创新倡议并确保以色列拥有面向未来的创新经济体。

2．"Israel Inside"（"内置以色列芯片"）

早在1950年，国际商业机器（IBM）公司是第一个在以色列建立研发中心的跨国公司。那时，IBM已经意识到以色列人才具有突出的工程和技术问题解决能力，要求以色列中心的员工改善卡片穿孔机的技术，该设备为IBM当时的核心产品之一。

之后，另一个重要的计算机公司因特尔见证了8088芯片的发明，这是笔记本电脑最早的微处理器，来自以色列，之后被整合到IBM个人电脑。这项发明在因特尔公司的发展历程中至关重要，因特尔副总和总经理Gordon Grayish说，"大多数信息技术难题的大多数解决方案来自以色列。"在IBM和因特尔之后，众多互联网和计算机巨头也在以色列建立了研发中心，如谷歌，苹果，微软，原因包括以色列高质量的工程技术人才，以及公司对创新持续的需求。

正如以色列连续创业者兼股权众筹平台"Ourcrowd"创始人Jon Medved所说，因特尔和其他技术公司其实应该在产品外面写"Israel Inside"（"内置以色列芯片"）。

3．风险投资高速公路快轨

以色列是吸引全球风险投资的磁铁。自从2008年金融危机以来，以色列初创公司每年筹集的风险投资有数十亿美元——更不必提以色列高科技企业的大量收购与并购，为此有些人称以色列为"退出国度"。

以色列现有约70个活跃的风险投资基金，其中14个为来自中国、印度、澳大利亚、欧洲和美国的国际风险投资基金。以色列政府出资的Yozma项目（希伯来语"倡议"）包括十个风险投资公司，帮助了以色列的风险投资行业实现腾飞。Yozma项目1993年建立，投资1亿美元，为在以色列的外国风险投资提供税收激励，承诺用政府资金将任何一笔投资加倍。该倡议使得以色列公司的风险投资从1991~2000

年增长了 60 倍，从 5800 万美元到 33 亿美元。

众多著名的国际风险投资公司在 21 世纪初开始进入以色列市场，如红杉资本（Sequoia Capital）公司在美国之外的第一家国外分支选择设立在以色列。另外一些公司，如 Bessemer Venture Partners 和 Battery Ventures，在以色列建立分支是毫无疑虑的选择，因为在众多领域，无数成功的以色列初创企业拥有创新型解决方案。

4．以色列的股份众筹

另一个快速发展的投资渠道是初创企业的股份众筹，这种集资方法使得一大批投资者以集体方式投资高科技初创公司，并获得公司的股份。Our Crowd 由以色列企业家 Jon Medved 创立，其名下有数十个初创公司，横跨多个行业，来自全球的数百个投资者进行了投资。

5．以色列 IPO 的时代

2012 年，以色列在纳斯达克股票交易市场的上市公司数量仅次于美国和中国。现在，以色列的公司继续在国际资本市场上大规模进行 IPO，让投资者印象深刻。以色列的"独角兽"，即估值十亿美元级别的公司，是以色列产业的骄傲，并以外国市场 IPO 的优秀表现继续启迪外国投资者。希望这些公司的成功能够启发以色列尚在萌芽阶段的跨国公司。

四、多行业发展

从高端农业科技，到传统的 IT 技术，再到突破性的医疗设备，一览以色列高科技的各行各业会让你确信以色列没有哪两个企业家是一样的。

信息与通信技术。这是以色列最"传统"的技术领域，以色列的高科技人才技能超群。作为计算机技术的基础，代码语言曾在以色列发生巨大变革，以色列内盖夫的本·古里安大学（Ben-Gurion University of the Negev）的一名教授发明了发送电子邮件的代码。当今我们使用的很多杀毒软件和防火墙服务是在以色列技术的基础上的改进版；便携式电脑、平板和智能手机的双核处理器的基础是在以色列发明的第一个因特尔微型处理器；还有近期发明的英特尔第六代微处理器架构 Skylake，将会改变标准 PC 的性能、电池寿命和图形。以色列人在服兵役时接触到的复杂通信网络也有效帮助了以色列企业家。其中最出名的手机短信系统，是在以色列发明的。其他的重要贡献包括"众包"概念，即收集众多个体用户的信息用以服务公司的方式，首先在以色列团队 Waze 得到应用，这款导航 app 之后被谷歌以近 10 亿美元收购。众多国际知名通信公司，如摩托罗拉，三星，菲利普斯也在以色列建立了研发中心，也增强了以色列的创新能力。

医疗技术、生物科技和健康科技。技术和人的健康看起来没什么联系，但以色列医疗和科技人才的优秀发明使得两者联系越来越紧密，在未来将更多地通过技术来改善人们的健康。以色列 Mazor Robotics 公司开发了一套机器人指导系统，使得手术对于病人来说更加安全、便捷，大大方便了手术、尤其是脊柱手术过程中病人和医生所经历的复杂医疗过程。针对诸多复杂而难以治愈的疾病，如阿尔茨海默病、帕金森病和多发性硬化症等，众多药物也是在以色列研发出来。正在以色列研发中的包括针对糖尿病、癌症和感染性疾病的突破性监控方法，如贴片技术等无创伤技术，同时还有帮助病人和医生沟通并管理健康疗法的在线平台。以色列人也发明了很多重要体能恢复疗法，如帮助截瘫者重新行走的"Re Walk 外骨骼"，以及可以显著减轻膝盖、后背和臀部疼痛的 Apos 疗法鞋。此外，以色列的研究深入纳米药物和无创疗法，如内窥镜药片镜头，已极大地改变了医生和医疗创新工作者对医疗方法和未来健康的思考方式。

农业技术。自从第一批基布兹的农民在以色列的土壤播下种子，以色列的农业科技取得了显著的进步。如今，全球的政府部门、公司和个人都来以色列寻求方法解决我们环境和食物领域的棘手问题，如旱灾、水资源滥用、肥料资源和可持续耕作。凭借几十年的经验，以色列农民试验并创新耕作新方法，造福全世界。世界上最大的滴灌技术公司，耐特菲姆（Netafim）公司，很好地说明了以色列技术的巨大影响。该公司发明的长窄形滴灌管道可以使用最少量的水，以最节约的方式给植被供水。耐特菲姆公司将这种滴灌技术输出到全世界 110 多个国家，帮助农民节约宝贵的水资源、资金等资源。

网络安全技术。我们的银行账号、住址、甚至私人照片等生活的方方面面一且接触网络就面临安全风险，因此网络安全研究和相关技术的需求量越来越大。在数据保护和财务技术方面，以色列的经验保护了广大网络用户。以色列网络安全创新方面比较出名的是保护政府数据不受外国攻击。著名网络安全公司网络方舟（CyberArk）创始人 Udi Mokady 说，"每个人都知道买瑞士表，用以色列信息安全技术。"

五、创新生态系统折射出的以色列社会

以色列是个多元文化社会，在高科技领域同样如此。对多元文化开放，可以帮助连接不同背景的企业家，团结众多以色列人共享"创新之国"。

女性管理。在以色列高科技领域，女性长期扮演着重要角色。以色列理工学院 Technion 从 1924 年建校伊始，首批生源中，女生和男生一起学习理科、工科。女性在以色列的通信、媒体和高科技公司中占据重要职位，打破了领导层的性别天花板。并且女性在以色列数学和科学领域获得的学位一高于男性，这也说明了以色列对女性接受技术教育十分重视。

来自拿撒勒的爱。如果想在以色列北部寻求高科技和企业家的集中地，一定要去拿撒勒城，这里的阿拉伯裔以色列人正在挑战特拉维夫市的罗斯柴尔德大道（Rothschild Boulevard）创业中心的地位。过去十年，阿拉伯裔以色列人的风险投资公司、初创企业和孵化器数量迅速增加。从有趣的"移动周一"（Mobile Monday）活动，到拥有国际背景的大型风险投资系统，拿撒勒的初创公司在游戏、大数据和网络安全领域正在进行重大突破。

小型生态系统的最大化利用。越来越多的外国移民来到以色列建立自己的初创公司。得益于以色列的小型可控的生态系统，加上针对外国人创业的税收优惠，以色列外国投资的初创公司正在增长。这对以色列市场来说是好消息，对以色列社会更是好消息，可以经常受益于多元化带来的好处。

六、结语：演进中的生态系统

创新是引入新创意、设备和方法以改革现有理念的过程，这个时代相比以往，创新更是全球发展的驱动力。尽管过去几百年的历史上，技术创新也有革命性的影响，但在当今时代，创新比以往对人类更有更重大的直接影响。

自从基布兹的第一批"企业家"至今，以色列的创新历经长远的发展。从计算机技术的显著进步，到高效的农业技术解决方案，再到拯救生命的医疗成就，相对以色列较小的国家规模，其对人类创新的贡献延绵不绝。各种因素塑造了以色列杰出的创新生态系统。

但是，要继续保持"创新国度"的称号，以色列一定不能依赖已有的创新荣誉。为保证以色列继续受益于丰富的技术与企业家精神，很重要的一点就要建立本土的跨国公司，让以色列经济和社会持续面向未来。以色列必须继续发展社会各个方面，保证创新一直是重要的国家支柱。

姚　蒙　法国资深媒体人，《环球时报》驻法国特约记者。

法国规范房地产市场的做法值得借鉴

姚　蒙

中国房地产市场炒作不断、价格高企是时下国际、国内经济界与政界关注的热点。不少分析家指出：中国房地产市场不仅是泡沫问题，事实上已吸走了实体经济及其他经济部类发展所需的大量资金，影响已及经济发展之大局。相形之下，西方国家更注重以整套法律措施来规范房地产市场，许多经验值得重视。

以笔者比较熟悉的法国为例。

法国政府一直将房地产市场视为涉及国计民生的一个重要部门，因此尽管不直接使用行政手段来干预市场，但根据形势采用一套完整的法律措施来进行规范，避免其大起大落、同时尽量满足低收入阶层的住房需求。

这些法律措施具体而言可分为以下几个方面：

1. 使用政策杠杆作用推动社会福利住房建设。

为满足低收入阶层的居住问题，法国十分重视低租金社会住房的建设，规定每个市镇必须起码拥有占住房总面积之20%的低租金社会福利住房，违反这一标准的市镇要交纳罚款。同时，新的建房项目也必须包括同样比率的社会福利住房。

与中国社会福利住房常常是产权房不同，法国的社会福利住房大多是出租房，产权属于公营管理机构。低收入者可以根据收入标准递交申请，由市镇政府或有关公营机构进行鉴别、分配。一旦入住者收入高过准入上限，就须按普通住房交房租或搬出去自己解决住房问题。据统计，目前法国社会低租金福利住房占全法国房产总数的19%,而法国家庭总数里有近16%的家庭住在社会福利住房里。

由于法国是私营经济为主的国家,因此各级政府、公营机构虽然有土地,但数量有限。因此法国在土地买卖方面凡是国有、公有的土地交易,绝大多数是按照国家规定的基础价格出售,优先考虑社会效应,大多是低价批给低租金住房机构进行社会福利住房建设。因此不会推动土地价格的上升。为了给建设低租金社会住房融资,法国政府还在各银行设立零存整取的优惠储蓄项目来吸引社会资金。

由于这一向低收入阶层倾斜的住房政策,就大大减少了人们对住房的刚性需求。

2. 利用税务手段来限制房地产炒作的利润空间。

法国采取釜底抽薪方式、使用多项税务措施来压缩炒作房地产者的获利空间,从而避免房地产市场因炒作而出现的大起大落。这表现为几个方面:

首先,法国限制外国机构来法国炒房,却不限制外国人来法国购房自住。前者是阻止市场大幅波动,后者则是保持市场购买力与活力。

具体而言,外国企业、机构来法国投资房产,如果是用于企业的实体经营与运作则可获与法国企业一样的税务优惠。如只是购入用于普通出租或空置以等待升值后售出获利,则其房产需要每年缴纳根据房产总价值而定的增值税,税率高达20%。出售后还要就增值部分缴纳高额升值税。这就极大地压缩了外国企业投资房地产的利润空间。而对于外国普通个人来法国购房,则无任何限制,与本国公民待遇相同。

其次,优惠购买自住用房而对非本人居住的房产征收高税。房产主自己居住的房产在售出时的升值部分可以完全免税;但非自己居住的房产,如果拥有期限不到30年,则出售时升值部分要缴34.5%的升值税。剩余的升值部分还须纳入售房者当年的收入总额,再根据高额累进税率交纳收入所得税。这就大大缩小了短期炒作房产的利润空间,遏制了人们的炒作意愿。

法国法律还规定房产主的第二、第三住宅,须交纳比主要住宅高出一倍的房产税。在巴黎等大城市,人们还必须租出自己不住的剩余住房,否则要交纳房产空置税。这是为了迫使房产拥有者出租住房,满足市场对住房的需求。

当然,法国早就实行了信息一体化:任何个人或机构购房必须通过公证人,由后者代缴交有关各类交易税款，而税务机构也拥有任何个人或机构名下房产的所有信息。甚至掌握出租房产的房客姓名等资料。

第三，房产继承、转移等制定了详细的税务规定。父母、子女等血缘亲属间的房产继承、转移须交纳很高的财产税，最高税率达到50%。向中国那样买房直接写孩子姓名的做法在法国是不可能出现的，因为这就马上被认为是财产转移。

第四，购入房产用于出租，则租金收入必须先交纳15.5%的社会分摊金，随后剩下的纳入房东一年收入总额根据高额累进税交纳收入所得税。

法国等西方国家不会用限制一户购房多少套、规定购房者的自备款比率等行政手段来干预房地产市场，因为这与其法律上规定的自由购房权相冲突。但国家可以通过上述一系列税务手段来进行有效干预与调节，从而事实上使购入许多房子来获利者无法获得暴利。

3. 严格规范租房市场。

由于房地产市场事涉居民的住房基本权利，因此法国对租房市场有一系列严格规定：

首先法律保护房客的居住权利。只要是不带家具的长期出租房产，只要房客按时付房租、遵守居住的规矩，则房东一般无权随意取消租约，也不能任意上涨房租。租约法律规定必须每3年为一个起码出租期，最多达9年。在此期间，除非房东自己无房、自己子女无房或出售房产，否则不能驱逐房客。租约自然延续。

其次，房东租金水平必须按照当地平均水准来制定，只能按国家公布的建筑指数上涨标准来上涨房租。

第三，在房租高企的巴黎地区还发布了按街区设立的最高房租标准，强制限制房租的水平，以保护租客的利益。

另外，在商业租房市场，法国更建立了一整套相关法律来完善、规范市镇的商业环境、鼓励商家安心发展商业。如规定商业房产不能随意涨租来剥夺商家通过努力经营所获得的商业利益。法律规定商业租约必须一定就是9年，期间不能剥夺商家的经营权。商家通过经营而形成的营业额、客户群、品牌与房产租约一起构成商家合法拥有的商业资产，房东无权染指。在商业房产合同期间，商家自己可以买卖上述商业资产，房东无权干预。这些措施保护与刺激了城市商业有序、正常的良性发展，保护了商业经营者的利益，限制了房产拥有者侵蚀商业利益、危害商业繁荣与发展的可能性。而这也是时下中国急需解决的问题之一。

4，严格限制购房者的贷款水平。

法国很少有人一下子以现金购下一处房产，因为税务机构会检查资金来源。除外国人外，法国居民中的99%是以贷款方式来购房。而为了避免购房者过多贷款出现偿还危机或贷款偿还过多影响贷款者的生活水平，法国法律规定购房者还贷数额不能超过其月收入的三分之一。也就是如果一个人月收入3000欧元，其每月的偿还贷款数额不能超过1000欧元，然后再倒推15年贷款或20年贷款的具体数额。显然，收入低的人贷款能力也低，购房的面积、地段、档次等也受到极大限制。收入高的人则购房选择更大。银行则自己根据上述法律与贷款者的具体条件以及自备款数量，来决定给或不给贷款，给多少贷款以及什么利率。

这一措施大大限制了大肆购入房产进行炒房的可能性，也规避了贷款者无法偿还贷款引起的金融危机。法国媒体分析道，美国的次贷危机就是因为没有这样对贷款者能力的限制，导致超出偿还能力的贷款，一有风吹草动，就会酿成大规模的偿还危机。而法国几乎没有出现过这样的危机。

其实，法国人对于房产的心态也与中国人有很大不同：法国很少有人结婚一定要有产权房，租房者大有人在。法国工作岗位的流动性也远远超过中国，因此，许多人不愿意买房而一直租房。法国租房受到严格的法律保护、租金上涨有限，因此不会让房客有不稳定之感。因此，法国家庭自己拥有住房的比例才57%左右，43%的人住在出租房内，租房的人里面有36.5%住在低租金社会福利住房内。

正是以上各种措施加上人们没有热衷于炒房的心态，使法国乃至西方国家房地产市场颇少大起大落，更难以见到如中国时下那样房价高速飞涨、吸取大量投资与资金的现象。

从历史看，西方国家房地产市场呈现出与经济增长相匹配的价格稳定增长趋势，除1933年大危机与20世纪70年代的石油危机有大跌以外，一般的年波动幅度很少会超过15%。以法国为例，自二战以来的房地产市场与经济增长基本同步。

二十世纪八九十年代，由于利率、供求关系等因素出现了为期10年左右的价格大幅上扬时期，特别是1985年至1989年平均价格上升了85%，泡沫出现。随后自1991年开始泡沫破裂，价格急剧下跌，到1997年的7年里跌幅达到40%。随后又开始回稳上升。以后一直随经济发展而波动，每年的升降一般控制在10%左右的幅度内，算是相当平稳。投资房产，属于长线稳定升值的投资项目，没有成为短线炒作的对象。